JN027078

ウトロ　ここで生き、ここで死ぬ

中村一成

三一書房

*本文中、特に記した写真以外は京都府宇治市で中山和弘撮影

まえがき

京都府宇治市伊勢田町ウトロ。

本来の地名は宇治の入口を意味する漢字の「宇土口（うどぐち）」だったが、「口」をカタカナと思い込んだ役人の誤記で通称化したと言い、宇治市発足の一九五一年までには正式な地名となっている。植民地時代に渡日した朝鮮人たちが、日本各地で形成した在日朝鮮人集落の一つだ。ウトロ形成の原因は、逓信省と民間の飛行機製造会社が計画し、京都府が推進した軍事飛行場建設だった。高度経済成長期を経て、全国に点在した多くの朝鮮人集落が消えていく中、ウトロはそこに在り続け、強固な在日朝鮮人コミュニティを維持し続けた。引き潮で取り残された潮溜まり、あるいは満ち潮で陸地から切り離された岩場のように周囲から孤立させられ、「先鋭（左派）分子の集落」、「在日の最貧集落」などと、時に同胞からも白眼視されながら。

取材者として私がウトロに入ったのは、勤めていた新聞社の人事異動で京都支局勤務になった二〇〇〇年春。「在日」について書いてきた私にとって、そこは取材希望の筆頭格だった。

総面積二・一ヘクタール、南北約九〇メートル、東西約三三〇メートル、回廊状に伸びる土地を一本の道が背骨のように貫く。私が密かに「ウトロ銀座」と名付けた道だ。何かしらの商業店舗が集まっていたからではない、地区内にまともな道がそれだけだったのだ。東西に伸びたその背骨から、南北に肋骨のような路地が無数に伸び、その両脇にも木造住宅やプレハブが密集していた。

ウトロに通い始めた二〇〇〇年、地上げ業者が起こした「立ち退き訴訟」で、最高裁での住民敗訴が決定した。歴史性が無視され、ウトロの存在が単なる「土地所有権」の問題に切り縮められた裁判で、住民に勝ち目はなかった。

当初は「ウトロ回廊」を散策すると、玄関先に出てきた住民に行動を監視されたり、網戸の奥にある鋭い視線と目が合ったりもした。地上げ業者かもしれないと思われたのだ。実際、いつ合法的な家屋破壊が来ても不思議はなかった。長閑な空気に微妙な緊張感が入り交じる中で、集会や町内会の会議に参加し、顔を覚えてもらい、各人の思いの結晶である家屋を訪ね、当時は数十人いた一世やそれに近い世代の二世たちからじっくりと話を聴いた。

飛行場建設時代の重労働、飯場の劣悪さ。解放後の貧困、隣接地に駐屯し、自分たちの故郷である朝鮮を占領し、そして出撃していた米軍との友好と対立。日本の官憲からの度重なる弾圧、手に入る物を調理し、分け合いながら楽しんだ食、そして地上げと裁判、敗訴……。

質問を重ねながら記憶の地層を掘り起こす。終われば食事を御馳走になり、酒を振る舞われた。住めば濃密なコミュニティゆえの息苦しさを感じることもあるだろうが、町全体が巨大な家族だった。日本国籍者でないことを「理由」に、社会保障から排除されたがゆえの助け合い。厳しい状況を生きているからこその「お互い様」「持ちつ持たれつ」が根付いた町。ウトロは住民全体の共有財産であり、文字通り「歓待の義務」を体現するコミュニティだった。

だが、私を惹き付けたウトロの魅力とは「歓待の文化」だけではない。豊穣な「逸脱」——密造酒や闇煙草の製造、販売。軍事演習場に侵入して薬莢を集め、銅線を得るため電柱に登る者もいれば、田畑の領域を破って外部と揉める者もいた。屑野菜の収拾も違法と合法の間のグラデーションだった。社会保障の適用や、仕事の斡旋を求める行政闘争も激越だった。非難しているのではない。彼彼女らのようなマイノリティが「お上品」に生きられるほど、ウトロを取り巻く日本社会は公平公正でもなければ優しくもない。住民らの「闘い」は、この社会が不正で成り立っている事実、欺瞞を暴いてもいた。

裁判となって噴出するウトロの「土地問題」は、自らの歴史的責任を打っ棄って来た日本政府、行政の姿勢と、「敗戦後」も住民が強いられてきた構造的暴力の結果に他ならない。そして、それは九〇年代というこの社会の「転換点」に重なっていた。

一九七〇年の日立就職差別裁判に始まる反差別闘争は指紋押捺拒否運動に繋がり、九〇年代に成果を得ていく。公務員任用が漸進し、九五年の最高裁判決付言に後押しされた地方参政権獲得運動が勢いを増し、戦後補償問題解決の機運が高まる。九三年には河野洋平官房長官が、「慰安所」の設置や管理、「慰安婦」の移送について、「天皇の軍隊」の直接、間接の関与があったことなどを認める談話を発表、九七年には中学校の全歴史教科書に「慰安婦」の事実が記載される。しかし、九六年の「新しい歴史教科書をつくる会」や、九七年の「日本会議」、「日本の前途と歴史教育を考える若手議員の会」の結成など、保守・右派の揺り戻しが起き、「女性のためのアジア平和国民基金」に代表される日本の左派・リベラルの迷妄が露見していくのが、この頃である。そして二〇〇〇年の石原慎太郎都知事による「三国人発言」に続き、二〇〇二年には拉致事件が発覚、社会が溜め込んできたレイシズムの汚泥は溢れ出し、「道義」「責任」や「倫理」の言葉は力を無くしていった。

その濁流に呑み込まれたかに見えたウトロの状況は、思わぬ展開を見せる。一点突破の原動力は「血を食べて育った」民主化を経た韓国市民社会の底力である。そしてそれを花開かせた土壌は、住民と、在日本朝鮮人総聯合会（朝鮮総聯）の地元支部、地区外から来た支援者たちの協働の蓄積である。いわば「小さな『統一』」は、歴史を刻み、今後の可能性、展望を生み出した。

二〇一七年末、「家屋放棄」と引き換えに建てられた「伊勢田ウトロ市営住宅」の第一期棟が完成、地区内にも市道が入った。地区の東半分は既に撤去され更地になった。本稿執筆現在、第二期棟と、ウトロの歴史を残す民間のミュージアム「ウトロ平和祈念館」の建設が進む。西半分も数年内には撤去され、かつての街並みは、すべて消滅する。

私が地区に通い始めて二〇年が過ぎた。一世は全員鬼籍に入った。多くの二世ともお別れした。ウトロの歴史を目撃してきた飯場跡や集会所、南端のフェンスなど、地区内にあった、あるいは今も存在する幾つかの物言わぬ「証人たち」を訪ね、そこにまつわる人びとの記憶を掘り起こし、彼彼女らの記録として残したい。それは、ウトロの人びとから少なからぬ時間と言葉を頂戴した者の一人としての義務でもある。

書くにあたり原則を設けた。市民社会的な価値観や常識で彼彼女らの語りを均さない。「リスペクタビリティ（市民的価値観）の政治」には与しないということだ。植民地主義と差別、貧困に翻弄されてきたマイノリティの実存とは、その「逸脱」からこそ考察されるべきだ。彼彼女らの語りや立ち居振る舞いをマジョリティの感覚で切り取り、モデル的な姿に押し込めることは、当事者の間に分断をもたらし、私たちの想像力を細らせ、言葉や表現の強度をも削いできたと思う。

かつて地区の玄関に立てかけられていた看板の文言を思い出す。最高裁での敗訴が確定し、打つ手がなくなった二〇〇二年、それでも闘い抜くと決めた団結集会で採択された集会宣言である。住民たちの記憶と願いを撚り合わせ、今後の闘いの肝を記した宣言「オモニのうた」は、この言葉で結ばれた――「われら、住んでたたかう」。止めどなく後退していくこの世界で、様々な位相で、とどまって、闘い抜いた者たち。本著はその記録である。

＊在日朝鮮人の民族名のルビに、一部本来の朝鮮語読みと異なる表記がありますが、本人の希望に沿っています。

もくじ

第一章 飯場跡

ウトロで最後に残った飯場跡。1943年頃に建てられ、朽ち果てながらまちと人の移り変わりを見つめてきた「物言わぬ証人」である。2021年夏に解体され、うち一戸は「ウトロ平和祈念館」に移築された＝2015年12月28日

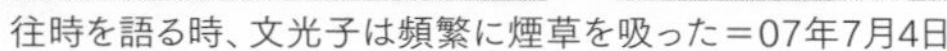
往時を語る時、文光子は頻繁に煙草を吸った＝07年7月4日

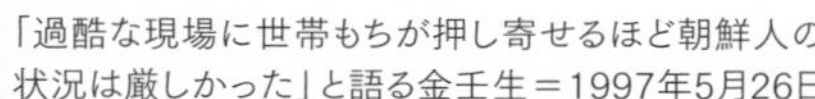
「過酷な現場に世帯もちが押し寄せるほど朝鮮人の
状況は厳しかった」と語る金壬生＝1997年5月26日

自宅隣の飯場跡前は、姜景南の定位置だった＝08年8月26日

歴史の地層を掘り起こすような、手作業による解体＝21年7月12日

ウトロと外部を分かつ水路。台風や大雨の度に水が溢れ、周囲より低いウトロ（左）を水浸しにした＝05年2月23日

ふすまに残された床上浸水の跡を示す金君子＝08年8月26日

剣呑な空気を醸し出す「『立て看』の家」はウトロのランドマークだった＝05年7月5日

近鉄京都線「伊勢田駅」。京都駅から三〇分弱、特急も急行も停まらない。駅前から西に伸びる坂道を降りる。舗装の悪い道を選びながら辿っていくと一〇分ほどでウトロ地区の「玄関」に着く。二〇一六年、再開発に伴い撤去されるまでは、立て看板で取り囲まれた空き家がウトロのランドマークだった。その脇をすり抜けて地区内に入ると、かつては、ウトロ回廊を縦に貫くメイン通り「ウトロ銀座」があった。

ウトロ銀座を西に向かうと、わずかに残った飯場跡があった。かつて地区内に十数棟あった棟割長屋の一部である。朝鮮人労働者が食事をとり、体を休めたこれら仮宿舎は、ウトロ史の「出発点」でもある。残存していた一部はフィールドワークでは不可欠のポイントで、訪問者で賑わうことも多々あった。古くから空き家で、住民を無遠慮な眼差しに晒すこともなければ、訪問者の賑やかなしゃべり声で住民が迷惑を被ることもなく好都合だった。

「宿舎」と言っても、焼いた杉板を張り合わせた箱にトタンを載せた小屋に過ぎない。説明がなければ、人がここで生活していたと想像するのは困難だ。だが、そんなバラックでも、建てられた一九四三年当初よりは遥かに「家」に近づいた代物だった。そもそもの建付けは劣悪の極み。組んだ柱に廃材を張り付け、屋根に杉皮を載せただけ。そうして組んだ東西に延びる棟割長屋を北と南に背割りし、南北それぞれ六戸か八戸、計一二ないし一六戸に仕切った。一戸の間取りは六畳一間に三畳か四畳の土間のみ。裏口はなく、長屋の東西両端以外は玄関のほかに採光スペースはない。家族数に関わらず一世帯に割り当てられたのはこの一戸だけ。解放後、人びとは間仕切り板を外したり、軒先を二メートルほど伸ばして居住空間を広げ、可能な者は割り当てられたスペースに家屋を建てていった。

南に向くこの飯場跡も、背割りの北側は住宅に建て替えられ、四戸だけが往時の姿を晒していた。低い位置から見上げると、表現は悪いがまるで棺桶が並んでいるようだった。

老朽化は目に見えて進む。二〇一八年九月、関西国際空港を水没させた台風二一号では入口周辺のトタンが吹き飛び、以降は加速度的に劣化が進んだ。錆びついた屋根がたわみ、巨大なトタンの塊が背後の家に凭れ掛かる様な姿は痛々しく、かつ危険でもあった。それでもその飯場跡は数十年もの間、そこに存在し、地区の風景と人の移り変わりを見てきた。そんな証人とも言うべき建物の足元に、誰かがパンジーやプリムラなどの鉢を並べていたのも記憶に残る。来訪者へのもてなしなのか、無遠慮に眼差されるかつての家への思いやりだったのか、「飢えとの闘い」に明け暮れた往時の自分に、現在から彩を送ったのか。

二人の一世

二〇二一年七月、この飯場跡の解体作業が始まった。

四戸のうち一戸は二〇二二年春に竣工する民間施設「ウトロ平和祈念館」への移築が決まっていた。「見たくもない」と忌避感を示す住民は少なくなかったが、「残すべき」と言う者も僅かはいた。住めと言われて住んだ場所で生活を営むことを「不法占拠」「ごね得」などと罵倒されてきた者たちにとって、あの小屋は自分たちの原点を物語る「証拠」だった。

重機は使えず手作業での解体である。残っていた箪笥や扉を運び出す。割れたガラス代りに貼られていた雑誌のページでは、往年のアイドルが微笑む。職人二人が屋根に上り、バールで釘を抜き、はぎ取った屋根部分を下の一人に渡し、使えるものを保存していく。室内に残るカレンダーは一九八六年版だった。高度成長の波がウトロにも及び、一定の豊かさを手にした者が地区外に引っ越したり、家を改築／新築する時期で、その頃、この「家」の住人は地区から出たようだ。転出後の消息は分からない。直後に「土地問題」が勃発、ウトロの建設ブームは止まる。この飯場跡はそれゆえ潰されずに残ったのだ。そこから三十余年、まるで「土地問題」の解決を見届けたかのような解体だった。

スレートを剥がすとトタンが現れ、トタンを剥がすと下地のコールタールがドロリと垂れ下がる。削り取ればまたトタンだ。所々に板を充てて修繕したようで、腐った木材の粉が出てくる。住民たちがあちこちの建設現場で拾った廃材やコールタールを乗せ、トタンを一枚一枚敷いて雨露を凌いだ軌跡だ。台風の度に屋根を葺き直したという話も聞く。

歴史の地層を掘り起こすような作業の様子を見ながら、私は、ご存命ならこの場に立ち会っただろう二人の在日朝鮮人一世の事を考えていた。一人は背筋を伸ばして黙したまま、もう一人は煙草を吸い、誰彼構わず語り掛けながら解体の様子を見守ったに違いない。

文光子（ムングァンジャ）と姜景南（カンギョンナム）。言葉使いも振る舞いも対照的な二人だったが、ともに「解放」前、夫の労務動員を避けるため家族と共にウトロに入った。「昔の話？　そんな酷いこと聞かないでください」（文光子）、「言うてもわからへんちゅうねん」（姜景南）と繰り返しつつ、来訪者が来れば可能な限り飯場前に立って体験を語り、メディアの取材を受けたウトロの「語り部」だった。

文光子は地区の西端に建てた家で暮らしていた。一九八八年、土地問題が表面化する直前、最後に出来た新築家屋である。満を持しただけある立派な邸宅だった。

「取材の人たちは、みんな私のところにばかり来るんです。それでなんでも聞こうとする」。私の記憶する彼女の第一声だ。すでに最高裁で住民敗訴は確定していた。語り部を務める中で彼女は、ぶしつけな質問の数々と、些末な正確さに拘る記者たちの姿勢に不満を感じていたのだろう。「これまで昔の話を何度もしてきたけど、何もならないでしょ。国も南北に分かれたまま、これが私たちの運命なんですよ」。表情からは疲れも滲んだ。

南向きの八畳間が聴き取りの場所だった。障子を開け放った窓に向いて彼女が正座し、私が窓を背にして座るのが定位置、彼女の左前には煙草盆と煙草ひと箱が載っていて、傍に百円ライターが端座する。隣室との襖をあけ放ち、空間を最大限に広げるのが常だった。窓からは豊かな日光が差し込み、時折彼女が吐き出す紫煙に反射する。広くて明るい場所への拘りに、その対極だったかつての飯場暮らしを想像したものだった。

彼女は一九一九年、現在の韓国・慶尚南道、馬山の農村に生まれた。

故郷で見たのは、宗主国・日本の収奪にあえぐ村の人びとの姿だ。既に日本のために米を作る産米増殖計画が進み、宗主国の都合によるモノカルチャーが強要されていた。

日本の軍人を見た記憶も語っている。「六歳か七歳の頃、外で遊んでたら日本の兵隊さんが馬に乗ってドットコ、ドットコ来るんですね。そうしたら私の母親がね、『日本の兵隊さん来たから、怖いから』と言ってみんな呼び寄せてね、戸を閉めるの覚えてますの」（『チャンゴの聞こえる町』

〈未刊行〉より。以下『チャンゴ』)。三・一独立運動への大弾圧はその数年前だった。

灌漑工事費などは農民に課され、借金塗れで没落した小作農は、流動性の高い底辺労働力となっていく。持ち込まれた「近代化」は日本人の都合であり、朝鮮人の犠牲の上だった。「小さくまとめた荷物を手にして、村の人が泣きながら姿を消していくのを覚えています」。文光子が七歳の時、一家もまた故郷を離れざるを得なくなる。父が原因を作ったと言う。

「私の母は一人っ子で、『文家は親戚も仲いいし、家柄が良い』と言われて嫁に来た。でも三男の父だけが、横着な人だったんです」。鷹揚な父は村の農民たち何人もの保証人となっていた。「文家が保証人だと金融がお金を貸してくれるから何人も来て、返せなくなって夜逃げする。それを父親が被るでしょ。一件や二件なら返せるけど、村に居られなくなって行方不明になったんです。母と私と弟と丁稚が一人いました。母は弟を負ぶって田んぼを耕したけど、秋になって稲が黄色くなったら田んぼも借金のカタに取られてしまって、刈り入れをさせてもらえませんでした。心配して父が様子を見に来てね、日本に行ってたんですよ。それで家とか売れるもんはみんな売って、返せる借金は返して東京に行ったんです。夜逃げみたいに」。叔父が小さかった彼女を背負って馬山駅まで見送りに来た。安酒場で涙を流しながら酒を酌み交わしていた父と叔父の姿は、物悲しく不思議な光景だった。

釜山から下関に渡り、東京にたどり着いた。父方の叔母の息子が東京の大学に通っており、そこを頼ったという。「朝鮮人だからって家貸してくれないし。入れても何回も追い出されて。日本人の家の二階を間借りしてました。台所もないからバケツで水を汲んで二階にあがるでしょ。

ベランダに七輪出して御飯炊いたりするんだけど、階段にあたって少しでも零したらどれだけ日本人の女の人が怒ったか。ものすごい目で睨まれたのは忘れない。今では標準語も関西弁も分かるけど、あの頃は言葉も何も分からないでしょ。覚えた『すいません、すいません』をただ怒鳴られながら繰り返すだけで……」

引越しは七、八回に及んだ。同じ「臣民」と言いながら、内地戸籍と外地戸籍（民籍、朝鮮戸籍）で立て分けられた「外地人」は二級臣民であり差別対象だった。官が峻別の「道具」を与えることで、民が朝鮮人を蔑み、攻撃するのを「奨励」した。部屋を借りるために一家は日本人の保証人を探し、幾つもの通称名を名乗って暮らしたと言う。文光子が戸籍名の粉道（ブンド）ではなく光子を名乗り出したのもこの頃だ。

「ようやく浅草で家借りられて、日本に慣れた頃には一〇歳でした。貧しくて学校行くより働けという感じだったし、私も大きくなって学校行くのは恥ずかしいし学校行かなかったけど、行っとけばよかった。今も文字の読み書きできませんから」。彼女は朝鮮語の読み書きこそできたが、晩年まで日本語はひらがなが分かる程度だった。被差別や貧困の体験を語る文脈で、彼女は奪われた学びへの思いを幾度も口にしたが、そのために日常生活で被った不利益や不便については滅多に口にはしなかった。

植民地支配という全体としての強制性の中、家財を売り払って渡った異郷だが、生活は苦しかった。父は日雇いに出たが、仕事があるのは週に二、三日程度、これでは食べられない。母も仕事を探したが、成人女性に口はなく、花や飴玉、玩具などの売り子をした。兄は印刷会社に職を見つけ、文光子もゴムまりの製造工場に仕事を得た。齢一一。年齢を二つサバ読み、小学校を卒業したと偽った。賃金は一日あたり二〇銭、二五銭くらいだったと言う。家では家事も任された。「外で御飯を焚いてたら、目を離した隙に釜ごと盗られたこともあります」。辛かったのは服を買えなかったこと。「朝鮮服を着てると『朝鮮汚い』『朝鮮臭い』とか言って石を投げられるんです。なので日本に来る時にもらった着物をずっと着てました」

その頃の記憶に刻まれているのは、平成天皇・明仁の出生を祝うパレードだ。「『殿下がお生まれになった』と歌が出来て、花電車が通ってね。大変でしたわ。ほんとに」。労働に明け暮れる日々の息抜きは映画だった。「よく行きました。ふだん仕事の帰りは父が迎えに来ることになってたんですけど、映画に行く時は『今日は残業』ってごまかしました(笑)」

東京には八年ほど住んだ。言葉の端々に関西弁が混じるものの、彼女の日本語は、基本的に綺麗な「標準語」で聴き取り易い。メディア取材が彼女に集中した理由の一つもそれだ。肉体労働で口に糊した少なからぬ一世女性が、「オレ」や「ワシ」などと自らを呼称し、荒々しい男言葉を話すのと対照的である。

後に朝鮮総聯の活動家として行政交渉をする際も、その日本語が生きたと文光子は振り返る。日本人らしくせざるを得なかった歴史と、「真っ当な」日本語を話さなければ、多数者に耳を傾けてももらえなかった経験の産物、それが彼女の「綺麗な日本語」なのだ。

家族全員で働いても暮らしは成り立たない。やむをえず一家で大阪に移り住んだ。母が産後の肥立ちが悪かったのが直接の契機だった。「母が死ぬ言うてね、お金ないし入院も出来ないし、母の叔父さんがきて『大丈夫、大阪おいで』って。同胞多いし、小さくても仕事さしてくれるって」。困ったのは大阪弁だと言う。「最初は何語を話してるのかと思った」。言葉が分からないがゆえのトラブルや悔しい思いも多々あったようだが、東京よりは「まし」なこともあった。「同胞が多いでしょ、朝鮮服着てても差別されなかった」

　大阪で結婚、一八歳だった。「同じ馬山で九歳年上、当時はみんな見合い。親同士が決めて、『行け』言うて、結婚式やって行くだけ。鏡工場の職人でした。よう働くことで有名な人でしたよ」。一方で夫、李成吉（リソンギル）は、子どもに対するように文光子の箸の上げ下ろしにまであれこれ指示する関白亭主で、かつ酒乱だった。

「酒呑んでね、外で気にいらんことがあったら、家の中みんな壊してしまう。私はシバかれたことは一遍もないけど、何が気に食わないのか分からないけど、突然、机を『ぱーん』とひっくり返して、それでガラス割って、畳をひっくり返したりして家の中はもう無茶苦茶。それで二、三日したら、自分でガラス買ってきて直すんですけどね。鏡職人だし自分でするの。母が家にくると家が無茶苦茶に壊れてるでしょ。それで母が夫に言うんです。『嫁さん一発殴って済ませたらいいのに、なんで家壊す？』って。そしたら夫が『殴ったら死んでしまうかもしれんし、病院行ったら恥ずかしい』って」

　強烈な経験だが、諧謔（かいぎゃく）がある。私を見る目も〝ここは笑うとこですよ〟と告げているようだった。「外で喧嘩したり家族殴ったりはしないけど、これだから私は酒飲みは嫌い。私はもう一生、酒は呑まないって決めましたよ。御飯でも気に入らんのがあると膳ごと箸で『ピヤッ』て。あと、電球の球を『ピヤッ』って割るんです。もう家の中真っ暗です。『ピヤッ』って」。「『ピヤッ』ですか？」「そう『ピヤッ』」

興が乗ったのか彼女は立ち上がると、右手を空手で言う裏拳の仕草で外向けに振り払い、『ピヤッ、ピヤッ』と繰り返して私に笑い掛けた。甲高い気合と、空手の型のような動作が可笑しくて、思わず私も真似をしながら唱和した。

「ピヤッ」「ピヤッ」「ピヤッ」……。

「電球やらガラスやら割るから手が切れるんですけど、なんでか知らんけどすぐに治ってしまうんです。不思議な人だった。死ぬ時も、達者だったのにあっという間で(笑)」

当時から同胞が集住していた大阪市の猪飼野、現在の生野区中川に居を構え、ここで長男を出産した。つわりの苦しみで煙草を覚えたのも大阪時代と言う。「つわりの時は食べられないでしょ。吐いてしまうから。水一杯呑むだけ。あとは煙草です。給料が出たら夫は次（の給料）までの煙草を買ってくるからこっそりひと箱開けて、半分吸って消やしてまた吸う。旦那が『いつも煙草が空いてる、おかしい』というから、「昼間に客が来てた」ってごまかしてた(笑)」

激化する空襲を避けて、山口県の田舎町に避難したこともあった。「田舎だから何にも（危険が）ないと思ってたけど、差別がきつい。学校行く子が『朝鮮帰れ！』とか言って家に石投げてくる。ガラスが割れたりしました」

そんな折、文光子らに転機が訪れる。大陸侵略を進める日本に対し、米国は経済制裁で貿易を停止、煽りで夫の勤め先が潰れた。職探しで夫が家を空けていた時に、官憲が夫に出頭を命じてきた。事情を説明したが、役人は彼女が夫を隠していると疑い、執拗に問い質した。一九四一年頃の出来事だったと言う。

かつて支援団体「ウトロを守る会」の聴き取りで、この記憶を言葉にしてた文光子は唐突に、「あぁ、『どこかに主人を隠しているんだろう』とまた言われたらどうしよう」とパニックを起こした。聴き手が、「（夫は）とっくに亡くなっているじゃないの」と指摘すると、「ああそうだ、そうですよね……」と現に戻ったと言う。

幼子を抱え、もし、夫がどこかに動員されれば暮らしが立ち行かなくなる。彼女自身、父が借金で失踪し、苦労する母の姿を見て育った。「徴用に取られた人の子どもが大変な思いをしているのを見たこともありました」という。悩む彼女の元に飛び込んできたのは、「京都飛行場建設」の話だった。「国の仕事をしたら、徴用に行かずに済む。住むところもあるし、配給もあると聞いたんです。当時、新聞は余りなかったけど、ラジオでしきりに流れてました」

労働力として宗主国に吸収され、各地を転々としていた朝鮮人たちが、京都飛行場建設工事に向かった大きな理由は、文光子のような「労務動員」への恐怖だ。離脱や拒否が出来ない狭義の「徴用」が在日朝鮮人に対して始まるのはこの数年後だが、それ以前から実態は、支配者と被支配者の力関係を前提にした「強制労働」だった。「動員」への恐れは姜景南も同じだった。

土木作業、茶摘み、草むしり……屋外での肉体労働が作り上げた日焼けした顔、痩身に長い両手を垂らして地区内を散歩し、所構わずしゃがみこんでタバコを燻らす。地区の名物、取材者には格好の被写体だ。地区の一世で、最も写真が残る人物だろう。うち一枚は、住民が共有する倉庫前にも立てかけられていたが、二〇二一年八月、奈良県の日本人男性（当時二二歳）が起こした、差別的動機に基づくと見られる放火事件で焼失した。

路上や地区中心部の広場で出くわし、その場で聴き取りをする。「昔の話なんか忘れた」と言いつつも、話し始めれば止まらない。道が軒先の延長、社交場だったウトロらしい取材なのだが、問題は飛び交う藪蚊である。低湿地帯で下水のなかったウトロには、彼方此方に剥き出しのドブがあり、そこは蚊の一大繁殖地と化していた。

手足、顔まで刺してくる蚊に閉口しつつ質問をしていると、見かねた彼女が「ほな家行こか」と立ち上がり、腰を据えてのインタビューが始まるのが常だった。

家はあの飯場跡の真裏である。かつて「ここに住め」と言われて住んだスペースに、小さいが瓦屋根の二階建てを拵えた。それはまさに彼女の歴史だった。入ると一畳弱ほどの玄関口があり、左手に四畳半ほどの居間、右手には食事部屋がある。私は框に腰かけて、ダイニング側でいわゆる「ヤンキー座り」をしている彼女と話す。

姜景南は慶尚南道の「山奥」で生まれた。幼少の思い出は、母と二人の生活だと言う。父は彼女が生まれてすぐ「内地」に渡り、兄、姉がその後を追った。事実上の一人っ子だった。

「子どもの時だけは幸せやったな」は彼女の口癖だった。

田舎の日常を語ると止まらなくなる。「猪がたくさんおって、獲ったらムラの皆で食べた。うちは肉好きやないけどな。家でニラもニンニクも作ってたし、白菜やホウレン草も作ってた。自分とこでコメもやってるし、味噌も醤油も作ってた。蒸した大豆を藁に入れて吊ってたら味噌になるねん。麻もやってた。麻は二種類あるねん。黄色の麻は種まくねんけど白いのは根が伸びてそっから増える。刈り取って蒸して皮剥いて糸とってな。それで服作るんや。みんなやった。それから綿も自分でやってた。あれって花が落ちた時に吸ってみ、甘いんやで。

母は腕のいいメンギュ(製糸)職人やった。何でも糊付けが上手やった。糊付けが上手でないとええ生地に上がらへんねん。当時イルボンサラム（日本人）が韓国に来ててな。地主でメンギュやってるのが季節になると呼びに来るわけや。山から下りたらバスの通る道があってな。あの頃は車はほとんど通らんかったけど、そのあたりにようけイルボンサラムが住んでてな。お菓子やら煙草売ってる店があった。その先に行ったらうちらのムラくらいの土地持ってる地主がおってな、そこで請われて働いていた」

季節になると職人は一、二か月ほど住み込みになる。そんな母を幾度も職場に訪ねた。「うちのムラくらいの広さの土地持ってて、リンゴやらナシやら、してへんのがないわけや。地主は『食べてもいいよ』って言うから梨を初めて食べた。ほんまに食べてもいいって言われたんかって？　ほんまや！　美味しかったかって？　初めて食べたからわからへんちゅうねん。入り口になってたイチゴ食べてみた。初めてやった。おいしいも何も、せやから味なんて分かるかいな。余った土地で豚飼うてて、落ちたナシやリンゴをブタの餌にするねん。ええのんを選って食べてな。クワの実もなってて、木に登って食べたりした。オモニの働くとこは、田舎の高いとこにあって、そこから海が見えた。楽しいかて？　楽しいも何も分かるかいな」

ズボンから突き出た日焼けした足、リズムをとるように自らの脛を手刀で叩きながら、心はあの時に戻っていく。思い出の海をたゆたう中で、語る言葉には朝鮮語の語彙が増え、次第に私の目を見ながら朝鮮語で話しはじめる。町工場で働きながら、生きるために身に着けた日本語ではない。情感そのものであり、それによって世界を獲得した、その朝鮮語だった。

川や山で子どもたちと遊んだ。学校には行かなかった。「昔は女は勉強すると生意気になる言うて学校に行かさんかったんや。日本でもや。子どもたちを育て上げた後、夜間中学に行こうと思ったことを語ったことがあるけど、『今更』って子どもに反対されてな」

学びから疎外され、家事を担ったのも文光子と同じだった。「干瓢の実をくりぬいて作った柄杓で溜池から水を汲む。オンドルや煮炊きに使う薪を拾いに行くこともあった。あの頃は食べ物に困ることはなかった。父も兄もおらへんやろ。気兼ねがいらんねん。母があっちこっち行くから丁稚が一人おってな、米と麦を炊くねんけど、米の部分を丁稚が食べて、次が私。米を食べた後には麦を混ぜんねんけど、最後に残るのはほとんど麦で親は麦ばかり食べとった」。稲をイモと交換しに港に行くのにもついて行き、ふかして食べた。「美味しかったかて？　好きとかそんなんやあらへん、出されたもん食べるだけやちゅうねん」

標準語で「美しく」語る文光子とは対照的に、煙草から煙草に火を点ける勢いで紫煙をくゆらせながら、泉州弁交りの言い回しで荒っぽく語る。

時折、「ちょっと待ってや」と言って炊事場に行き、パックの日本酒で口を潤し戻って来る。昼間からである。私がよほど物欲しそうな顔をしたのだろう、姜景南は「しゃーない奴っちゃ」

という表情をして、「ちょっと待ってや」と炊事場に行き、紙パックの牛乳を持ってくる。そして諭すように言うのだ。「これ飲み、体にええねん」

何度も同じ状況になったが、いつもコーヒー牛乳や缶コーヒー、酒は一度も振る舞ってもらえなかった。「うちの酒はウチのもの」だったのか、私の体を気遣ったのかは分からない。親を見送り、夫が死去した後、「寂しくなってな、少しずつ呑むようになった」のだと言う。聴き取りを重ねたのは二〇〇二、三年頃、当時はまだ、彼女が仲良くしていた一世数人が存命で、家を訪ね歩いて呑んでいた。私もあるオモニの家で晩酌を共にしていた際、姜景南が「乱入」してきたことがある。問わず語りでひとしきり話すと、「ほな、帰るわ！」と立ち上がる。「そうやって色々話すやろ、ほんならここ（胸）にあるもんが収まるっちゅうわけや」

文光子から遅れること八年、一九三四年、姜景南は母と二人で故郷を後にした。晋州から釜山へ。そこから下関へと渡った。大阪で父と初めて会い、堺市に落ち着いた。二週間後、初めて台風を経験した。「朝鮮ではなかったもん。うちの家と道隔てた向こうはもう海や。水が引いた後に歩いたけど畑に植えてたのは全部あかん。塩水に浸かったイモやらは茹でても固くて食べられへんねん。毎日死んだ人運んでたな。どっかで焼いたんちゃうか」

周囲には同郷の朝鮮人家族が寄り集まっていたが、異郷に吸収された朝鮮人に子ども同士で遊ぶ余裕はない。父は日雇いで、母は技術を生かして綿工場で働いた。姜景南も文光子同様に年齢を偽り金物工場で働いた。「小学校上がってないと工場は使ったらあかん。ほいで一三歳と嘘ついた」。工場では電球を作った。明け透けな差別を経験したのも「内地」でのこと。朝鮮服を着て出歩いた時は見ず知らずの者から石を投げられたこともある。

数え一八歳で結婚した。やはり見合い、というより親の間で話が決まっていた。夫は下駄の鼻緒を通す家内工業をしていて、職場と家庭との区別がなかった。一緒に暮らしていた姑は、かなり「嫁」に厳しい人だったようだ。「辛かったんはある。昔は姑が大きい顔して、嫁が小さなってた。何言われても聞かなあかんかったからな」

ほどなく空襲が始まった。「工場は爆弾で、家は焼夷弾、大きな家は目立つのか爆弾が落ちる。空襲の後はな、真っ黒い雨が落ちて来る。『ここにいれば死ぬ、どっか行かな』と姑に言われて、ほんで生駒に来たんや」。その一三日後、住んでいた堺の家に焼夷弾が落ちたという。「生駒から大阪が燃えてるのが見えるねん、自分らの家辺りが燃えてるんもな。一番に焼夷弾落とされてん。何か大事なモンを忘れて取りに帰った近所のおばさんも死んだわ」

米軍による大阪への空襲は、一九四四年一二月から計五〇回以上記録されている。うち一〇〇機以上のB29が飛来した大規模空襲は四五年三月一三日から八月一四日まで計八回あった。その記録から推察すると彼女が生駒に入ったのは三月頃と思われる。人が撃ち殺されるのも見た。「爆撃の後、機銃掃射で人が歩いてたら撃ち殺すんや、うちが生駒の近くに何かしに行ったとき。あれは鴉と一緒や。慌てて木の間に座ってお尻打って動けんかった。大やけどして大阪から来た娘もおった。あの怖さは経験せえへんかったら分からへんちゅねん。大阪で残ったのは駅だけやった。後は焼け野原や」(「ウトロを守る会」による〇二年の聴き取り)。

一夜にして一〇万人近くが命を落とした四五年三月一〇日の東京大空襲では、犠牲者の約一割が朝鮮人だったとされる。支配、被支配の関係でありながら、被害だけは日本人と同じく被った。一万五〇〇〇人以上が犠牲となった一連の大阪空襲でも比率は同様と言われるが、あくまで人口比からの推計だ。創氏改名の影響で、死没者名簿に載っていても、日本名で記載されていることも調査を妨げる。死してなお彼彼女らは、強いられた「名前」に囲い込まれている。

姜景南も夫の徴用におびえていた。戦争の泥沼化に伴い、戦争動員は苛烈、かつ強引になっていた。徴用令は際限なく拡張され、在日はすでに対象だった。軍需会社で働く者は徴用の身分と見做される。そうなるともはや、命令の拒否や離脱が認められない立場になってしまう。

「家でぼちぼち下駄やってたら、みんな徴用で引っ張られていくねん。こんな仕事してたら草履みたいに引っ張れていくねん。徴用で引っ張れてどこにやられるかわからへん。うちの兄貴が先に来て仕事してた。家庭持ってやっとってな、『ここで働いたら国策事業やし徴用には取られへん』って。そんでうちの旦那が来たんや」——

京都飛行場

植民地支配を原因として海を渡り、差別と貧困の中、日本各地で働いていた朝鮮人たち。彼彼女らを「京都飛行場建設計画」が吸収していく。ウトロ地区形成の原因であるこのプロジェクトはいかなるものだったのか。

文光子と姜景南が日本に渡った後も、日本は領土拡張に突き進む。いわゆる「満州事変」から六年後の一九三七年七月、盧溝橋事件で日本軍は大陸侵略を本格化、南京大虐殺を起こす。翌年には国家総動員法が施行され、すべてを侵略戦争遂行に動員する態勢が完成する。

そして一九三九年、逓信省は国内五か所に国営航空乗員養成所と付属飛行場の建設を計画し、翌年度予算に五〇〇〇万円を計上する。中国との戦争が長期化し、二年後には米国との戦争に突入する状況の中で、空軍力の増強を目論んだのだ。その事業パートナーは飛行機需要を見越して立ち上げられた民間会社「国際工業」だった。

京都市や京都航空協会、商工会議所などは将来の京都発展の礎として、京都府と協働で逓信省への誘致活動を重ね、設置を確実なものとした。

候補地は府南部だった。一つは造成工事が終盤に差し掛かっていた巨椋池干拓地、もう一つが佐山・佐古エリア（現在の京都市伏見区、宇治市、久御山町にまたがる地域）だった。前者の場合、埋め立てで農業への転換を余儀なくされた漁業者への払い下げが出来なくなる。加えて国策の食糧増産を掲げた干拓地への建設は地元だけでなく京都府も反対し、結果的に宇治市と久御山にかかる約三二〇㌶の土地に、飛行機製造会社と工場、逓信省との併用練習場、パイロット養成場を伴う施設を建設する計画が固まる。

だが、この一帯は京都府内有数の優良耕地だった。開墾されて間もない新田や、先祖代々から引き継いできた田畑や果樹園が潰されることに対し、農民の間には反対の声も強かった。一九四〇年一月には、赤松小寅知事が佐古尋常小学校に関係村民約六〇〇人を集めて説明会を開き、「祖先伝来の土地を失う地元民の苦しみは、誠に尤もなもので十分理解できるが、しかし時勢の変転と将来のため大所からある程度の犠牲を払ってもらわなければならない」と述べたと報じられている（大阪朝日新聞一月二五日付）。

実際はもっと高圧的だった。古老の証言が残る。「『お前ら百姓をしたかったら満州に広い土地があるので、みんなそこへ送ってやる』と放言した。みんなは一言も言えず、知事は軍部の手先として権力で村民を抑え込んでしまった」（久御山町史2）。

地元は生活補償獲得に路線を変更、二月六日の陳情で府が、国際工業への優先就職と代替耕地の斡旋を約束したことで、「何にも代え難い難事ではあるが国家のためとあれば、この際忍び難きを忍んで敢えて協力する」と受け入れを表明した。翌日付の大阪朝日新聞はこれを「時局に協力する美談」と報じた。「国策」「御国」「戦時」が「生活」を飲み込む時代だった。

受け入れ表明の二〇日後には予定地に縄が張り巡らされ、早くも四月には陸軍幕僚や逓信省幹部らが出席して起工式がなされた。鍬入れをしたのは府知事代理と、鐘淵紡績の経営者で、国際工業の社長、津田信吾だった。

用地は京都府が買収し、「日本国際航空工業（以下・日国）」と逓信省名で所有権登記した。日国とは、着工翌年の一九四一年、陸軍の要請で国際工業と日本航空工業が合併してできた国策遂行のための民間会社である。一九四三年一〇月に軍需会社法が制定されると、日国は翌年一月、第一次一五〇社の一社として指定されている。飛行場の整備工事と、飛行場と工場敷地の整備、建設工事は、それぞれ逓信省と日国からの委託を受けた京都府の直営工事だった。工場や格納庫の建設、滑走路、敷地内全ての整地、さらには日国の社宅建設など、事業は多岐にわたった。

重労働だったのが土木、整地作業だ。飛行場の最低標高は東京湾の平均潮位（ＴＰ）から一一メートルに決定され、平均約五〇センチの盛り土をするために、八七万五六四五立方メートルもの土砂が必要になった。

その採取場所が、近鉄伊勢田駅と大久保駅間の西側に広がる丘陵地、現在のウトロと自衛隊大久保駐屯地だった。ブルドーザーもパワーショベルもない時代である。作業は徹頭徹尾の人海戦術だった。竹藪や草木を伐採し、スコップやツルハシで土砂を採る。それらをモッコで運んでトロッコに載せ、機関車で牽引。北西の滑走路予定地などで下ろして人力で均す。トロッコは六〇〇台、機関車は二七台あり、敷地内の線路は総延長四〇キロに及んだ。機関車一台が一日にトロッコ一五台から二〇台の土砂を運んだ。一日二〇〇〇人を擁した作業の主力が朝鮮人労働者、その数は一三〇〇人に達したと言う。

労働の記憶

工事に従事した朝鮮人男性の証言がいくつか残っている。

ウトロ支援運動の源流となった市民団体「山城朝鮮問題を考える会」が聴き取りをした一人は、在日一世の鄭相奭（チョンサンソク）（一九〇四年生）だ。彼は京都府建設事務所に「臨時雇い」で採用されており、事務職員として飛行場工事の現地事務所に配属されていた。

ウトロ付近は「山でもあまり高い山でなく、低い山で、竹藪、小さい松の木が生えていて、その土を淀の久御山の御牧まで持って来て、滑走路をこしらえて滑走路以外も平地にしたのです」。この部門の仕事はトロッコにひたすら土を積むもので、体力的にきついが危険度は低かったという。彼が把握している限り、労災死亡事故は一件。トロッコに油をさしていた日本人労働者が、崩れてきた土砂に埋まって命を落とした。

「人身の虐待はあまりなかった。（朝鮮人が）一三〇〇人位は働いておりましたが、この人たちも直接連行してきたとか、あるいは募集してきたとかいう人はなかった。ただ逓信省の仕事、それから京都府の仕事は徴用へ行かんでよい。そういう関係で、民間の工場で働いていた人もやめて、徴用へと捕らわれるのが嫌だから、やめてここへ来ました。あるいはよそで土方していても、ここで働けばいいということで自然と寄って来た」

その頃、彼は京都市南区の吉祥院から通勤していた。当初、労働者の仮宿舎は滑走路の端に数か所あったと言う。一九四二、三年頃には滑走路建設がほぼ終わり、滑走路南東にある日国の工場部分（後の日産車体京都工場〈二〇〇一年三月閉鎖〉と自衛隊大久保駐屯地があるエリア）の建屋建設や整地が工事の中心となった。そのため、土砂を掘り出して低地になったウトロに複数あった飯場を統合した。飯場は「大鳥組」、「大倉組」（現・大成建設）、「竹中組」（現・竹中工務店）などが建て、朝鮮人の親方が管理していたようだ。ウトロの旧称「宇土口」の「宇土」とは窪んだ場所を意味する。朝鮮人労働者に土を採らせ、文字通り「宇土」にした場所に、朝鮮人を入れる「箱」を作ったのだ。一九六〇年代以降、ウトロ周辺も急速に宅地化されていくのだが、大雨や台風の際、周辺地域に降った雨は標高の低いウトロに流れ込み、床上床下浸水などの水害を頻繁にもたらした。ウトロはいわば地域の水害を減じるための「遊水プール」、その状況は、二〇一六年に再開発が始まるまで放置された。

この経緯を知った時に私が想起したのは、山岳地帯を移動する軍隊が、処刑する捕虜に自らの墓穴を掘らせ、遺体を埋めて非道を隠滅する様だった。だがウトロ住民は埋め隠されなかった。人びとはそこに留まり、生きるために闘い、住み続けることで、最後には「法治国家」を僭称するこの国の最高裁判所の決定すらも食い破ったのである。

さて、人夫出しの親方としてウトロに入った金壬生（キムイムセン）（一九一二年生）の証言によれば、ウトロ飯場が開設されたのは一九四三年頃だった。「大東亜戦争始まったら朝鮮には若い人いない。弟も九州の炭鉱へ引っ張ってこられた。徴用や。戦争がきつくなって兵隊は朝鮮からも取っていた。兵隊検査があった。日本の国内やったら命は残るけど、徴兵されて外国へ引っ張って行かれたら死んでくるわけ。戦争はどんどん酷くなる。徴用されたら危ないなと思って、そんでワシは竹中組に入った。この大久保の飛行場、日本国際航空工業で本格的に仕事ができたのは、昭和一六年（一九四一年）ぐらいから。ジャンジャン土方がやってきた。ワシが来たのは多分、昭和一八年（一九四三年）一月だった。竹中組のバラックで大きいのが四つあって、いの一番にワシが入った。何しに入ったかっちゅうと、竹中組が格納庫建てるためには、日国の中に製材所が要る。材木集めるのに山がいる。誰が山を買ったかと言うと、その当時の親方の名前がゴウリ言う人で材木の担当をしていた。番頭が三〇人位。山をどこど こ行って買わんならん。買った山へ人夫連れて行って木を切り倒して、大きいやつはそこで割るし、小さいやつはここで製材する。そこで牛を六匹飼うていた。製材所の会社から、それで竹中組に、仕事せいちゅうて、牛を追いに入った。そこで材木引いたやつを積んで日国に配達する。そこで全部アパート建てて、家建てる。全部が日国の社宅や、雇い主は製材所の親方」(『チャンゴ』)

職責にも厳然たる差があった。「役は日本の人。京都から通っている。日当はそんな差はなかったんやけど、同じ働く人でも日本人はみんなエライさん。現場監督とかで、働く人はおらん。皆、役持ってる。飛行場建設の仕事は俺はしてへん。そやけど毎日見ていた。俺は飛行場、下請けで働く人見て、可哀そうな奴と思っていた。その時は朝鮮人が惨めなものだった」(同)。金壬生は当時、竹中組には五、六〇〇人の人夫がいたとも証言している。このような現場に「みな世帯持ち」が押し寄せて来るほど、朝鮮人を取り巻く状況は厳しかったのだ。

飯場暮らし

その一人が文光子の夫だった。一九四一年、佐古村(現・久御山町佐古)の飯場に入り、滑走路の整地作業現場で働いた。割り当てられた宿舎は、近所の農家の納屋だった。そこで彼女は義母と二人で「まかない」をした。義父が一〇人ほどの朝鮮人労働者を抱えていたと言う。

慣れない仕事でクタクタになる夫を見るのは忍びなかった。「作業はモッコ二つを木で天秤にして肩に担いで、土を運ぶ。毎日肩に血豆がたくさんできて。鎖で打ったみたい。シャツも肩のところがすぐに破けるんです。もともとは鏡工場の職人だから、仕事に慣れないのか、いつも『しんどい、しんどい』って。監督もいい人だったらいいけど、きつい人もいるんです。『あれやれ、これやれ』ときつく言うし、『運ぶ土の量が少ない』って怒るんです」

当時、飛行場で働いていた労働者は、現場監督とその助手を除いて三種類に分けられていた。第一種は工夫、運転手、技工、定夫、運転夫。第二種は小使、給仕、第三種が一般就労者だった。朝鮮人労働者の多くは第三種である。三種労働者には、前の二種と違い、賃金の歩増しや休日の権利が認められていなかったと言う。

曲りなりにも府の直営工事である。民間会社が仕切る山間部のダムや鉱山労働ではない。暴力飯場に閉じ込められ、逃走した者が監視役のヤクザ者に捕まり、リンチで殺されたり、回復不能な怪我を負わされた類の話はウトロには一切ないが、多くの朝鮮人労働者が労働者としての権利が認められずに酷使されていた。狭義の「徴用」はなかったとはいえ、この実態は踏まえておくべきだろう。

そして文光子たちも佐古からウトロ飯場に移る。その時の衝撃と怒り、落胆は最晩年まで鮮明だった。納屋の次は六畳一間と土間しかない廃材と杉皮の小屋なのだ。

「あれは家じゃなかった。話とは全然違っていた」。「徴用に取られない」「配給がある」「家があって家族で住める」。それが京都飛行場建設工事のアドバンテージだった。だが目の前の飯場は家とは程遠かった。前述の飯場を更に酷くした代物だった。

ウトロ飯場での生活を聞くと彼女は、「こんな悲しいこと聞かないでください。昔のことはあまり話したくないんです」とこちらを制し、頻繁に煙草を吸うのが常だった。

「あそこは人間の住むところじゃなかった。最初は土をこねておくどさん（釜）を作ることから始めたんです。隣との隙間が凄くあって、『マッチ貸して』って隣に言うと、家の隙間から箱ごと貸してくれた。ほんとに酷かった」。ここで言うマッチ箱は、喫茶店などで配られる数十本入りのマッチ箱のことではない。徳用マッチの箱を意味している。十数センチ四方の箱がそのまま通るくらい大きな隙間だったのだ。

「屋根も杉皮を載せただけでした。これはすぐにダメになって、家の中から星が見えるんですよ。雨が降るとそこら中で雨漏りがする。子どもにあたると泣くから、子どもをおぶって水がかからないように居場所を何回も変える。悲しかった。あの頃の苦労は口では言えません。壁も残った板を使ってるから冬は隙間から雪が入ってくる。狭くてまっすぐ寝られないから、足を中心に向けて、頭を向こう（壁）に向けて寝るんです。人間の扱いじゃないです。今の人に言ってもわからない。こんな惨めなこと言いたくありません。もうあんなことは思い出したくない。あぁ、そんなこと、夢でも恐ろしい……」

立ち退き裁判が佳境に入り、メディアの取材が相次いだ一九九〇年代以降、文光子は代表的な取材対象だった。カメラや取材者を置き去りにする勢いで飯場跡内を歩き回り、当時の暮らしぶりを語る彼女の姿が、幾つものテレビ映像に残っている。活動家ゆえの責任感や、まだ判決前で、司法に期待を繋げた時期だったこともあって取材を受けたのだろうが、前のめりに先を急ぐのは、惨めな記憶と直結する場所で、一つ所に留まっていたくないとの思いもあったのではないか。

佐古からウトロ、文光子は飯場生活の中で次男と二女を産んだ。

「水道も無くて井戸です。重労働なのにお風呂も無くて、銭湯にいったり近くの池で体を洗ってた」。共同井戸である。ポンプを押すと最初は赤い水が出てきた。時には油のようなものが浮いていて、砂で濾してから湯煎して使ったと言う。

まとまった雨が降れば川や水路から溢れた水が流れ込み、汲み取り便所の内容物が溢れ出した。水はけも悪く、夏になると蒸し暑さは耐え難い。飯場は隙間だらけだが窓はない。堪らず外に出るのだが、湿り気の元凶である水捌けの悪さゆえ、何処にいても藪蚊が飛び交う。蚊取り線香を買う金などない。刈り取った雑草を燻しつつ、少しでも涼しくなる夜中まで住民たちは炉端で座り込む。それが飯場の光景だった。それでも女たちは翌朝三、四時から飯を炊き、男たちは日の出と共に働いた。

同じ社宅でも日本人用の社宅はまるで違った。建設用木材で作られた家屋は伊勢田駅東側の高台に建っていて、雨露を凌げるのは当然、水害とも無縁だった。それらは職責に合わせて桜、楓、松にグレード分けされていた。

夫の重労働は続いた。日が出てから沈むまで。一日一四時間働いた時期もあった。

しかし帰る「家」は犬小屋以下の小屋だった。「戻ってきたら体を洗って、御飯を食べて焼酎を飲んで寝るだけなんです」。暴れる頻度は減ったようだ。そもそも破壊する「家」ではなかった。それでも突然、電球を叩き割ることはあったと言う。

「配給はあったけど量が足りないから、ヨモギやらセリとか、山の方に行って、いろんな食べるもの摘んできて、それを炊いて御飯に足しました。ひもじい思いだけはさせたくないと。イモのつるまでいれました。とにかく量を多くしようと工夫したんです。こんな苦労したって、若い人に言っても分からないでしょ。ほんとに私は苦労しました」

一人あたり一日二合三勺が当時の配給だった。ただ国策事業ならではの抜け道もあった。金壬生は語っている。「その時、飛行場でも配給やから、例えば私が竹中組の親方で人夫一〇人連れとるとしなさい。一〇人連れてたら一〇〇人くらいの米チケット出さなんだら一〇人食わされへん。ウトロの中には組合長がおる。実際人夫が一〇人しかおらんでも、一〇〇人くらいおるって判子を押す。その配給票を現場事務所に持って行ったら、米をくれる。一〇〇人分やったら一〇〇人分くれるわけ」(『チャンゴ』)

この「水増し」を「幽霊」と呼んだ。二〇〇六年、その作業を担った人に話を聴いた。崔漢(チェハン)信(シン)、当時、京都市南区東九条で暮らしていた。彼は一九二四年に慶尚南道に生まれ、八歳で父を追って渡日した。中学卒で日本語の読み書きが出来た彼は、竹中組の飯場責任者をしていた親戚に誘われ、一九四三年、会計として京都飛行場建設工事に就いた。

「わしは第一種やった。出ていった人と入った人を帳簿につけて、出た奴を消したり。特高（特別高等警察）がしょっちゅう来たよ。トロッコ一台で木札一枚出して歩合制やったけど、肉体労働は一日中働いて六円くらい。当時、新聞の購読料が一円二〇銭、朝日も毎日も一円二〇銭やった。肉体労働は土方仕事、整地や。足場を組んだり鳶もしていた。鳶やったら一八円。土方の三倍くらい。わし？　一二円やった」。彼の証言では出なかったが、出面の変動が大きく、京都府からも調べに来ることも度々だったと聞く。

インタビュー当時、彼は脳梗塞で右半身が不自由だった。話の途中でも、時おり、もどかしそうな表情をしながら、自らの意思に従わない右掌を左手の指で揉み解していた。話はあちらこちらに飛ぶが、口調には勢いがあったし、具体的な数字が滞ることなく出た。

事務職だった彼から見ても、現場の労働は過酷を極めていた。金壬生と同じく彼も、「見てられんかった」「可哀そうだった」と繰り返した。「一人あたり二合三勺じゃあ、重労働でそんなんでもたへんがな」。そこで生まれた慣行が「水増し請求」だった。「上に話をつけて、一人当たりで三人分までの幽霊は見てみんふりするちゅうことになった。出入りする特高にも話つけた。それで三人とか五人にまで水増しした。そやから盆と正月には枚方（大阪府枚方市）の特高の偉いさんの家に運搬車で米を俵いくつも持っていったわ」

有力者に賄賂を渡して、配給の水増し請求を黙認させていたのだ。「で、増やした分は食わすのはもちろんやけど、書記の特権で売ったりした」。彼はその金で近隣農家からより品質のいい闇米を買って飯場の人たちにも転売していたと言う。

「ええ金になった。そやから百姓が飯場にようヤミ米売りにきよったわ」

崔漢信の最も大きな仕事は、対外的な帳簿と、実際の人の出入りを記した裏帳簿の作成と管理だったと言う。だから飯場の管理者は保秘を考え身内の彼をスカウトしたのだ。彼は一九七〇年代初頭までウトロに居があったようだ。後に東九条に移り住み、故郷慶尚南道での死去を望んだが果たせず、二〇〇七年に鬼籍に入った。

相次ぐ空襲

敗色が濃厚となり、人、物の不足が深刻化する。「国民徴用令」に続き、「学徒動員令」「女子挺身勤労令」が発令され、既に稼働していた日国の工場にも学生が労働力として動員されてきた。工場では「赤とんぼ」と呼ばれる練習機の組み立てが始まるのだが、目立つ「赤色」の機体を収める格納庫が物資不足で未完なのだ。これを隠す仕事は朝鮮人労働者の妻たちに割り当てられ、女たちは竹藪や山に入り竹や木を切り出した。

木々を纏った練習機を滑走路とパイロット養成所がある久御山に運搬するのもまた朝鮮人の役目だった。汽車や車ではない。牛を使って引っ張った。そして乗務員養成所は四四年に機能を停止する。物資不足で運営できなくなったのだ。

その頃の航空写真が残っている。一九四四年一二月、滑走路から工場用地までを収めた写真は、工場や事務所、食堂、寄宿舎や病院など、建屋すべてに通し番号が振ってある。工場の北側に並ぶ十数棟の長屋がウトロだが、そこにも番号がついている。これは爆撃用に米軍が撮影したものだ。軍事施設と軍需工場は優先的な空襲の対象だった。

姜景南がウトロに入ったのは翌四五年初夏のこと。京都飛行場建設工事に就いていた兄を頼ったのだが、目の前にあったのは、これまでにない惨めな暮らしだった。彼女の記憶に残るのもやはり、飯場の、およそ家とはいえない住まいの劣悪さだった。「あれは小屋ですらないっちゅうねん。屋根はトタンどころやないで、杉の皮剥いてきて載せてるねん。せやからそんなもん、雨でナニするわな。壁もボロボロでな。セメント袋を壁貼って、隣に指に唾つけて穴あけると、隣の部屋の中が見えるねん。隣もそうやけど、昔は周りに家もないし、あの頃は（直線距離で七〇〇メートルほど先の）今の大久保駅の出入り口まで見渡せた」

この時期になると建設工事は物資不足で中断することも度々だったようだ。土木の重労働は続いていたようだが、仕事自体が激減していた。

「解除（解放）まで、ここでは家事しかせえへんかった」と彼女は言う。女性たちは夫を送り出した後、飯場の周囲を切り拓き、コメや野菜を育てた。鶏を飼う家庭も多かった。自衛隊大久保駐屯地となった現在、ウトロとの間はフェンスで隔てられているが、当時は作業現場と住居の間に仕切りなどなかった。住宅街となった今からは想像できないが、当時の飯場周辺は、草や低木が密集する荒地ばかりだった。

「鶏飼うてて、旦那に卵やってたんや。当時はまだ山みたいなもんや。それである日、犬が来てたてな。座ってこっちジーっと見てるんや。あんまりジーっと座ってるから、『シッシッ』って追い払ったんや。そしたら消えたんやけど、尻尾見たら狐やねん。狐ってほんまに振り返るねん。あれはうちの飼ってる鶏狙って来とったんや」

ウトロに移り住んで間もない頃、彼女は地区北西の草畑に、米軍飛行機が落ちたのを見たと言う。空襲帰りのB29が撃墜されたのだ。宇治市の記録などによると、一九四五年六月五日朝八時頃、神戸市を無差別爆撃してマリアナ基地に帰還中の爆撃機が、京都からの高射砲弾で損傷、伊勢田上空で火を噴いて空中分解しながらジャガイモ畑に墜落した。六人ほどがその前にパラシュートで降下、周辺に暮らす日本人が竹槍や農機具、刃物などを手に押し寄せ、ピストルを抜いて威嚇する兵士を取り囲んだ――。

この事件は、戦中からウトロに住む者たちにほぼ共通した記憶だった。先の崔漢信も問わず語りに、「わし、B29が落ちた時もいてた」と語ったし、それ以外も複数人の古参住民が目撃したと言った。乗務員の一人は女性との証言もあれば、彼女は日本人に捕らえられるのを拒み、燃え上がる残骸の中に飛び込んで「自決」したとの伝聞を語る人もいた。

敵が来れば地上で迎え撃つのは臣民の「常識」だった。そもそも「同じ臣民」の頭上に焼夷弾を降らせた「敵」たちである。少なからぬウトロ住民も、地区から北西六〇〇㍍ほど先の落下現場に向かった。中には農機具などを手にした人もいただろう。

姜景南は言う。「ガーンて落ちたからうちらも見に行ったんや。見たら（米国の）兵隊が死んでんねん。ほならみんな竹槍持って来て集まってな……死んだ人に来て石投げてんねん。あの人ら（投石者）も国に言われてやったんやろうけど、死んだ人に石投げてどないすんねんと思たわ。いや、ウチは投げてへんで……」。寡黙とは対極にある彼女がこの件になるとしばしば沈黙し、詳細を語ろうとしなかった。

実態は口籠るほど陰惨だった。軍事訓練通りに敵兵に詰め寄った数人の日本人青年は、大けがを負って血塗れになった米国人をスコップや鍬で殴りつけ、刃物で刺し、既にこと切れていた兵士から衣類や時計、指輪などをもぎ取った。日国に駐留していた日本兵が駆けつけて群集を引き離し、裸同然だった六人を憲兵に引き渡した。

ウトロ住民が現地に到着したのは、墜落から概ね十数分後、既に遠巻きにするしかない状態だった。すぐ近くに落ちていれば、住民が「下手人」になったかもしれない。彼彼女らは、竹槍や刃物で「敵」を成敗した青年に喝采を送ったのか、憎しみに顔を歪める彼らの姿に人間の野蛮を見たのか、それとも、まだ熱かった関東大震災後の朝鮮人虐殺の記憶を想起し、日本人の暴力がいつ自分に向くか分からぬ現実に改めて恐怖したのだろうか。

憲兵に埋葬を指示された日本人たちは近くの河原に遺体を埋めた。残虐行為を率先した青年はそれを自らの武勇伝として吹聴した。「鬼畜米英」の実践だった。

敗戦後、事件は米軍の知るところとなり調査が始まるが、地域社会では箝口令が敷かれる。途方に暮れた米軍は、リンチに加わらなかったウトロの住民たちに目をつけ、一九四六年六月、代表する形で南相干（ナムサンハン）、南淙祐（ナムジョンウ）の父子に事情を聴く。共に左派系の民族団体、在日本朝鮮人連盟（朝連）の活動家だった。

二人が到着すると血塗れの米兵を囲んだ日本人たちが、武器を手に「殺せ」「殺せ」と絶叫していた様子や、女性乗務員の「自殺説」は、女性まで徴兵していたと米軍を貶める虚偽宣伝だとする南淙祐の陳述記録が、GHQ法務局の調査報告書に残っている。ちなみに乗務員に女性がいたと証言する住民は複数人いたが、この報告書の乗務員名簿に女性らしき名前はない。

引き渡された捕虜たちはその後、一人が大阪で処刑されるなど全員が日本で死亡したことが判明している。

姜景南の移住前後から、ウトロ周辺でも空襲が本格化する。日に何度も警報がなり、住民たちは飯場と防空壕を往復した。その避難所は、土砂搬出で出来た地区東端の急斜面や、地区北西にあった堤防だった。一応は防空壕と名付けられていたが、竪穴に杉皮で蓋をした程度のもので、空から姿を隠し、横殴りの爆風や破片を避ける意味しか持たない。穴底から溢れ出す水を避けるため、木で組んだ足場を底に嵌めてあったが、足場にうまく乗るのは至難の業だったという。

一方でこう語る人もいた。「私は防空壕には入らんかった。こんな毎日送ってるんや、せめて死ぬ時はみすぼらしい家でも布団の上で人間らしく死のうとみんなで言い合って、家で毛布被ってた」、人夫出しの棟梁に勧められ、二三歳で夫や子どもと共にウトロに移り住んだ、一世の鄭貴連（一九二二年生）である。幼少だった多くの二世はこう言う。「防空壕に入るのが仕事だった」。夜も電気を点けられない。七月二四、二八、三〇日には工場を標的にした三度の爆撃があり、女子勤労挺身隊員の日本人女子学生六人が即死、工場も壊滅した。

「解放」——次なる苦難のはじまり

解放は唐突だった。文光子は皆で一台のラジオを囲み、天皇裕仁の無条件降伏声明を聞いた。「最初は分からなかったけど、日本が負けたって、戦争が終わって植民地支配が終わるんだって。そりゃ嬉しかったですよ」。日国や請け負った土木会社の社員も、京都府の役人も、日本人は我先にと現場から消え去った。現場どころか、伊勢田駅西側の第一、第二社宅からも日国従業員たちは消えた。戦争犯罪に問われることを恐れたのだ。

「マンセーって言ってね、みんなで持ち寄れるもんを持ち寄って祝いました。大切に飼ってた鶏ですけど、今日はうち、明日はあそことか言って、一軒ずつ潰して祝いましたよ」

苦難の起源である植民地支配の終焉だった。しかし、それは何の憂いもない笑いではなかったと思う。むしろこれから来る苦難を覚悟するがゆえの「開き直り」の笑いだったのかもしれない。僅かだが支払われていた給料は止まった。重労働時代は辛うじてあった配給も途絶えた。こうして、食う当てのない失業者の集落が誕生したのである。

姜景南は言った。「家から飛び出して喜んでいる人もたくさんおったけど、私は正直、喜ぶとかの気持ちなかったな。二十歳そこらやからわからへん。確かに解除になってよかったと思うたけど、食うていくのが精いっぱいやのに。うちら嫁に来る前は腹減ったりはしいひんかった。親のおかげでそんなことはなかった。それがこっち来てからは一日一合とかでお粥炊いて食うたり。それもなくなるちゅうねん」

当時日本には約二一〇万人の朝鮮人がいたと推計される。先ず強制連行の被害者ら滞日歴の短い者が帰郷を急いだ。彼彼女ら以前から定住していた者たちの間では当初、雪崩を打つような動きはなかったと言うが、そんな中でGHQが一〇月、治安維持法などの廃止や、特高警察の解体を求める「人権指令」を出した。「様子見」をしていた朝鮮人の間にも「日帝崩壊は不可逆的」との実感が広がったのだろう。下関や舞鶴に向かう者たちが激増した。

ウトロも帰国ラッシュに沸いた。「半年ほどで一五〇世帯いたのが五〇、六〇世帯になりました」(文東起（ムンドンギ）、朝日新聞社編『イウサラム』)。一方で、既に故郷での生活基盤を失っている者や、帰る金のない者は残った。加えて他の地域で食い詰めた者や、まだ仕事があると誤解した者、帰国までの腰掛け、空いた飯場に住もうと考えた者らが流入した。

男の多くは仕事を求めて各地に散り、数週間、数か月と家を空けた。どこかで災害や大事故があれば、工事を見越して旅立つ者もいた。女性は飯場周辺を耕してイモやカボチャを植え、豚を飼い、現場に放置されていたトロッコ用のレールを拾い、五、六キロ離れた場所にある進駐軍演習所に忍び込んで薬莢を集め、どこかしこの廃品を漁り、金属を探して売った。私が取材に入った二〇〇〇年頃でも、ウトロの地面には空き地はもちろんアスファルトの裂け目に至るまで、「食べられる」何かが植わっていた。これも「解放」から何年も続いた「飢え」の記憶ゆえだ。

姜景南は言う。「旦那は仕事ないさかい、旅出て仕事拾うたり、飯場行って帰ってきたり。うちらは仕事あらへんさかい、金物を集めて生活したんや。燃やしているゴミを漁って、鉄片が出ると売って、山の演習所行って、大きな風呂敷こしらえてな。背負って持って帰ってくんねん。戦争時代、金物全部使こうてあらへんから、腐った鉄でも買うてくれるねん」。残飯を拾い、まだ腐っていないものをより分けて人間が食べ、残りを豚や鶏にやった。

文光子も、空き地を耕し、鉄くずを集めて金に代え、草やイモのつるを煮炊きし、わずかばかりの配給の砂糖や煙草を田舎に持っていき、コメと交換した。朝起きれば「仕事」を求めてさまよう。職業安定所に行っても朝鮮人に仕事はなかった。長男を生んだ後は控えていた煙草が止められなくなったのはこの頃だ。「雨が降った日、畑仕事をしてたら道端にミミズが動いてるの見てね、気分が悪くなって煙草を吸ってから手放せなくなった」。そう言うが早いか煙草を口に運び、マッチを擦った。

一合ばかりのコメに野草を入れてお粥にする。単なる野草汁も少なくなかった。「毎日お粥とか草の汁です。お粥ばっかりだから息子がお腹すかせてね。毎日、朝から『御飯、御飯』って大声出して泣くんです」

そんなある日、いつものように子どもが「御飯」を連呼して泣き始めるが、何もできない。子どもにひもじい思いをさせる自らの境遇を呪っていると、隙間から茶碗を持った腕が入って来た。「隣の人が『はいっ』って、碗に御飯一杯、盛って、壁の間から出してくれた」。自らの食を削ってでも、隣家で泣く子どものために隣人の同胞が差し出してくれた一杯の御飯。「嬉しかった。もう、一生忘れない……」。当時の感激が甦ったのだろう、彼女は目を潤ませた。飯場跡の前に立ち、訪問者に語っていた彼女の姿を思い出す。そこには最悪の生活の記憶と、その中にもあった笑いや楽しみ、嬉しさもが染みついてもいるのだろう。

文光子は帰郷を諦めた。生活基盤も頼れる親戚もいない。路銀もなかった。

姜景南は言う。「段取りはしたんや。帰りたい気持ちはあったよ。でも帰る余裕なかった。今になれば、『いかんでよかったな』って思ったりもする。解除なってから二つに分かれた。それで大変やってな。食べるもんもないとか、ヨモギ一本もないちゅうて、評判が余りようなかった。そやから一緒になったらと思って、うちらそのまま朝鮮籍持ってた。そやからなかなか帰られへん。今は韓国籍になってるけどな。今はいっぺん帰ってみたいなと思うこともあるで」。その後、彼女は二〇〇〇年代中頃、再び朝鮮の土を踏んだが、同行した息子が勧める故郷訪問をなぜか拒んだと言う。

在日を「選んだ」二人が拘ったのは教育だった。共に日本語の読み書きはままならなかった。ウトロでは誰かに訊けば何とかなったが、外では読み書きができないことの悔しさを味わったり、頭を掻くようなこともあった。姜景南の痛恨は娘の名前だった。彼女の名は母・景南の通名と同じだ。自分の名前を引き継がせようとしたのではない。市役所に出生届けを出す際、宇治市役所の担当者は書面を前に、姜景南に娘の名前を聞いた。書類の字が読めない彼女は、係に自分の名前を聞かれたと思い込み、「そりゃ幸子やがな」と答えてしまったのだ。だからこそ彼女の自慢は子ども六人全員を学校に送ったことだった。単なる読み書きそろばんではない。朝鮮人として自己形成していく場「民族学校」に通わせたことだ。

文光子は地域内の成人学校の運営に携わると同時に、子どもを民族学校に通わせた。第二世代以降のアイデンティティ保持こそが在日朝鮮人の生命線だと思っていた。「ここで生まれると自分が何者か分からなくなる。だからこそ教育、民族教育は必要なんです」。これは多くの同胞に共通の想いだった。その集積として、ウトロには解放後ほどなく、朝鮮人の学び舎ができた。

第二章
学校、それから

地区中心部の「集会所」は、政治的立場を問わぬ「ウトロの家」だ。その歴史は住民がここに開設した朝鮮人学校に始まる。集会所前の元運動場は、焼き肉交流会やイベントの会場として、数多の出会いを生み出した＝2015年5月10日

「集会所」前に並ぶ民族学校生ら。1940年代後半に撮られたとみられ、黄順禮や金教一、余君子らが写っている（住民提供）

町内会長として土地問題解決に奔走した金教一と、妻で初代婦人会長の韓金鳳＝自宅前で15年9月12日

黄順禮は民族学校1期生だ。彼女らの好奇心が学校になった＝自宅で16年3月10日

自転車がトレードマークだった余君子も民族学校に通っている（左、09年1月23日）。韋駄天の母、鄭貴連は同胞運動会の「スター」だった（右、1990年4月29日）

姜道子の民族学級体験は、大人の意向で学ぶ環境が幾度も変わることへの困惑だった＝16年3月10日

元民族学校生の姜順岳は、民族教育を巡る闘いを子どもの目で見つめて来た＝16年3月2日

ウトロへの家庭訪問を重ねた元小倉小教諭、松井敏子＝宇治市広野町で21年3月23日

ウトロの、今はなくなってしまったかつての「玄関」を入り、「ウトロ銀座」と交わる地点に差し掛かると、東南角に段ボール箱のような建物がある。「ウトロの家」だ。住民から「集会所」と呼ばれる南山城同胞生活相談センターである。元は飯場頭の家だった。

鉄骨二階建て延べ面積約二〇〇平方メートル。現在の所有者は、朝鮮総聯南山城支部だ。玄関を入ると左には共有スペース「ハンギョレ・パン（一つの同胞の部屋）」がある。住民の会議や訪問者へのレクチャー、来訪するメディア記者やジャーナリスト、研究者による住民への聴き取りの会場は基本、この部屋だ。隣の大広間は、一世が集うデイサービスに使われた時期もある。八〇年代後半に起きた土地問題で、勝手に土地を購入、転売した自称町内会長が住民から糾弾されたのはこの上の事務所、そしてここは「歴史否認」との闘いから生まれた「ウトロ農楽隊」の稽古場でもあった。

二〇二二年春、センターの機能はウトロ平和祈念館に移され、建物それ自体は遠からず解体される。左派民族団体が維持管理する建物が住民に開放され、文字通り地域の「へそ」として、政治的立場を問わぬ住民の拠り所となってきた事実は、ウトロの歴史を雄弁に物語る。

進駐の開始、飢えとの闘い

一九四五年九月二五日朝、和歌山に米軍中心の連合国軍第六軍三〇〇〇人が上陸する。

当時の国鉄奈良線で「新田駅」（宇治市）に到着した彼らは、その足で日国の建屋に入り、ここを拠点に京都市などへの進駐を開始した。

進駐地域では、国民学校や女学校などが一〇日間の休校となり、行政は「女性は一人歩きをせず」「外国人に隙を見せないように」などと注意を喚起していた。

政府は日国の施設や飛行場、パイロット養成所の跡地を占領軍に差し出す一方、皇室所縁の場所に出入りさせないことには成功した。

従順の一方で最大限に自らの利益を追求する様は自治体や民間も同じ。宇治市観光課は、旅館や料理屋に英会話本と外国人客接待の業務心得を配布した。椅子・テーブルを設置すること。みそ汁や漬物、刺身はNG。茶碗蒸しや蒲焼、海苔が比較的好まれること、入室の際はノックする。汲み取り式トイレは臭気に気を付け、掛け金をつけること――指示は詳細、多岐にわたる。地元経済を潤すチャンスと見たのである。大久保では村議の経営するキャバレーが開店、バーやスナックなどが次々と続いた。

進駐軍の「お迎え態勢」が整う一方、隣接するウトロは貧困のどん底だった。

バラックの劣悪さはすでに述べた。残飯や痛んだ農作物を口にした話も馬に食わせるほど聞いた。油かすを食べたと語る者も複数いた。最初にそれを聞いた時は、牛の腸を鍋で熱し、そこから出る油で揚げた「油かす」（「炒りカス」「煎じガラ」とも言う）のことかと思ったが、違った。菜種などから油を搾り切った油粕のこと。農作物の肥料である。畑に棄て置かれたイモと混ぜて団子にしたのだ。解放後、集落に嫁いだ一世、金君子（キムグンジャ）（一九二八年生）は、涙ぐみつつ当時の惨めさを述懐したものだった。「ほんま何もないねん。食べたら考えるねん、『明日の食べもんどないしょ』、あの頃はこれ一本やった……」

そんな生活の中で、大人たちはウトロに学び舎を開設する。

ウトロの学校、それは大人から提案したのでもなければ、運動体から命じられたわけでもない。子どもたちの学びへの「欲求」から自然発生的に生まれていった。その一人が黄順禮(ファンスンレ)である。

地区中心部、一九七〇年代に建てられた彼女の家は、ウトロ銀座に面していた。一階のダイニングは大きな窓があり、地区の玄関から入って来る者がよく見える。強制執行の可能性があった時期は、地区の「管理人室」的な場所でもあった。

聴き取りで歩いていると、網戸越しに「首尾よくいっているか?」「食事はしたか?」などと声がかかる。「急いでへんねやったら入りいな」と、缶ジュースやお菓子、軽食をいただくことも多かった。家屋の東側には濁酒のツボが鎮座していた。それも、市営住宅に伴う再開発で家と一緒に撤去された。

一九三二年、京都市東山区に生まれた。物心ついた時はすでに父は死去していた。後に嫁いだ夫にも父はおらず、「誰も『アボジ』と呼んだことがないのが淋しい」が口癖だった。

とはいえ、商才ある親戚にも助けられ、同時代の女性には珍しく月輪国民学校(後の「月輪小学校」、二〇一四年に閉校)に通った。「戦時中で、訓練やら警報やらで満足に勉強できひんかった」と言うが、教育機会を得られなかった者が多いウトロでは珍しい存在だ。

そんな折、広島を壊滅させた新型爆弾が「次は京都に落とされる」との噂が流れた。難を逃れようと、姉の夫が働いていたウトロに、母と姉、兄で逃げてきた。一三歳の時だ。

「みんな田舎に疎開行くけど、こっちは路頭に迷ってもうて、行ったら飛行場建設の仕事もあるって聞いてな」。京都市内から軍事施設横への転居は「疎開」とは言えなかった。連日、空襲警報が鳴り響く。「空がオレンジ色。夜はサーチライトが照ってて、『空襲！』言うたら防空壕に入る。この繰り返し。小さい子は防空壕に行くのが仕事やったけど、大人はそれでも働かされてたで」

物資不足で建築工事が滞る一方、土木工事は続いていた。労働者は大半が朝鮮人で、扱いはますます酷くなっていったようだ。「ある日の朝やけど、いつも歩いていた田圃の畦道で案山子が倒れてた。ぼろきれで胴体ができてんねけど、焼け焦げた穴がいくつも空いとったわ。人間と間違えて、飛行機から撃たれたんやろな。怖いな思たわ」

ウトロの集合的記憶であるＢ29の墜落事故も目撃した。

「落下傘で人が降りてくるのが見えた。（降りてくる兵士に）みんな殺されるって、警戒警報が出ていた。パラシュートは白やけどベージュに見えてね、なんか観覧車みたいやった。堕ちた所に行くと女の人がこっちに拳銃向けて何か言ってたけど、英語やから何言ってるか分からない。竹やり持って駆けつけて、兵隊と睨み合ってる人もいた。そうしてたら憲兵がきて、女の人は目隠ししてサイドカーで連れて行かれた。他のところでは、米軍のサージャントの奥さんがいて、火の中に飛び込んだとかいう話もきいたわ。ほんまかどうか、今になっては分からんけど、『プライドあってんな』と思うたわ」。名籍上、女性乗務員がいないのは一章で述べたが、子どもだった黄順禮の記憶である。

その目に映じた当時のウトロは、まるで密林だった。

「私らより背の高い葦やススキが生えて、山の中みたいだった。滑走路の仕事をしている一世が、いちいち、座って草を刈って、道を作っていた。私らはヨモギを摘んだりしてた。雑草が多くてね。歩いてたらススキで（肌が出てる部分が）切れる。前に行ってる人が、『早くおいで』と言うけど、すぐに見えなくなる。あの頃は日産（日産車体京都工場。日国は五一年、日産傘下に入った）の真ん中あたりが大きな池になっててね、それにモーターすえて、百姓仕事の水につかった。夏は水浴びしたりして。風呂もないから、そこしかなかった」

本人言うところの密林で日本の敗戦を迎えた。

「大人は家から出て来て『マンセー、マンセー』言うて喜んで、一世は『もう重労働せんでぇぇ』なんて大声で言うてたな。チャンゴ叩いて朝まで喜んでる人もいたわ。そしたら労働を指揮していた人はすぐにいなくなったわ。現場監督とか、土方の請けとかな。みんな日本人や。それで一世は仕事放ったらかしにして働けへんかった。グータラや思たわ(笑)」

そして食べるための戦いが始まる。彼女が覚えているのは人の出入りの激しさだ。「食べるものも仕事もないし、ウトロから出て行く人もあったけど、逆に空襲で焼け出された人で、『ウトロには朝鮮人がいるし、飛行場建設の仕事がある』と聞きつけて集まってくる人も多かった。大阪とか神戸からも来てたみたいやで」

彼彼女らは、空いた飯場に入り、どこからか拾ってきた松の板や廃材で壁や屋根を補強し、自分たちの生活空間にした。セメント袋の糸をほどき、それをコールタールで壁に張り付け隙間を塞ぐ者もいたが、直ぐにボロボロになって剥がれ落ちた。

「松の木だから節が多くて、子どもが押すと穴が開いて向こうが丸見えになる。どこの家も同じようなことをやった。隣の様子が筒抜けになるから、『隣はあんなええもん食べてる、おかずが多いなあ』なんて言ってたら、みんなで一緒に食事したりしてね。みんな貧乏やったけど仲良くてな。助け合ってたわ。だからやっていけた。そんな互いに助け合う、温かい気持ちが未だにここには残っているんよ」

当時のおかずは、自生しているヨモギやセリ、イモのつる、さらには近隣の農家が棄てた腐りかけの野菜を拾って煮炊きしたものだった。朝鮮料理など当時は高嶺の花、そもそも食材が手に入らなかった。でもそんな生活の中で工夫し、同胞と分け合ったおかずが堪らなく美味しかったとの声は、黄順禮だけでなく、当時を知る幾人からも聞いた。

仕事を探して全国を回り、数か月の飯場暮らしを終えた男たちが帰ってくると、食事の準備をしていた家が帰郷者を招き入れ、腹いっぱい飲み食いさせて労を労う。これがウトロだった。自分や家族の分まで振る舞っていたのだろう。その文化は今に至るまで残っている。地区内に行けば言われるのは、「メシ食うたか？」「御飯は？」。訪問先が複数に跨り、聴き取りが夜にまで及べば大変である。昼と併せて一日六、七食をいただくこともざらだった。

当時の大人たちは、隣町の山にある軍事演習場へ薬莢や鉄くずを拾いに行った。普段は射撃練習が行われている場所に忍び込み、金属類を拾ってくる危険極まる「仕事」である。黄も参加して家計を助けたかったが、さすがに大人が許さなかった。

「ジェラルミンはよく売れてたな。（演習場に）潜って行ってね、見つかって命からがら逃げ帰って来たりした人もいたけど、とにかく食べんといかんやろ。山行って食べられる草摘んだわ。それにしても酷い環境やった。少しでも雨降れば地区内は水浸し。共同便所から中のモンが浮いてくるし、『じんじろげ』みたいにして通らなアカン」

「？『じんじろげ』って何ですの？」。思わず訊いた私に、彼女は切り返した。

「えっ？『じんじろげ』いうたら『じんじろげ』やんか。そんなこと言うても……とにかく人間の住むとこやなかった」

答えになっていないのも黄流だった。「じんじろげ」とは一九六一年にリリースされた森山加代子のコミックソングである。

ちんちくりんのつんつるてん
まっかっかのおさんどん
お宮に願かけた
内緒にしとこう
ジンジロゲーヤ　ジンジロゲ
ドーレドンガラガッタ　ホーレツラッパノツーレツ
マージョリン　マージンガラチョイチョイ　ヒッカリコマタキ　ワーイワイ

（渡舟人作詞）
【JASRAC 出 2203204６-01】

数々の呪文を混ぜ合わせたような歌詞は、まるで意味不明だ。黄順禮がそれで何を言わんとしているのか、私には皆目分からなかったのだが、問い直す私にはお構いなしに、とにかく彼女の話はトップギアで疾走していく。

「雨降ると出られへんから近所の大人がな、踏み石を置いて行ってくれた。大人が草刈って、平地にして、少しずつマシにして豚飼うて、鶏飼うて、大きくして佐山（久御山町佐山）とかに持って行く。そんで帰って来たらリヤカー引いてな。外行って、キャベツとかホウレン草とか、ほかしたもんひらって、炊いて、食べて、豚にもやった。あの頃は豚が一番財産やったから、人よりいいもん食べてた。イモひらったりな。とにかくアパッチ生活や。苦労したのは一世。口には言えん苦労してきた。子どもながら大変なの分かるから、うちらかてセリやタンポポでも摘みたいやんか。私ら言ってみれば乞食部落や。うちら馬小屋みたいなバラックに住んだアパッチ族みたいなもん」

勢いよく口をつく話には、諧謔が入り混じるのが常である。そして真顔に戻ってこう言うのだった。「でもね、私らは人を殺したりしたわけではないから、恥ずかしいこともないよ。ただ、食べ物、着る物に不自由しただけやん。別に恥ずかしいことはしてないから」

「ウリマル」との出会い

飢えとの戦いに加わっていた黄順禮たちも、まだ十代の子どもである。同じ年頃同士が寄れば隠れんぼや石蹴りに興じ、時間の経つのを忘れた。大事な遊び場所の一つは滑走路、一世たちの汗が浸み込んだ場所であり、ウトロの土で均された平地だ。実は解放前から、監視の目を盗んでは友達と駆け回っていた場所だった。

「回りは笹薮だったのに、あそこだけが綺麗になっててな。よく遊んだわ。生まれて初めて雪見たわ。大雪が降ってな。みんなで飛び出して行って雪合戦したのんを覚えてる」

そこは一〇〇人もの兵士が駐留する占領の拠点である。敷地を駆け回り、米兵に見つかればクモの子を散らすように地区内へ逃げ帰った。

進駐後も少しの間は、格納庫に飛行機が入っていたと言う。練習機「赤とんぼ」のことだ。それらはほどなく、「軍都・宇治市」の象徴であった軍事施設、黄檗火薬庫の火薬を使って爆破された。

その頃、集落に一人の男が流れ着いた。十代の子どもの見たままを記せば、中肉中背、丸坊主で体格がよかった。年の頃は中年、軍服のようなものを着ていた。

「私らほんと、空いた時間はすることもないし、目隠しとか、石蹴って遊んだりしてた。ある日、軍服を着た人がやってきた。その頃、他所からやって来た人も多くてな、みんな横着して（草刈りをしない）雑草ばっかりでな、それ刈って道作ってくれてな。いつも夜になると集めた枯草とか木の枝を焼いてた。それで私たちが石を蹴って遊んでいた。蹴った石が焚き火の中に入ると、パーッと火の粉があがる。あれが綺麗でね。私ら喜んでやってた」。わんぱくざかりの子どもたちは、男性の焚き火の中にも次々と石ころを蹴りこみ、飛び散る火の粉の軌跡に歓声を上げた。そんなことを繰り返していると、男性が黄順禮たちに向けて言った。

「朝鮮人はアメリカ人、日本人に負けて悔しくないんか」って。「自分の言葉も知らん人間になりたいんか」って。ぬかるみの土壌には子どもの背丈ほどの雑草が生い茂り、人と家畜の豚が渾然一体となって暮らしていた当時のウトロ。混沌というほかない場所に流れ着き、夜になれば草や廃材を焼いてその火を見つめていた男性は、淡々と語りかけた。

「一回目、二回目は何も言わんかったんや。それで三回目に蹴った時やった。火の粉と煙がグワァって上がってな。そしたら私らに手招きして、『ちょっとおいで』って。ついに怒られたと思ったわ。皆でこわごわ行ってみたら、『君たちはそれでええんか、悔しくないんか、恥ずかしくないんか』って。何か不思議な感じやった。

その時は名前も知らんかったけど、このおっちゃんは山下さん。戦争から帰ってきたら神戸が空襲で焼けて住むとこがなくなって、朝鮮人がたくさん住んでいるからって、ウトロに来たらしい。服も持ってない人やった。それ以外はわからへん。私が一二、三歳くらいの時やったかな。終戦になってそんなに経ってない頃の話やったわ」

黄順禮は、侵略戦争が立ち行かなくなり、植民地出身者を戦場にすらも動員していく時代に教育を受けた。皇民化政策が徹底される中で育ってきた彼女に、「本来の名」という発想はなかった。

仮に自発的であったにせよ、植民地支配によって強いられた名前「山下」だけが、黄順禮と男性を繋いでいる。

おそらくは同胞だったとはいえ、神戸から来たということ以外、身元も分からない人物だった。帰国ラッシュで空き屋になった飯場に一人で居を構えていた。昼間は他の住民と同じように仕事を探し、ありつけば肉体労働をしていたらしく、夜になればウトロに戻ってきて、道を作るために刈り取った草や低木を燃やしていた。それしかなかった服の襟は黒光りし、ところどころ磨り減っていた。

「その時は『変なこと言う人やな』と思ったけどね。いや正直なところ、あの頃は私もお転婆盛りやから『なんやこのオッサン、他所から来てうるさいわ。はよどっかいけ！』とか思ったんやけど(笑)、でも家に帰ったら、なんでか知らんけどあの人に親しみが湧いてきてね。やっぱり私にも聞く耳があったんやろな」

なにかが幼い彼女の心に届いたのだろう。その男への興味がふつふつと沸きあがってきた。「なんであんなこと言うたんやろ」「どんな意味なんやろか……」

それは他の子どもたちも同様だったようだ。年端もいかぬ子どもであっても、巨大な失業者の集落での生活という現実からは逃れられなかった。自分に出来ることをして暮らしを支えなければいけなかったが、むくむくと膨らむ好奇心にタガをはめることなどできなかった。

翌日か、あるいは翌々日か、黄順禮ら女の子三人は、意を決して男性に近づいた。石は蹴らなかった。興味津々だった。

「そっち行っていい」

「いいよ」

黄順禮は、そう答えた男性の、どこか嬉しそうな顔を覚えている。焚き火を囲む四人の顔を火が照らしていたという。男性は、一人ひとりの目を見つめ、語り始めた。

「君たちは毎日、毎日、勉強もしないで遊び呆けててええんか？　恥ずかしいとは思わんのか？君たちは自分たちの言葉を知ってるんか？」

男性が静かに、そして力強く語りかけていたその時、頭上にはカラスが啼いていたと言う。

「そしたら『君たち、例えば今、空飛んでるのはなんて言うか知ってるか？』って。私らが『カラス』って言ったら、『朝鮮語で言え！』って怒りはってね。カラスは朝鮮語で까마귀（カマギ）って言うねんけど、山下さんが言うには『あれは까마귀や。까마귀は親を探して泣いている。君たちは親を知らないのか』って。『言葉も歴史も知らんでどんな人間になる気なんや、ぼくらの第二の人生踏まんように君らは勉強せなあかん』ってね」

男性は焚き木の中から枝を取り出すと、地面に押し当て、力を込めて引っかき始めた。地面に引かれた線は角や曲線を描き、規則的な記号が刻まれた。ハングルだった。「それで地面に木の枝で日本の『ア』の字をカタカナで書いてね。それから『イ、ウ、エ、オ』って書いて、朝鮮の字で同じ音を書いてくれた」

母音と子音を表す記号を地面に書き並べると、男は言った。

「ええか、これがぼくたちの文字や。これを組み合わせるとな、世界中のどんな音だって表すことが出来るんやぞ」

「朝鮮の字を書いて、『どんな言葉でも発音出来るんやぞ』って。そりゃ、興味津々やで。考えてみぃや、あの頃、私ら自分たちの言葉なんか極端な話、あるのも知らんねんから。自分たちの言葉使えば、世界中の言葉を表すことができる、書けない音はない、なんて言われて、『そうなんやぁ！』って思ったよ。感激したわ」

子どもたちは、地面に並んだ文字を覚えた。家に帰れば復習した。「『아야어여오요……』（朝鮮語の基本母音）ってな。石蹴りとか缶蹴りとかしながら、みんなで教わった言葉を歌にして唄ってた。子どもやし、覚えるのは速いわ。当時は日本語しか知らんかった。それで習った言葉で親のことも、オモニって、いや、あの頃は子どもやし、小さい子の言葉でオンマーって言ったら、親が『何やそれ？　誰に聞いた』って驚いてな。その時は山下さんの名前も知らんかったから、『一人でいる人が教えてくれてんねん』って」

路上のつづり方教室は続く。子どもの知への欲求は留まるところを知らなかった。

「毎日のように道端に集って言葉を教えてもらう。私は家事をせなアカンやろ、勉強してたら母親が通りがかりに、『御飯せんとアカンで！』って言うねんけど、やっぱり勉強が面白いやん。そんで御飯の釜を台に載せて、薪をいっぱい入れといて、燃えてる間に大急ぎで勉強してたら、さすがにお母さんに怒られてな（笑）」

子どもらにとって朝鮮語は、知的好奇心の対象だけでなく、「誇り」の発見だった。旧植民地出身の低廉な労働力として仕事に明け暮れる親たちに、子どもに朝鮮語を教える余裕などない。子どもたちは日本語を母語として育つしかなかった。その旧宗主国の言葉を介して、彼女らは民族の言葉を掴み、乾いた砂のように吸収し、脱皮していく。目の輝きが思い浮かぶようだった。

そこでふと沸いた疑問を訊いてみた。

「ところでカマギの話はどんな例えなんですか？」

私の質問に、黄順禮もしばし、考え込んだ。そして言った。

「はぁ？　そんなん分からへんがな。なんやよう分からんけど、感動したんや」

そう言うと、彼女はカラカラと笑った。

「가 자에 이응하면 강 하고（「가にㅇを付けると강になる」の意味）とか、習ったことを歌にして遊んでた。親が「何言うとんねん」って言うから。『山下さんが教えてくれるねん。怒ってな、優しく教えてくれるねん』って」

路上教室で学ぶ子どもたちの姿は、地区内の大人たちの話題になり始めた。仕事に追われて子どもの教育にまではとても手が回らない。そんな悩みを抱く親に促されて参加してきた子どももいたと言う。

「それで『勉強する気があるのなら』って、「エルファ」（二〇〇二年六月、「ウトロの家」に開設された一世対象のデイサービスセンター、利用者減で二〇一三年一一月に廃止）の場所に五、六人集めて勉強を始めたの。字を教えてくれた。カエルとか水とか、みんな一生懸命勉強して、みんな暗記した。花札なんかも使って。カエルが柳に飛びつこうとしてる絵見せて、『小野小町は偉い人やけど、この絵は何でも一回で成功するもんじゃないと教えてる』（実際は小町ではなく小野道風）とか、買える子はノートとか持ってたけど、紙切れを使ったりしてね。最初は地面をノートにしてたくらいやから、何でもええねん。言葉とか歴史とかもそうやけど、『人間は旅をせなあかん』とか、言うことが深い、すごい言葉いっぱい貰ったわ」

子どもたちの学びへの渇望は大人たちの話題となっていく。ほどなく、地域の有志たちが、飯場頭の住んでいた場所に、国語講習所（朝鮮人学校）を開設した。食うや食わずの生活の中で、ウトロ住民たちは粗末とはいえ学び舎を整備したのだ。このような場は各地で生まれていた。ウトロほどの貧困状況は余り聞かないが、日々の食事に事欠くのが集住地域の現状だった。その中でも人びとは金と労力を持ち寄り、子どもに民族の言葉や文化を授けようとした。

一九四五年八月の日本敗戦直後、約二〇万人いた在日朝鮮人児童のほとんどは日本の学校を退学し、多くは朝鮮人学校に入学している。当時は帰国が前提だったこともあるが、それ以上に、蹂躙された言葉や文化を学び、朝鮮を奪い返すという思いの発露を感じる。生活は厳しかった。だが、それゆえに彼らは学校を作ったのだ。それは尊厳であり、人をして食って眠るだけの存在に貶めようとする現実への抵抗でもあった。

「民族学校ができた頃に、山下さんは外でお嫁さんもらって出て行ったわ。『もう歳も歳だから』

って言ってたみたい。その後、ウチらは新しい先生について勉強するだけやん。それから山下さんがどうなったかはわからへん。帰った人が戻ってくることもあったし、あの頃は密航も多かったから、山下さんも密航者やったのかな。もしかしたら韓国に帰ったのかも。でもあの人に教えてもらった言葉が今のわたしの基礎になってるねん。あの人がいたから自分らの言葉が分かるようになっててん。韓国に行った時も自分の言葉で話せてん」

二〇〇四年九月、韓国の春川市で開かれた『韓・中・日』居住問題国際会議」でのアピールのことだ。昼休みの時間を貰った住民四人はチマチョゴリ姿で登壇、強制執行の危機にさらされるウトロの窮状を訴えた。会場には主催者の声掛けで韓国の主要メディアが集まっており、彼女たちの声が大々的に報じられた。これが韓国内でウトロが社会的関心を集める大きなきっかけになった。新聞に出た言葉の多くは黄順禮のもの。一番、母国語が堪能だったからだ。

「韓国語でちゃんと喋ったで、落ち着いて喋れたわ」。これ以降、韓国からの来訪者が引きも切らなくなり、国内外からの支援が迫り上がっていく。当時、彼女はこう言った。「昔は敬遠されてたけど、今では彼方此方から支援に来てくれる。今が人生の最高潮やわ」

後にある雑誌で、女性住民に地区内の好きな場所を選んでもらい、その写真に私が短文を添えるという企画をした。彼女は即座に元学校を選んだ。

ウトロの民族学校

一九四五年一〇月、各地の民族組織をまとめる形で在日本朝鮮人連盟（朝連）が結成される。

最大課題の一つは文字と言葉の奪還だった。一九四〇年段階で、約一二四万人の在日のうち二世は三〇万人に達していた。朝連は翌一一月、各地方組織あてに「文化活動に関する指示」を送り、教材の作成や講師派遣を進め、全国各地の「寺子屋」は、朝連傘下の学校として整備されていく。一九四七年一〇月に催された朝連全国大会での報告によれば、当時全国で初等、中等など計五七八校の朝鮮人学校があり、六万三〇〇〇人近くが、約一五〇〇人の教員の元で学んでいた。

形態はさまざまだ。日本の学校舎を借りたり、自前で建設したり。他には同胞の家や教会、風呂屋の二階を教室にした例もあれば、旧日本軍の兵舎の一部や、朝鮮人の同化政策を担った団体「協和会」の事務所を使った「意趣返し」的なケースもある。それらの少なからぬものは、ウトロのような「路上教室」から始まったのかもしれない。

その中でウトロの学び舎は朝連京都府本部久世支部所管の「朝連久世学院」となり、後に「朝連西陣小学校・久世分校」として府知事から私立小の認可を受ける。なぜ、宇治市にある学校が京都市・西陣の学校の分校なのかは不明だが、審査上の都合かもしれない。多くの在日が織物産業の底辺を支えていた西陣地域は、東九条と並んで在日組織が強く、かつ最も経済力があった。

学校とは「誇り」であり「ハレの場」、ウトロにも少なからぬ写真が残る。最も古い一九四六年撮影の一枚は、バラック校舎の前に、子どもと大人たちが凛とした表情で二列に並んでいる。前列には洋服を着てネクタイを締めた人たちがいる。ブラウスを着て、首にスカーフをまいたおしゃれな先生もいる。その中心で、硬く握った両のこぶしを膝の上に置き、柔和だが力のある目で前を見据えるのは、米軍機撃墜事件でＧＨＱから聴取を受けた南相干である。

目を引くのは子どもの背丈のバラつきだ。教師と見分けがつかないと言えばオーバーだが、初等学校なのに、どう見てもおさげ姿の女性二人は中学生以上に見える。その一人は当時、すでに中学相当年齢だった黄順禮である。同じ部屋の中で、違った年齢の子どもたちが学ぶ。年齢に関わらず皆、一からスタートした現状を表していた。教師は渡日前に、一定の教育を受けてきた一世中心で、東西対立で緊張が高まる故郷から渡航してきた者もいたと言う。

学習内容は整備されたものではなかったようだ。黄順禮は言う。「文字と言葉を教えてくれるねん。カエルとか柳とかな。それから昔の歴史とか。韓国の天皇は檀君とか、伊藤博文のこととかな。道端で教えてくれているのと同じや」

当時、英語はなかったが、ロシア語の授業があったと言う。「朴さんという人やった。反吉田(茂)とかの活動家で一生懸命、左がかったことをやってる人やった。ランニング一枚で、ウトロの中をロシア語の唄を歌ってよく歩いてたわ。せやから私もロシア語で数かぞえるくらいは出来るで。言うてみよか。『イー、アル、サン、スー、ウー』」。黄順禮がそらんじた「数」はなぜか中国語だった。そして彼女は、朴が歌っていたという唄のメロディーをハミングしたが、私にはそれが何であるかはさっぱり分からなかった。

解放と祖国建設への期待に比例して学校は膨らんでいく。一九四六年一一月六日の写真は、一周年を記念したものらしい。既に五〇人以上の子どもが集い、今では大韓民国の国旗となった大極旗が飾られている。驚くのは、全員がチマ・チョゴリ制服を纏っていることだ。費用はどうしたのか。親の熱い思いはもちろんだが、組織の強さ、勢いを感じさせる。

四六、七年当時の運動会の写真もある。演壇の上には太極旗に加え、ソ連と米国、英国、さらには国民党旗が掲揚されている。戦勝国との関係を重視していたのだろう。朝鮮人生徒と米兵の二人三脚や、混合リレーなどもあったのではと想像してしまう。

朝連が一九四七年初頭、全国の地方組織から集めたデータによると、ウトロを含む朝連久世支部の管内には、当時二校があり、四人の教員が生徒一一八人を教えていた。

元町内会長、金教一（キムキョウイリ）（一九三九年生）と、婦人会長だった韓金鳳（ハングムボン）（一九三八年生）の夫婦もウトロの民族学校の元生徒である。金教一が日本の小学校から転校したのは四六年のこと。当時の話を聴くと照れくさそうに振り返った。「いやあ、私は物覚えが悪くてね。今ではハングルで自分の名前も書けませんねん。学校でどんな授業をしてたもね。言葉とか文字とかやってましたけど、詳しくは覚えてませんね」。ウトロの学び舎は飯場頭の元住居だ。地区内では「偉いさんの家」かもしれないが、バラックであるのは他と同じ。雨が降れば授業は中断、子どもたちも缶やタライを手に教室内を右往左往した。「ぼろを着てても心は錦」。教師が床を拭きながら口にした言葉を金教一も笑いながら繰り返した。奪われた民族性を取り戻すとの思いと、「祖国実現」に貢献したいとの熱意が原動力だった。

一方でそれが行き過ぎる側面もあった。端的に言えばスパルタだ。「そりゃあ厳しかったですよ。私なんて覚えが悪いから体罰されましたよ。『ズボンを上げなさい』ってね。それで竹の竿でね、血が出るくらいに脚の裏を殴るんです。もう竿がボロボロになるまで。無茶苦茶ですよ。一度は私の父親が教師を呼んで怒ったことがありましたよ。『教育熱心なのはいいけど、いくらなんでもやりすぎやろ！』ってね」

『チャンゴ』にも同様の体験談が多数ある。

「先生自体は免許もなくて、今やったら先生の資格があって、今は先生だけど、あの時はちょっと知ってはる言うようなもんで、私ら教えてもろうたけど……。机やら、椅子じゃなしにぺちゃんと座ってする机や。二人で中半分区切ってね、本やら入れられるようになって。それでもな、日本の人に負けたらあかんいうてね、八〇点とれ。この試験は八〇点以上とらなあかん言うて、七五点やったらあと五点でバッバッバッバッ……しばかれたわ」。足りない点数分、殴られたようだ。「バケツの水を（頭の）上にのせて立たされた。あれが一番辛かったわ。手が震えたら水がこぼれるでしょう。百点取らなあかん言うて、九八点、ウトロ一周させはんねん、ずっと全部。そんなんやさかい勉強ようしたわ。でも、先輩が教育にものすごく力いれはった言うことでしょうね。負けたらあかん言うてね。日本の漢字やらはまだちょっと遅れるけど、数学は今で言うたら大学のピタゴラスの勉強とか、あんなん小学校から習ってるさかい、むこう（日本の学校）行ったら先生が負けはんねん。で、易い問題ができへんねん。連立方程式やらができるねやけど易い問題ができひんわけ。先生が首振らはんねん。一年の時かけ算なあ、一から九の段まで（九九）朝鮮語でみんなその場で言われんかったら帰らせてもらえない」

「日本の学校やったら三年ぐらいから教えはるけど、一年生からですねん。そうせえへんかったら竹で足の裏叩かれたらイタイ。うちらは一人前の一五、六歳、ええ娘さんやんか。それに先生がシバかはるでしょう。親が言いに行きはる。年頃の娘をな。相手の先生かて年頃のチョンガーや。そんなにシバく言うて。年は変わらへんのやろ、先生と」

「それから、全部親が集まってね、これではいかん言うて。親もシバかへんのにね。学校の先生、こういうことをしてもろては困るということで話し合いをして、それからだいぶましになった。先生でも、学校に行ってても、日本人にきつうやられた人もいはったんや。そやから、日本人には負けたくない言わはるねん」

「その時にだんだんだんだん、私らの国の人でもね、勉強の頭のエライ人が教育受けて、朝鮮の学校の先生言うて分配されてきたわけです」

一年ほど通った後、金教一は母の意向で小倉小学校に転校したと言う。「詳しくは分かりませんけど、『日本で生きる以上、日本の教育を受けるべき』との考えだったみたいです」

解放後の「帰国ラッシュ」は既に沈静化していた。

解放から翌年にかけて約一五〇万人が日本を離れたが、既に在日生活が一〇年、二〇年を超えた者たちにとって、「帰郷」はおいそれとは踏み切れない選択だった。生活基盤、言葉の問題……理由は様々だ。帰途での海難事故多発の情報も、彼彼女らに二の足を踏ませた。

何より本国情勢である。天皇裕仁の「一撃講和論」に伴う降伏引き延ばしがソ連の駆け込み参戦を呼び込み、朝鮮には米ソが進駐する。一九四五年、朝鮮を米英中ソによる五年間の信託統治に置く案が発表されると、是非を巡る対立と混乱が吹き荒れ、人びとを左右に引き裂く。同族間での衝突や暗殺が横行し、深刻な失業や食糧難、そしてチフス禍が混迷をさらに深めた。「帰国」した朝鮮人が逆流する現象も起きていた。占領軍による「計画送還」（四六年四～一二月）もあったが、この混乱の渦中である。しかも持ち出し金は一〇〇〇円、携行動産は約一一三㌔に制限されており、約五五万人がとどまった。その在日朝鮮人に対して占領軍は四六年一二月、在日朝鮮人が日本に引き続き居住する場合は、「すべての国内法と規則に従う」との声明を発表する。「支配者」が在日を解放民族として扱わない方向に舵を切り始めたのだ。

韓金鳳は二年遅れて入学、金教一の一年後輩にあたる。六歳の時、大阪からウトロに移った。実父は死去しており、母の再婚相手が飛行場建設工事で働いていたのだった。

解放後も学校には行かず、鉄くずを拾ったりして家計を助けていたが、やがて同胞の勧めで民族学校に入学した。やはり彼女も「どんな勉強をしてたか覚えてない」と話す。

楽しかったのは遠足だ。その時の集合写真も残っている。五〇人以上の子どもが石段の前に並ぶ。二対一くらいで女児が多い。女児はチマ・チョゴリ。男児は人民服や、詰襟姿の子もいる。教員にも学生服姿が何人か居る。実際に学生だったのかもしれない。

「これね、伏見桃山城やわ。土の中に数字を入れて埋めてね。景品の名前とかも書いて入れたりしてた。それをみんなで探していくの。懐かしいなぁ」。韓金鳳もほどなく、日本の学校に「転校」する。「うちは連れ子でしょ。もともと引っ込み思案やし、小さくなってててん。二年くらいで『嫌やから日本の学校行く』って」。濃密な人間関係が幼い心に負担だったのだ。「日本の学校では『どこから来たん？』って聞かれても『ウトロ』ってよう言わんと、『あっちの方』とか胡麻化してたな」

堺市で生まれた在日二世、姜順岳（カンスンアク）（一九三九年生）は韓金鳳の同級生である。父が単身赴任の形でウトロに働きに来ていて、空襲で焼け野原になった堺を離れ、祖父母、両親、弟の六人でウトロに入った。五歳の時だ。

戦争末期だった。「防空壕に駆け込んだ記憶しかない。それが仕事みたいな感じ。覚えてないけど、サイレンがなったら私、一目散に飛び込んでいたそうです」

気が付いたら民族学校が開設されており、そこに通うようになった。当時はそれが「当たり前」だった。姜順岳の頃は一～三年と四～六年の二クラスに分かれていた。

彼女もまた、「勉強らしい勉強はしていない」と言う。覚えているのは朝礼の風景だ。「民族学校では、韓国（ママ）の方角を向いて整列して黙祷したりしました。その姿が今の西宇治中（地区東側に面した学校）からは丸見えだったそうで、それはとてもきれいな光景だったらしいですよ。学芸会とか何かの行事の時にはチマ・チョゴリの制服を着ました。ハングルは発音がすごく難しいのだけれど、南さん（金君子のこと。地区内では夫の姓で呼ばれていた）のおじいさん（南相干）が歌を歌う感じで教えてくれたので今でも覚えています。でも字は読めても意味が分からないので話せない。韓国のドラマを見て、意味が少しずつ分かるようになってきた。地区内の日常会話は日本語でした。高齢の人はハングルで言っていました」

人夫出しをしていた両親に連れられ、一九四五年四月、弟らと共にウトロに入った二世の余君（ヨグン）

子（ジャ）（一九四二年生）は、一九四七年頃に入学した。

彼女にとっても、学校の記憶は、勉強よりも教員と子どもが一体になって遊んだことだ。「冬になれば滑走路に雪が積もってね。飛行機きてないときはカバンをほったらかして、みんなで雪合戦して遊んだわ。夏は日産車体（旧・日国）の池で泳いでね。学校でも何を勉強したのか、あまり覚えてない。風は吹きさらしだし、裸電球がいくつかついてるだけ。お金のある子はノート買ってたけど、私らは紙きれなんか使ってた。男の子はヤンチャをしてね、そしたら足を持って先生が逆さ吊りにしたりしてね。でもあの時が一番よかったわ」

楽しみは運動会である。学校の前、今の「ウトロ広場」が校庭だった。占領軍との「友好期間」を反映してか、グラウンドは現在の自衛隊駐屯地に大きく食い込んでいた。家も少なく、サッカーのフィールドがとれたという。「鉛筆とか生活、家庭用品を賞品に用意してね。生活は大変だけど、そんな時だからみんなで持ち寄ってね。あの時分は何をするにもみんなが一致団結してたな」。盛り上がったのは、住民総出の短距離走だ。余君子の母、鄭貴連は地区内きっての韋駄天だった。「一、二位になって、ボールとか火掻きとかしょっちゅう貰ってた。速い人は民族学校同士の対抗戦があってね。リレーに出てたわ。一度、蹴躓いてひっくり返った、あれ本当に一回転しましたわ」

学校は地域と一体だった。「みんな豚飼ってるでしょ。餌で集めてきたイモを近所のおばさんが蒸すの。学校から帰る時に丁度、蒸しあがる。そしたらおばさんが『みんなこーいっ』て呼ぶの。子どもが集まったら。おばさんが餌の中からまだ食べられるやつを取り出してね、その上にキムチを乗せて食べるの。あれも学校みたいなもん、美味しかったなぁ」

強制閉鎖

しかし、そんな場にも影が差す。東西対立を背景に、GHQは朝鮮人学校を「共産主義者の巣」と断じて根絶やしを目論み、日本政府と共に学校潰しに乗り出す。一九四八年一月、各都道府県などに対し、文部省学校教育局長名の通達「朝鮮人設立学校の取り扱いについて」が出る。内容は「学齢期の子どもは日本の公私立学校に通わせる」「朝鮮人学校は学校教育法に基づく私立学校認可を受けること」「法令の縛りを受けない独自の教育は認めない」の三本柱で、民族教育を全否定していた。それを根拠に三月以降、山口、岡山と、軍警を動員しての弾圧が始まった。直談判で県知事に閉鎖令を撤回させた神戸と、警察の水平射撃で一六歳の少年が射殺された大阪での闘いの頭をとり、「阪神教育闘争」の名で記憶される運動が展開された。

当局と比較的関係が良好だった京都ではこの年の閉鎖は免れたが、占領軍と日本政府は翌四九年九月八日、朝連を団体等規正令（後の破壊活動防止法）で解散させ、財産を没収。関係者を公職から追放する。理由は「占領軍の行動を妨害した」ことだった。この時に押収された財産は売却され、一九五三年、日本の一般会計に繰り込まれた。当時で総額約一億円である。

政府は一九四九年一〇月一二日、「朝鮮学校の処置方針」を閣議決定する。前述の通達をより強硬なトーンにした上で、「朝鮮人設立学校に国や自治体は援助をしない」を加えた内容である。

これを受け京都府知事は同月一九日、府内一四校の朝鮮人学校にも命令書を出し、二週間以内に文部省認可を取るか、児童生徒を日本の公立学校に転校させるよう要求した。朝鮮民主主義人民共和国（DPRK）を支持する朝連系と、大韓民国（韓国）を支持する大韓民国居留民団（民団、九四年に「居留」を削除）系の二つの団体は翌月個別に申請したが、文部省側は無理を見越して一本化を要求、再度の個別申請を却下した。共産党系の地元紙『洛南タイムス』（一二月一〇日付）がこれを「朝鮮人学校久世分校閉鎖か！」の見出しで報じている。却下の理由は、「朝鮮人学校の児童数が少ない」「学校としての設備が不良」「朝鮮人教育会（民団系）と合併しなければ認可しない」だった。同紙はこれを「一方的弾圧」と断じ、関係者の談話を載せている。

民族教育を守る
西陣朝鮮人学校久世分校長孫永謨（ソンヨンモ）氏談
此の度の朝鮮人学校閉鎖問題は朝鮮人の民族教育を全面的に抹殺するものである。日本人学校に入学するとしても民族教育を守る為、集団入校し現在の校舎を小倉小学校の分校として、朝鮮人教員を採用することを要求すると同時に、あくまで民族教育を守る

分散入校してもらう
小倉村村長小山元次郎氏談
私としては成るべく紛争の事態の起きない様善処したいし、関係当局と交渉して現在の久世分校を改善して分散場にしたいと思う。そのため朝鮮人の人とも相談したい
小倉村小学校長向井氏談

分散入校して貰うが、児童がどれだけ日本語を知ってるか心配だ。やむをえない場合は分校としても考えている。民族教育もやろうとは思っているが、どうなるかわかりません
久世分校生徒代表鄭大春（一四）君談
日本語も分らず、朝鮮語も教えない日本人学校に行きたくない

「親がヤイノヤイノ言ってたのは覚えている」。当時二年だった余君子が覚えているのはそんな光景だ。闇煙草を巡る捜索なども繰り返され、ウトロは騒然としていたのだ。姜順岳は教師の姿が鮮明だと言う。「若い先生が机を叩いて鼻水を垂らしながら泣いていましたね」。そして右掌の腹を机に打ち付ける動作をして続けた。「何度もこうやってね、『もう駄目だ、これでここは終わりだ。僕は悔しい……』ってね。『君たちは向こうに行っても、本名を名乗りなさい』って」

民族教育を求めて

ウトロの朝鮮人学校閉鎖は一二月だった。翌年一月一〇日には、児童六〇余名が小倉小学校の各学年に編入、教員三人は講師の身分で採用された。前述した記事の校長の発言などを梃にした行政交渉の結果、民族教育の継続を了承させたのである。だがその前年、小倉小の校舎は火事で校舎が使えなくなっており、秋の再建まで授業ができない状態だった。

『洛タイ』には「受け入れ」後の問題を巡って継続的な記事群が残る。

一九五〇年三月一一日付には、小倉小第二分校場で、児童保護者と教員が、各自の要求を交換

する懇談会が開かれたとあり、その中で、朝鮮人児童が日本人児童よりいじめられ、月に一週から二十五日も欠席することが問題になったと記されている。教員は「よく注意して、かかる問題がおこらないよう努力する」と回答した。この場では校長が「民族教育は継続する」と約束している。一一月に新校舎が完成するが、民族科目はウトロの元学校で教えるということがしばらく続いたようだ。

この年、小倉小に赴任したのが松井敏子（一九三二年生）だった。「赴任したのは教師になって二年目でした。小倉小学校は講堂と体育館を残して全焼したでしょ。校舎がないんで、当時は学区の公民館五か所に子どもを分散させて集めて、教員が自転車で回って授業していたんです」。ウトロの元学校に通った記憶はないと言う。

やがて学校での授業が始まり、ウトロの子どもたちと出会うことになる。

敗戦から五、六年、まだ日本社会全体が貧しかったが、ウトロの子どもの貧しさは突出していた。「服装もそうだし、履物も草履とか。弁当を持ってこれない子も少なくなかったです。後には給食が導入されますけど、当初は週全部が給食じゃなかった。土曜日とか給食がない時があるでしょ。そうなると『すっ』と外に出て、弁当の時間が終わるまで遊んでる子がいる。ウトロの子が多かったですね。それで私、家でたくさんおにぎりを作って持っていったんです。母には不審がられましたけど、説明したら一緒に握ってくれて……」

後にその時の在日生徒に町で出くわしたことがある。家族に「おにぎりをくれた先生」と紹介されたと言う。全人格的な関わりを求めウトロへの家庭訪問も重ねた。周囲から隔絶された雰囲気、板とトタンの塊のような小屋がひしめく様を覚えている。「でも地域の人はいつでも歓迎してくれました。帰りにはとっておきのマッコリを貰ったりもしましてね」

一方で学校でのいじめや教師の対応に怒った保護者が押しかけてくることも少なくなかった。

「私自身は、いじめは記憶にないな。子ども、男の子はむしろヤンチャな子が多かったと思いますが、教師の中には若くて突っ走る人もいたみたいです。夜にウトロで住民集会をした後、みんなでやってきました。校長先生が『自分が出るから』と言って対応したんですけど、話しているうちにみんな激高して、朝鮮語になるんです。私はまだ二十代だったから怖かった」

その頃、松井が出会ったのが民族学級講師の金知亨（キムジヒョン）である。朝連西陣小学校を経て五一年春に赴任した。小倉小に机を一つ割り振られ、民族学級に関わっていた。

松井は言う。「私の帰宅時間に金さんが出て来るんです。(火事の)焼け跡の間から出て来て、『これから立命館の夜学で勉強するんです』って、とても熱心で情熱的で、保護者との間でトラブルがあった時も彼が橋渡ししてくれたし、子どものこともよく相談しました」

金知亨の語りが、『イウサラム』に残っている。「当時、小倉小の全児童は約六百人、朝鮮人は一割ほどだったと思います。民族学級は一、二年生、三、四年生、五、六年生の三つで、私のほか二人の朝鮮人教員が教えました。子どもたちは日本人と一緒のクラスにいて、朝鮮語や社会などをやる民族学級の時間に集まる「抽出」方式でスタートしました。しばらくして、朝鮮人と日本人を分けてクラス編成し、全授業を民族学級で学ぶようになりました。寺田など別の小学校から小倉小に通う朝鮮人児童もいました」。当初集まっていた「民族学級」とはウトロの学校跡と見られる。その後事実上の民族学校を小倉小内に設けたということだ。

これらの時期は不明だ。辞令上では金知亨の勤務も五三年からの三年で、語りとの間にはズレがある。ただ確実なのは、いずれも民族教育を求める運動の結果だったということだ。

一九五二年三月一〇日には、ウトロの女性たちが市当局に対し、職員の給与補償などを要望したとの記事が同月一五日付『新宇治』（GHQに発行停止処分を受けた『洛タイ』が一時、名称を変えた）に掲載されている。対する市側の答弁や議会での報告には、宇治市当局の在日朝鮮人への認識が滲む。

「民族教育の校舎の改繕と三人の教師に一人三千円の補助をしてくれ。民生保護家庭の児童の教科書代を支給せよ」。母たちの要求を市長は「文教委員会で検討する」などとあしらい、当日の議会では「何れにしても厄介な者共たちである」と吐き捨てた。

これを受ける形で市議会の田中文教委員は「民族教育は日本の課外教育なので、出さなくてもよいが、相手が相手なのでいくらか出してあげ、他は父兄の負担にせよ」などと発言、佐久間助役は「私は教師一人に四千円の補助だけ出そうと思っている」と答弁した。

修繕費が出せない場合の朝鮮人への小倉小教室提供について聞かれた際、松井教育課長は、「朝鮮人に放課後小倉小学校を貸与する事は、校内の備品が盗難にあう恐れがあるし、新築間もない校舎にビラを貼られては困る」と言い放った。「選良」や行政担当者たちが市政の在り方を議論する場で、このような差別発言が罷り通っていた。

これらを食い破り、校内に、事実上の民族学校を設ける契機は子どもの声だった。「阪神教育闘争」から四年目の一九五二年四月二四日、子どもたちが小倉小の理科室に集まり、「今からでも朝鮮語を教えて！」と実力行使に出たのだ。子どもたちは二六日にも理科室に集合、担任教師が教室に戻るよう促しに来た際、逃げ回る子どもと教師との間でいざこざが起きた。事態収束のため、この日午後から緊急職員会議を開催、朝鮮人教員や父兄も参加し、徹底した話し合いが為された。怒号飛び交う話し合いは次第に和やかな雰囲気になり、小池教頭から「非公式に教室を貸す」との提案が出た。小倉小での民族学級が実現に向かって動き出したのだ。途中、朝の諍いで殴られた子の親が怒鳴り込む場面もあったが、周囲になだめられて帰って行ったと言う。

朝鮮人たちが学校を不法占拠し、教頭が脅されて校舎の使用を認めるに至ったと報じたのは『京都新聞』（四月二九日付夕刊）だが、翌日付の『新宇治』はそれを「デマ」と断じている。

金知亨の回想にあるように、当初は「抜き出し」の形式だったようだが、保護者らは不満を募らせていく。「親が見に行ってな、『こんなんやったらアカン！』って、よく交渉に行ってたわ」。余君子の言である。やがて完全に分離、すなわち学校内分校的な状態になり、日本の教育を拒むようになった。その児童たちに小学校卒の資格を認めるのかが大きな問題となったと『新宇治』（五二年九月一五日付）にある。

日本のカリキュラムを終えない者に卒業証書は出せないという日本の行政当局に対し、朝鮮人側が、日本学校の卒業証書など欲しくもないが、レベルの高い教育を自前でやっているので中学進学は当然と反論しているのが面白い。この事実上の「公立民族学校」がいつまで続いたのかは定かではないが、五四年の『洛タイ』（八月八日付）にも閉鎖問題が登場している。住民の証言では、「抽出」に戻る形で学級は存続し、京都朝鮮第一初級開校の六〇年に閉じられたようだ。

ＧＨＱと日本政府によって潰された民族教育の場を認めさせる。当然すぎる権利の回復を求めた闘いだった。ただそれによって、子どもの学校生活は猫の目のような変化に見舞われた。日本学校からの転校、強制閉鎖、日本の学校への転入、抜き出しと民族学校化……。

「民族教育は大事やけど、やっと落ち着いてきたと思ったら、変わるねん。頻繁に変わるから授業の内容を覚えられなくてね」。余君子は述懐した。「私ら民族学校の方がええから、よく授業をボイコットしたわ」。体が弱く、小倉小までの通学が負担なこともあったようだ。民族学級の女性教員が迎えに来て、学校までおぶって貰ったのも彼女の思い出だ。

統合クラスではいじめもあった。姜順岳は「これ消しゴム、これエンピツ、日本語分かるけ?」とからかわれた。それでも「だから民族学級へ」とはならなかった。彼女によれば、子どもの中には環境が二転三転することへの忌避感が醸成されていた側面もあったと言う。「『朝鮮人は民族教育をせないかん』ってオルグが回ってくると机の下に隠れたな。なんでか分らんけど。子どもながらにもう嫌や、腰落ち着けて勉強したいと思ってたんやと思う」

姜順岳の妹、姜道子（ドジャ）（一九四五年生）も言う。「日本のクラスにいたら民族学級に来いと言うけど、何年も日本の勉強してるやろ。今更〝아 야 어 여〟もない。正直、子ども集めて何したいんかも分からへん。日本の先生に『民族学級行きたくない』って泣いてね。大人のやり取りでは行かせるって決まってるしね、あの先生も困ってたと思うわ」

それだけでない。生活苦が子どもの学びにも圧し掛かってくる。敗戦後の混乱とインフレが落ち着くと、社会は「安定」に向かっていく。「半難民」たちが腕と度胸、才覚で生きられる激動期は過ぎ去り、朝鮮人は「差別」によって労働市場から排除されていく。

姜順岳も学校を休みがちになった。「父が戦後に喘息になって寝込んでいたんです。原因はよく分からないけど、それで私は宇治大橋のそばにある医者にいつも薬を取りに行っていた。自転車で取りに行くのだけど、途中に小倉の坂に墓地があるでしょう。今はブロックで囲って見えないようにしているけど、あの頃は丸見えで夜通るとお墓のロウソクの火が揺れるのが見えてとても怖かったし嫌やった。父の病気を治すために、母はいいと言われることは何でもしました。ヨモギを摘んできれいに洗って石でつぶして搾り出して一晩夜露に当てたものを飲ましたり、ナメクジを飲ませたり……」

こう語ると彼女は突然、嗚咽し、しばらく言葉が継げなくなった。

「……お産の後産（あとざん）が出るでしょう。それをもらってきて包丁で刻んで母は父に飲ませたりもしました。そしたら病気が治ったんですよ。医者は不思議がっていましたけどね……。その後父は百姓をしていましたけど、家計での大黒柱は母。ヤミ米を体に巻いて売りに行ったりしてました。シーズンになったら茶摘みに出るでしょ。私も学校休んで付いて出かけるし、学校休んで田植えの手伝いをよくしました。夜はファスナーを付ける内職の仕事を手伝ったり、親を助けようと思って手伝いばかりやってました。坂を駅の向こうまで上がってね、城陽（隣接する自治体）の方まで御飯を炊く薪とかコークスを運搬用自転車で何回も往復して取りに行くのが私の役目でした。運搬用自転車って重いんですよ。豚の餌用の残飯を集めるのも仕事やったな。妹（道子）は魚屋にアラ（豚のえさ）を取りに行くのが役目だったけど、『日本の友だちに見られるのが恥ずかしくて嫌、好きな男の子に会ったら近鉄に飛び込む！』とか言ってよく泣いてた」

周囲からの眼差しも感じていた。「私は（地区の）中にいたから分からなかったけど、匂いが相当きつかったみたいで、『伊勢田の駅を降りたら、ぷーんと匂ってきた』といろんな人がよく言っていましたねえ。豚です。貧しくてオヤツ言うてもお金出して買うものはないから、イナゴを捕ってきてフライパンで炒ったりしたものや、田んぼにいたタニシとか捕ってきておかずにしたり。落ちてる夏ミカンや、台風が来たら柿を拾いに行ったんですよ。学校でもからかわれたりしたけど」

学校にはますます足が遠のいた。そんな彼女が語るのは、遠足に行けなかったこと。旅費が工面できなかったのだ。「小学校の先生が来て、『こちらで何とかするから』って言ってくれたけど、結局行けなくてね。あの時は家事か何かしてたかな。家の前に出てた。ウトロから学校（西宇治中学）が丸見えなんですけど、遠足にみんながリュック背負って出て行くのが見えるんです。今ならバスに乗って行くけど、当時はみんな歩いて学校から出て行った。私は小学生やったけど、ウトロからそれを見てたらなんか、無意識に涙が出て止まらなくなってね……なんでやろって、ほんとにあの時は泣けたな。で、親が中三の修学旅行だけは行かしてくれたんです。バスの窓から富士山が見えてね、きれいでした…それは覚えてますよ」

後の土地問題で、皆と平塚の日産車体本社へ抗議に行った時、車窓から見た富士山の印象を重ね合わせて彼女は言った。「同じようにきれいやったけど、こちらの気持ちは違ったな。日産の対応が酷かったから。ガードマンがいて、門が閉まってて……」

貧困が子どもを教育から疎外していく。京都市各地で再建された朝鮮学校に通う者もいたが、余君子は諦めた。「やっぱり日本の学校では差別されたし、民族学校行きたかった。私は民族心あるし、行ったら変わったかもしれんけど、父は病弱で母が働いて家を支えてたし、電車賃かかるでしょ。そんなん言えんかった。私も体が弱いから。中学校でもよく休んだし。今までウトロを出たこともないねん。でも学校、行きたかったな……」

彼女は叶わなかった希望に思いを馳せた。朝鮮語は、その後に集会所で開かれた成人学校で学んだ。朝鮮総聯が開いた読み書き教室だ。部落解放運動の識字教室に類するものである。「(朝鮮語の) 聞き取りは年寄りの話を聞いてたからできるけど、慶尚南道の方言やねん。だから標準語は分からない」

成人学校の運営に尽力したのは、やはり教育の機会を奪われた文光子だった。

一九四〇年代から五〇年代、東西対立は激化し、分割統治されていた故郷では戦争が勃発、それらに便乗した日本政府は、朝鮮人差別を更に剥き出しにし、露骨な追放政策を進めていく。一九五〇年代に入ると、ウトロは東西対立の最前線、治安当局の標的となる。

第三章 フェンス
——違法と合法の境界

上部に有刺鉄線を張ったフェンスが、国境線のように自衛隊駐屯地とウトロを分かつ。戦中の労働現場と仮宿舎（飯場）を隔てる鉄の柵は、植民地支配と侵略戦争という「原因」と、その「結果」であるウトロを切断しようとする暴力の線でもある＝2022年3月8日

ウトロ地区の南側に広がる陸自大久保駐屯地＝05年10月17日

京都市中心部をデモ行進する金善則（右端）。「ウトロで朝鮮のしきたりや人間として大切なことを学んだ」＝京都市下京区で1994年5月28日

人間の鎖を繋ぐ鄭準禧（右端）。独特の視点でウトロを語っていた＝1998年12月23日

地区には1952年6月27日の大規模捜索を収めた写真が残る＝2022年3月5日

語り部の文光子（中央）は、集落を代表する左派活動家でもあった＝1990年4月29日

すでに消滅した場所も含め、在日朝鮮人集落は全国に散在するが、軍人の駐在所と隣り合わせにある大規模集落はウトロくらいだろう。

陸上自衛隊大久保駐屯地。進駐軍と入れ替わる形で一九五七年二月に開設された軍事施設だ。米国とその属国が二〇〇三年に強行したイラク戦争では、ここからも自衛隊が派兵された。米軍から自衛隊へバトンを繋ぎ、究極の暴力装置が配備された場と、かつて左派朝鮮人運動の拠点だったウトロ。油に水の両者を隔てるのは、東西に延びるフェンスである。高さ二㍍強。一・八㍍間隔で並ぶ支柱の上部は有刺鉄線が張り巡らされ、およそ三〇度の角度で地区内側に折れ曲がる。斜めから見ると、横一列に並んだ長身の官憲が、腕を前に突き出して「入るな！」と威嚇しているように見える。

網の目の向こうは二㍍を超える堤防があり、斜面にも所々、丸めた有刺鉄線が転がる。坂の上は周回路だ。自動小銃を提げた歩哨が、幅二㍍ほどの路を定時巡回するのがウトロの日常風景だ。

周回路の南側は植林されている。フェンス、堤防、生垣の三段構えで、基地への視線を遮るのだ。再開発で西半分が暗渠化されたが、かつてフェンス北のウトロ側には、防衛庁（当時）が掘った水路まであった。当初、ウトロ側には転落防止の柵すらなかったが、水生生物を捕ろうとした子どもが溺死して住民が抗議、同庁がウトロ側にもフェンスを設置した。地区の北側を流れる伊勢田八号水路と同様、この「堀」も大雨の度に氾濫してウトロに水害をもたらした。

労働者の仮宿舎と職場との間に、合法と「不法」を画定するフェンスがたったのは一九五〇年代のことだ。

一九四五年九月、GHQは軍事飛行場と日国の工場などを接収、大久保一帯が進駐軍の拠点になる。左派朝鮮人の集落と、彼彼女らの故郷を分割統治する米軍が隣接する状況が生まれた。

ウトロには張り詰めた空気が漂っていたようだ。政治的な意味ではない。黄順禮は言う。「もうウチら年頃やろ。妹とふたり、米兵が来たら机の下に隠れる練習したわ」

文光子はより具体的に語る。「さあここへ上陸して、もう夜は出られません。そらあんた、あの、美しい人だけジープ乗せて行くのだったらいいけど、ほんとですよ、いやほんとですよ。それでなかったらもうひとり歩いていたら自分らのジープに乗せてもう、連れていってしまうんですもの」(『チャンゴ』)。働き詰めの彼女らにとって、日々の息抜きは入浴だったが、米兵を警戒して大久保の銭湯は避け、五、六人で集まり伏見桃山の銭湯に通った。

米兵が集落に来ると女性たちは縄で扉を括りつけて息を殺したと言う。洗濯を頼まれることもあった。文光子は言う。「洗濯をしてあげた人もいる。チョコレートやら砂糖やら石鹸やらを貰った人もいました。私は水道がないからできなかった」。実際は彼女も洗濯をしたようだが、晩年になると彼女はそれを他人の話として突き放した。

慣れてくると、「来客」に軽食や酒を提供する家も現れた。黄順禮もそんな体験を語る。

「おにぎりとか美味しそうに食べてたで。海苔塩とかも食べたわ。具はいろいろ入れたけど炒った豆かすは一番よう食べたな。香ばしいて美味しいねんで。でもタコだけはアカンかったわ(笑)。それからマッコリな。どうやって対話したかて? そりゃジェスチャーやんか。進駐軍のエライ人も来てたな。あれ酒絞ったあと、残った米粒を火にかけてな、砂糖入れて子どものおやつにすんねん」

返礼品だけでなく「代金」も得ていたと聞く。米兵は脅威と同時に貴重な「外貨獲得先」、子どもには何より好奇心の対象でもあった。

中には米兵相手に呑み屋を始める者も現れた。滋賀から来た女性数人が接客していたと言う。「せやからウチが最初に覚えた英語は、〝Ohhh You are Fucking girl〟や」と囁いた人もいた。夜ごとうつろな目をした米兵が地区内を行き交い、嬌声が聞こえる。さすがにこれは住民の許容範囲を超えていた。何人かが「営業」停止を求めたが、押し問答になった。

「食わなあかんのは分かるけど、場所をわきまえぇ！」

「立ち退け言うなら、殺せ！　殺してから壊してでも何とでもしろ！」

怒声が飛び交い、殴りあい寸前の押し問答が続く。何人かの子どもが、その光景を遠巻きに、おそるおそる眺めていた。最後は実力行使だった。要求を拒む男に対し、住民たちは柄杓で糞尿をぶちまけた。怒号の応酬では一歩も引かなかった彼が堪らず逃げ出すと、その背中にも糞尿が撒かれた。彼は隣接地でしばらく留まった後、地元から姿を消した。

「隣人」との関係

緊張感を孕みつつ、往来は続いた。

進駐当初、土地の明け渡しを求められたと文光子は語ったが、実態はソフトな帰国勧奨だったようだ。ウトロはいち早く民族学校ができる左派地域だったが、運動会での星条旗掲揚といい、当初は良好な関係だった。少なくともそうしようと努力していた。新聞を見ても対立の先鋭化は一九五二年以降。朝鮮戦争開戦直後ですら関係は悪くなかったのだ。

そんな時代を二世の鄭準禧（チョンジュンヒ）（一九三九年生）は懐かしんだ。彼女は父、鄭相奭に連れられ一九四七年、京都市から大久保に移り、四年後、家族でウトロに入った。父は一九八五年に死去、私が聴き取りを重ねた二〇〇五年頃は、地区中心部にある家に、母の田丁年（チョンジョンニョン）（一九一七年生）、弟の鄭佑炅（チョンウギョン）（一九四一年生）と三人で暮らしていた。

「あの頃は、フェンスはなかったですよ。杭が遠い間隔で立ってて、その間に針金が緩く張ってあったかな。それも途切れ途切れに。あれも後のことかな。米兵の悪い印象はなかったですよ。若くてびっくりするくらい鼻の高い人たち。毛色が違うし面白かった。今で言うと韓流の俳優みたい(笑)。それに飛行場の方は草もちゃんと刈ってて綺麗だったし」

鄭準禧は京都市南区吉祥院に生まれた。幼少期から体が弱く、頻繁に熱を出した。体内の結核菌が脊椎に入り込む脊椎カリエスである。聴き取り当時も呼吸器が手放せなかった。

「近所の人に聴いたら小さい時から足引き摺ってたりしてたらしい。さすったら膝に熱出て来て、『痛い痛い』と言って（京都）府立病院に行ったんですけど、医者が『大した事ない』って。戦争の頃で医者がインターンクラスしか残ってなかった。そのうち脇の下にオデキができて、破れて膿が出てね、臭い臭いの。脊椎の摩擦で化膿するって。入院繰り返したから小学校四年生くらいの歳で吉祥院の小学校に入学したの。それで五年くらいで国立（病院）に行くと、膝が病気やと、伸ばすもの曲げるのもできない。手術して人工骨嵌めれば大丈夫と言われて直行です。大層な技術も機械もない、麻酔が効かなくてね。会話が聞こえました『(麻酔が効かない）変わってる、変わってる』って。骨を叩く音がきこえて、一三人の大部屋で何日も熱出して肺炎になって往生しました。それで熱冷めて生き返った。両親のおかげです」。両親は責任を感じ、鄭準禧を特に可愛がった。一章で述べたが、父は京都府の臨時職員として軍事飛行場建設に携わっていた。

「みんなボロボロの服を着ていた時分です。父はスーツをきて鞄をもって出勤するんです。道を歩くとみんな振り返りましたよ」。その頃の鄭相奭の写真がある。女性二人を含む職員五五人が事務所前で四列に並ぶ。作業服や学生服など服装もバラバラだ。全員がカメラ目線の中、彼は一人だけ左斜め下に眼差しを向け、憂いを含んだ表情を浮かべている。日本の敗戦後に彼は、常勤になれない差別処遇に怒って退職するのだが、既に腹は固まっていたような一枚だ。その後、彼は民族運動に没頭、朝連から、地区の専従活動家として大久保エリアに派遣されたのだ。

「組織の指示だから従ったけど、本当は大久保にも行きたくなかったみたい。『子どもの教育上悪いから』と言ってました。軽蔑してとかじゃない。衛生状態もよくない、私の体の事もあったと思う。老いも若きも仕事ないでしょ。綺麗ごとじゃないもん。父は絶対に怒らない人だけど、行く時は長兄に一度言いましたよ。『警察沙汰を起こしたら迎えには行かんで』って。父は大衆の中の人でした。無口で温厚で素晴らしい人でした。怒って物は言わない人でした。運動するから父は収入ないでしょ。母は働きましたよ。宇治は失対事業がなかったから、笠置山の奥（の演習場）まで行ってくず鉄を集めました。釘一本でも金になった時代です。民家の多いとこに行くと、銅鍋とかも結構、捨ててあるんです。西村の番茶屋さんに行って茶摘みしたり、私も手伝いました。今は機械だけど昔は御天道さん頼みでしょ。こういっぱい干して雨降ると入れるの。麦炒ったりしてね。輸入物の羊の毛があるでしょ。糞のついたのを安く買って集めて、川で腰まで浸かって洗って売ってました。その後遺症で膝が悪くてね。でも父は母の働きをあてにはしなかったですよ。素晴らしい両親でした」

両親の記憶を紐解く時、鄭準禧は文字通り目を輝かせた。壊れやすい宝物を箱から取り出して友達に自慢するように。返す刀で彼女はいつも、ウトロに来た時の困惑を口にした。

「来たらびっくりしましたよ。差別する訳じゃないですけど、バラックですよ。屋根が低いし藁葺きです。藁言うても草がぼうぼうにぶら下がってるの。背が高い人は出入りするのも恐々です。それに誰が住んでるかもよくわからないんですよ。ええ、私の家は一九六二年に人から買って必死で働いて建て直したんですよ。家の下から溝掘って生活用水も垂れ流しです。トイレも五戸とか十戸に一つで共同です。囲い作って廃材を張り付けたやつ。下は板が貼ってなくて、壺が置いてあるだけなのが丸見え。道とかも勝手に畑にしてて、ある程度溜まったらそれをまいて野菜を作るの。食べるものがないでしょ。百姓さんが抜いて放ってる大根なんかも拾ってきて食べるの。うちは拾いませんでしたよ、仕事忙しいから。近所が持って来てくれた時は食べました。豚飼ってる人も多くてね。いや、うちは豚やってませんよ。土地だって、空いてる場所に枠作って、畳一枚買うごとに敷いて『自分の土地や』とか言ってね。そうやって建った家もありますよ。ええ、この家は違いますよ、一九六二年に買ったんですよ。それで古くなったから建て直したんですよ、一九八二年に」

鄭相奭は「先生」と呼ばれていた。学があり日本社会の仕組みにも詳しく、家の中は常に助言を求める来客がいた。故郷の情勢にも明るい父が、帰還をはやる者を説得していたことも覚えていると言った。そして地域の同胞の関心事は、故郷の半分を占領し、自分たちと隣り合わせにいる米軍をどう考えるかだった。「見通してたんでしょうね、そんなに対立していなかった時期でも、『米国と日本は民族の敵だ』と父は明確に言ってましたよ」

その彼女が進駐軍に親しみを抱いたのはウトロに入る前、大久保でのことだ。

「ちょうど今の改札前、今はパチンコ屋があるけどその前が小さな映画館で、空いているとこを誰かが借り切って、民族運動の場にしてたんです。舞台もあってね、芝居小屋だったから。集まって来た若い人たちを班分けして、教育したりしてました。それでこっちは高い場所にあるでしょ。上から見えるとこに進駐軍が使うプールがあってね、綺麗な湧き水がいっぱい溢れてて、アメリカ人がいっぱい泳いでるの。私が学校を休むことが多かったでしょ。家の窓から手を振ったら向こうも振ってくれてね。

ウトロに行ってもそうでした。向こうは映画の世界みたいだった。若いから綺麗でしょ。ブッシュみたいなギンギンの顔じゃない。針金あった時は隙間から握手をしたり、『ハロー、ハロー』って話しかけたりしてね。（針金の）網のところにきて監督に背中向けて煙草吸う人もいたわ。

みんな育ちがいい人が多くてね、ゴミ（吸い殻）が落ちたらかなん（かなわん）でしょ。吸った後は靴下の中に入れてた。みんな育ちがいい人、ボンボンでした。草刈りしてて、綺麗にしてた。隊長が見てみんふりしてくれてね、五、六分くらい遊ぶの。『ヘイ！　ヘイ』とか言ったらキャラメルとかガムとかチョコレートとか一個、二個とくれてね、いや、私はそれ貰いませんでしたよ」

「憧れましたか？」

「そりゃそうです、憧れましたよ。自分の後ろは大変なとこなんですから。違う意味で映画の世界でしょ。向こうも思ってたと思いますよ、『どえらいところ住んどるな』って。あの頃はそんなみんな豊かではなかったと思うけど、それでもウトロはみんな、どこに行っても売ってないようなボロボロのツギハギだらけの服着てね」

歯に衣着せぬ物言いが彼女の持ち味だった。ウトロについては厳しい話もしたが、「向こう側」の話をすると表情が和らいだ。針金に指をかけて、接収地の中を眺めることも多かったと言う。背後の現実とは対極の場所を彼女はどんな表情で見ていたのだろう。

「リアル」に呑み込まれていく「解放」

緊張と隣り合わせの「交流」は時代に呑み込まれていく。どれくらい「平和」な関係が続いたかは不明だが、そもそも占領軍にとって朝鮮人を「解放民族」と見做すことは、あくまで彼らが「占領政策」を妨げない範囲でのことだ。日本国臣民として敵国人扱いしても構わないというのが一貫した方針だった。その占領政策は朝鮮人の思いと存在を蹂躙する形で転換されていく。日本を反共の砦とすることを最優先し、対外侵略の責任追及を放棄するのだ。

　ウトロで言えばそれは日国の復権として顕現した。進駐直後の一二月、「日国」社長の津田信吾はＡ級戦犯として拘束されるが、翌年二月、その罪を問われずに釈放される。津田は占領政策と米国の世界戦略に資するとの判断だ。戦前戦後の間が接続され、解雇した元労働者たちの飢渇をよそに日国は「戦後」のスタートを切る。『日産車体五〇年史』などによると、一九四五年九月のＧＨＱ覚書「製造工業操業に関する覚書」で、軍需工業にも一定内容での民需転換が認められることになった。日国も生産を申請。翌年九月に許可が下りると、すぐさまトラックやバスの車体製造を始めた。

　翌月、民需転換と産業復興を後押しするための企業再建整備法が施行されると、同社は会社をトラック・バスの生産に従事する「新日国工業」と、軍需会社時代の資産を清算して解散する旧会社「日国工業」の二つに分離した。旧会社による資産売却益やトラック・バスの生産で、新会社は、復興への足掛かりをつかんでいく。

　だがウトロ住民に対しては、そこで暮らす、あるいは離れるための補償措置は一切とられず、旧会社の清算対象だった土地も放置された。住民には耐えがたい不正だった。一方的に自分たちを解雇した軍需企業が「埋め合わせ」どころか再雇用すらしないのだ。

　住民も黙ってはいない。怒りは「仕事よこせ闘争」として噴出する。ウトロ住民が大挙、同社に押しかけたこともあった。当時、日国労組で委員長を務め、後に旧社会党の府議会議員や市議を務めた太田孝（一九一八年生）は社員として住民に向き合った。

「四七、八年頃かな。二五〇人くらいはいてたね。男も女もいました。『仕事をよこせ』とか、『何か仕事はあるだろう』ってね。先を焼いた竹槍持ってる人もいてね、あれって焼いて油を抜くと丈夫になるんです。住民同士は朝鮮語で話すから言ってることが分からないし、それで会社の幹部は震えあがってね、『お前なんとかしてくれ』って。住民たちの多くは左派系だと会社も認識してましたから、要するに労組の人間が相手なら話し合いもできる、何とかなるかもと思ったんでしょうね。結局、誰かが応対するしかないから私が出たんです。『仕事をよこせと言っても労働組合にはその権限はないし、出来ることと出来ないことがある。とにかく、会社には話はしましょう』と説明しました。話せば分かってくれましたよ。誰一人暴れることもなく力を振るうこともなかった。とにかく当時はみんな元気でした」

一方で日国の社員の中には、ヒラ、管理職問わずウトロで濁酒を楽しむ者もいた。住民は組織運動では指弾の対象としても、金を落とす「お客さん」としては、「歓迎」もしたのだ。

「民需もまやかしだった」と太田は言う。朝鮮戦争勃発時、軍政が発注したのは軍用車両の製造だった。それだけではない。その頃京都市下京区の同社事務所にいた太田は、所用で訪れた京都工場で、倉庫に無造作に並べられていた金属製の筒を見た。

「工場の中にごろごろと転がしてあった。板金で外枠を作って、それが並べてあった。アルミというか、黒でもない、銀色に光るやつ。あぁ、これがナパーム弾なんかと。あったのは筒だけ。そこに火薬やら何やらを詰めるのはあとの作業で、完成品じゃなかった」。筒の大きさを訊くと、太田は胸の高さにあげた両掌で円筒の直径を示して言った。

「四〇チセン×二メートルくらい。別にテントを張って隠したりとかはしていなかった。要は仕事がなかったから何でもよかったんですよ。弁当箱を作ったり、農機具を作ったこともあった。ルーズと言えばルーズですけど、みんな黙っとった。半年くらいは作ってた。兵器を作るのは問題だというのも中にはいたけど、会社に『止めろ』というまでにはならなかった」

労組から反対の声は上がっていたようだが、止めるには至らなかった。既に旧植民地の戦火は「他人事」、組織内議員を出す力のある社会党系労組にしてこれだった。

そして新日国は五一年に日産自動車と資本提携。六二年には「日産車体工機」と社名を変更し、グループ企業の一員となる。七一年にも社名を変更、現在の「日産車体」となった。

「人が動物と同じように飼われていた」

この五〇年代の激動期、ウトロなど南山城地域で活動していたのが金善則（キムソンチク）（一九二三年生）だ。朝連時代に左派運動に飛び込み、朝鮮総聯の支部幹部として地域の変遷を見つめて来た。

「当時は険険（けわけわ）しい空気でしたよ。当時の私の幼稚な考えやけど、『やっとこさ解放されたのに間なしに攻めるとは！』と思ってたんじゃないですか。一つの政府を作ろうとしていた時に米国主導で連合軍名目で戦争を開始した。聞くところではとにかく、向こう（接収地）でプロペラの音がしない時はないと。皆、あれは米国の軍需物資を運んでいるのじゃないかと。あれは私たちの国民の上に降っているのではないかと。ここの人たちの間もそれに対して憤激していたんです。大変な気持ち。険悪な感情を持っていた。いつなんどき、私たちに被害がくるかも分からない。それから戦争するため、日本にいる抵抗勢力をなくすために朝連も解散させたんですよ。あの時の朝連には北も南もなかったんです。それでここの私たちの田舎にまで浸透してて、みんな激怒して何かできるなら戦わないといけない、くらいの気持ちになっていた。当時は今より、民族が近かったんですよ」

聴き取りは二〇〇五年の夏、「ウトロの家」二階にある朝鮮総聯の支部事務所で行なった。小柄で細身だが、ストイックさが滲む目には迫力があり、見つめられると背筋が伸びた。

故郷は全羅南道の光陽、家は小作農だったと言う。「食べては行けていたけど、秋になると供出です。そうなると、七人家族で三か月しか食べるものがない。後は雑穀です。イモやトウモロコシや大根、そこらに生えてる草をゆがいて蒸して、米とかの粉を振って食べた。そんな状態がいつまで続くかも分からない。蓄えもない。口減らしする方がいいと思って日本に来たんです。その頃はすでに神国日本とか言って、威圧して、朝鮮人は見すぼらしく、下品だと、これでもかこれでもかと言っていた。同じ面（村）から日本に何度も行っている人に紹介を頼みましてね。一九四一年です。今の木津川市山城町（当時は上狛町）の町工場で、就寝と就職を共にしながら綿を作った。そこで終戦を迎えて、それで帰ろうと思った。食べられなくても、自分の国になったし、供出もないだろうと。親を助け、きょうだいを助け、仲良く暮らしたら幸福になれると喜んでいたら、周りが『そんなに慌てなくてもいいだろう』と」

すでに四年、町工場では重要な「戦力」だった。政情不安も心配しての助言だったが、帰郷して家族と暮らしたかった。でも首尾よく行かなかった。

「隣組の人とか近所の人たちが送別会をしてくれた。鶏を潰して、魚買って、すき焼きして、二、三日で帰る段取りにしていたらある日ラジオで、祖国に帰る人で下関はごった返していると。それで船出るまで待てない人は小さな、三、四トンの船で行っていると言っていた。それで戦争中に米軍が敷設した機雷に触れて爆発する。そんなことばかり流していた。一時、二時、三時、七時、そんなニュースばかり。そんなんで死んだら犬死やと思って、居座った。宴会、送別会をした後やから恰好悪くて。職場で顔を上げられんかった」

そんな折、年配の同胞が金善則を訪ねてきた。

「私は京都の同胞を知らなかった。職場も日本人ばかり。当時は特高が管理する協和会というのがあって、集合させられたりしたけど、そんな時しか同胞と会えない。それに仕事もきつかったし。当時、朝の六時から働いて夜の八時、九時まで働いていたから。酷い話ですが休みもない。それでおじいさんが尋ねてきて、いろいろと言われた。見合いを勧めに来たんだけど、身を固めたら余計に帰れなくなる。それで押し返したんですけど、『若いのに一人でこういうところで仕事をしていてはいけない。私はウトロに住んでいるので、たまには訪ねてきてください』と言われた。それで初めてウトロを知って、同胞一世たちがたくさん住んでいることがわかった。それは終戦後、何か月も経たない頃だったと思う」

ウトロに赴いた。日本人コミュニティの中で暮らしていた彼が驚いたのは、その劣悪極まる住環境だったという。

「とにかく人の住めるような場所じゃなかった。豚と人間とほんとに目の先、鼻の先、というのは嘘やけど、出て行ったらいっぱい飼うてる。糞とエサが腐食して臭い。エサと豚。下水もないからそのまま流して洗いもしない。積もり積もって余計に臭くなる。雨降ったらぬかるみになる。家でいても豚小屋いても同じ匂いがする。そこへハイが来る」

「ハイ?」

「飛ぶ虫のハイ（蠅）。ハイ言うても普通のハイじゃない。（人差し指の第二関節を一方の手で摘み）こんな二、三チセンはある、足の長い、黄色い奴が家に入ってきて、食べ物に止まる。不衛生で動物と人の暮らしが一緒だった。人間が飼うのが動物だけど、ここでは人間が動物と同じように飼われていた。豚は大方の人が飼っていたんと違いますか。豚飼いながらあれば仕事に行く。豚は限度がある。売るまで三、四か月かかる。で、仕事から帰ってくると奥さんがリヤカー引いて、彼方此方で米の研ぎ汁とかクズ野菜をもらってきて、それを炊いて餌にしていた。大変な所だと思った。私の背の倍くらいある丸太を地面を掘って埋めて、横に柱を打ち込んで間仕切りをして、コンパネを引いて、板の上に筵を敷いて、ゴザを買うてきて敷いてた。で、天井には油紙を引く。黒いやつを板の上に引く。それが長くなって、陽の照りで乾いて割れたり、ひびが入ったりすると、雨降るとザザ漏り。家と言っても酷かった。建てるにも拾ってきた木材や、金出して買ってきてもまともな木材ではなかった。割木にする類のものだった。そんなんで次々に作るから形も同じ、道幅も同じ。みんな同じに見えて道を間違って帰るにも大変。ガスを引いてプロパンを入れて使うにも大変だったと思う。当時は練炭をたくさん使った。金ないし、余裕ないから。ある程度歳いった人もそうだし、青年たちはどっかで土建の会社に行って、『仕事さしてくれへんか』と、（他の土建屋が）入札請けたのを又請けして、何%かをとられて、あとは全責任をもって完成させる。みんなそうして暮らしてきた」

それでも通ったのは、ウトロの魅力だった。

「人との交わり、親近感があった。朝鮮のしきたりとか、たくさん教えてもらった。毎日、日本で住んでいるから日本のしきたりは覚えるようになる。文書を通じても知る。朝鮮民族として他国にいても知っとかないかんと思った。ウトロに行くと、丁寧に家に来いとか、遊んで行けとか、人間として大切なことを教わった」

金善則は左派運動に没頭していく。

「昭和二四年、木津の下河原に同胞たちが住んでる長屋があって、一室が空いてたので小さな事務所を設けて看板建ててました。私はそこで活動しました。成人学校です。日本にいたからといって、祖国の建設に支障が出たらいけないので、せめて言葉でも通じるようにと。文字を教えていこうと。ここで教える前に、地域ごとに四〇、五〇、六〇代の男女を空いた家とかに集めて朝鮮の文字を教え、単語を教えて会話をしていって、それで非常に同胞が好んで、暑い日も寒い日も好んで、家の仕事も忙しいのに、昼間は働き、晩はしんどいのに。教えるほうも気持ちを大事に教えていた。年がら年中、忍耐強く推し進めた。私は相楽や綴喜に行って、その一端を担っていた。協和会のとき（戦時下）は朝鮮の文字使おうと思っても아 야 어 여がきこえると、通報されて警察官が土足で乗り込んできた。国があるのに、その国民が自国の言語を知らないといけ

ないでしょ？　それを侵略して、ほしいままにしようと思うなら、それを考えないといけない。土地が海の底に沈んででもすれば別だけど、それだったら帰化して同化するかもしれないけど。一時、侵略して将来手元に帰ってくるのも知らないで、従順になると考えてはいけない。字を習い、歴史を習い、民族の誇りを持って生きるのは、どんなに迫害を受けてもやるもの。それをさせなかったのが日本のいけないところだ。ここに藁葺きの学校があった頃は、既に朝連の幹部がいてて、（成人学校の）面倒見ていた」

そんな折、朝連が強制解散になった。

「ある日、行ってみると看板を下ろしていた。府の出先が来て、解散命令が出たとのことだった。私は下っ端だったけど。そこに居た人が、机とかみんな持っていかれたと言っていた。朝鮮戦争を始める前に抵抗勢力だから潰しにかかったんです。

それで連盟が解散させられてから結婚した。帰る目処も立たんかったし、不安だったし、韓国の政情も悪かったので、私ら帰っても自由もない。とことん日本より酷いことをやる。私など帰ったら死ぬ目に遭うんと違うかと。命を大切にしてこそいいこともあるという気になって結婚した。仕事？　最初のまま。ありがたい気持ちがあったから、辞めて他に行ったら義理に反する。恥ずかしかったけど。結婚してからいろんな人を知るようになった。人を知る。大きな宝物です。文字も覚えた。一七歳で来日し、当時は文字も覚えてなかった。日本で朝鮮の文字も日本の文字も単語も独学した。毎日、新聞を読むのが楽しみだった。手っ取り早いのが、新聞の政治面、一面を読む。当時は朝日新聞だった。それで読んでいく。ＮＨＫも同じようなニュースをやっていいから日本の田舎の方言が多かった」

運動は再建されていく。「いつまでこんなに押さえつけられるのか。解放になっていないということで。それで地域的には朝連後の組織として解放同盟というのが出来たんです」

朝連強制解散で後ろ盾を失った左派朝鮮人運動は、日本共産党との結び付きを強めていく。一九五〇年一一月、同党は朝鮮人党員を指導する民族対策部（民対）を設置。朝鮮戦争勃発後は各地に祖国防衛隊（祖防）を発足させる。これに対して民団は在日志願兵を派遣した（『京都　韓国民団史』には、ウトロからも「在日義勇兵」が一人出たとあるが、韓国の名簿に同じ名はない）。一方、祖防は日本国内で反戦闘争を展開する。そして一九五一年一月には「祖国の完全独立」「外国軍隊の撤退」「在日の権利擁護、民族教育」などを掲げた統一戦線「在日朝鮮統一民主戦線」（民戦）が結成される。翌月には共産党が四全協で反米武装闘争路線を打ち出し、一〇月の五全協で実践課題となる。最前線を担ったのは在日朝鮮人だった。

サンフランシスコ講和条約発効を挿み、闘争は激化した。生活保護の即時適用を訴えた「長田区役所」へのデモ（五〇年一一月）や、集落の接収に抗議する名古屋での対行政闘争（一二月）、労働争議を巡り逮捕された党員の釈放を求めて大津地検に詰め掛け、官憲と大乱闘になった事件

（同月）など、激しい運動で逮捕者が相次いだ。

ウトロの左派運動も民戦の下で組織化され、全国的な闘争と連動していく。地元新聞には、先の日国労組も含めて朝鮮戦争への協力反対運動が繰り返されていたとある。その先頭に立ったのもウトロ住民だった。

既に復興から経済成長の軌道に乗り、左右を問わず日常への順応を強めていた日本人とは「切実さ」が違っていた。日本の支配を脱した故郷は米ソ対立の最前線になり、それは同胞相食む朝鮮戦争として火を噴いた。そして極貧を生きるウトロ住民を苛んだのは、残酷な捻じれだった。

「鉄くず拾って売ってたけど、あれ結局朝鮮に流れて、戦争で使ってたんだと今思うのです。でも食べていくためにね、自転車もようのらず歩いて背中に背負ってね、鉄を。自分の国、滅ぼしてくれいうて鉄、運んでいるようなものです。当時そんなん分からへんやん。ただ食うだけのことや。うちの子が画用紙に絵描いて、これなんやいうたらアボジの鉄や言うて、道に鉄が落ちたら拾ってくるでしょ。アボジの鉄が落ちてたいうて。その子が今二五歳ですよ。電柱の下で工事をしているでしょ。赤線（銅）が落ちてたりするんですよ。オモニこれ赤やいうてね。道歩いてても釘一本でも拾ってくるんです。親の事見ているからね。可哀そうでね、もう親にしたら堪らん。でも、親も拾ってきたで、そうか偉いねいうて、拾ったらアカンとはいいません。子どもも親が働いているとこ染み込んでるわけや。そやから子どもも今、真面目ですよ。私は今から考えるとアホやと思うけど、当時なんで朝鮮人に生まれてきたんやろ。日本人やったらええなって思ったことあります」（『チャンゴ』）

一九五二年三月一五日付『新宇治』には、この五日前、市内を行進するデモ隊の姿が記されている。子どもを背負って『戦争反対』『吉田内閣打倒』と叫ぶ女性たちは、ウトロの母親たちだ。二週間前には市に対し、「市は強制送還に反対すること」「民族教育への援助」「ウトロの衛生環境の整備」「田畑の取り上げ反対」などの申し入れをしていた。

「強制送還反対」の主張については補記したい。一九四七年の外国人登録令に続き、一九五〇年には大村収容所が開設され、朝鮮からの「密航者」（客観的には大半が難民）や刑法違反者らを韓国に送り返すシステムが確立されていく。デモの前年には出入国管理令が制定された。GHQの反対もあり、「いまだ日本国籍を有する」在日朝鮮人はその段階では適用対象外にされたが、完全な管理、監視、追放の対象への布石は次々と打たれた。デモ当時は日韓予備会談、第一次会談も進んでおり、民戦はその協議で、「好ましくない朝鮮人の送還が画策されている」と主張していた。加えて翌月二八日にはサンフランシスコ講和条約が発効、日本が主権（＝自由裁量）を回復するのだ。「強制送還激化の恐れ」には根拠があった。自分たちが対象とされた時は、自治体は住民である私たちを守って欲しい、その切なる願いだった。

相次ぐ弾圧、地域からの孤立

反共最優先に転じた占領軍と、そこに便乗して朝鮮人を抑圧する日本政府、国に従い、住民福祉すらもネグレクトする地元・宇治市……。ウトロ住民らが声を上げ、直接行動に乗り出す中で、当局は徹底的な弾圧に乗り出す。闇煙草摘発など、これまでも地区内への「手入れ」は度々あったが、朝鮮戦争期以降の徹底ぶりは、従来とは一線を画すものだった。

最初の大規模捜索は、反戦デモ三日後の一三日だった。一五日付『新宇治』によれば、一三日午前零時過ぎ、小倉駐在所と伊勢田の巡査宅にウトロ住民が押し寄せた。彼らは「巡査を殺せ」と怒号して駐在所の表戸やガラスなどを破壊、巡査宅では垂木を振るって表戸のガラスや板塀を滅茶苦茶に破壊した。宇治市警は国警本部（現在の京都府警本部）や周辺の久世、綴喜、相楽に応援を要請、総勢四四〇人で報復捜索を掛けたのだと言う。その時の模様は、講談調の「警官隊奇襲の現地ルポ」に残っている。

この日午前七時、朝鮮人部落は深い眠りからようやくさめて民家のカマドから炊煙が立ち上り平和郷そのものである。

同七時廿分現場に到着した警官隊は同部落を完全に包囲。部落から出る朝鮮人を厳重に警戒。登校する学生のランドセルまで開けて調べている。このため試験に遅れると泣いて抗議する城南高校生もあった。かくして準備万端ととのった警察隊は同八時、部落入り口の『犬（ポリ公）無断立入禁止』と大書きした立札を横目に一斉に同部落に鉄カブト、棍棒をもって乱入、ついさっきまで平和郷であった同部落は俄然、子供や婦人達の怒号、泣声、わめき声で騒然となり男は勿論、娘やよちよち歩きの子供や赤ン坊を背負った主婦まで部落総出で警官隊の侵入を阻止しようとしてもみ合い、何処からか小石やトウガラシ包みも飛んで来て現場は阿鼻叫喚の修羅場を化した。

警官隊は各所で小競り合いを演じ乍ら各戸をしらみ潰しに捜索、或る家では一団の朝鮮人が入室を拒否するので怪しいと見てその場で捜査令書に何か書込み、これを示して屋内に入ろうとしたが朝鮮人側が大声でゆっくり朗読の末『これは駄目だ』と対応拒否、益々怪しいと見て実力行使で屋内に踏み込むと犬がただの一匹警官隊に吠え掛かっただけ。
又警官隊は部落民の強力な、そして巧妙な妨害を排して留守の家も空家も問わず錠前をねじ切って土足のままで踏み込み豚小屋、便所とクマなく捜査、遂には朝鮮人学校の窓硝子や民家の戸まで破壊して同部落を大混乱に落入れた（部落民談）
或る家でビラを発見、同家の青年を逮捕したので青年の母親が『寒いから服を着替えてから』と頼むのも聞かず検束、これがため老母は半狂乱となり『私も息子と一緒に連れていけ』と息子の後を追ひ、遂には警官に小石を投げたり体当たりする等はかない抵抗をおこなった。

大捜索の模様を聞くと、文光子はこう吐き捨てたものだ。

「その時は原子爆弾作る評判でも出たんか知らんけど、畳上げてみんな調べた。畳んだ服をみんな広げてね。そりゃ酷かった。人間の扱いじゃないです。そいでみんな私を追い出す。みんな出ていけばかり。はぁ、もぅ、そんな苦労した。ああ、思い出すだけで恐ろしい」

あの喧噪と人いきれの記憶は、当時まだ子どもだった二世にも共通していた。

「仕事行こう思たらワイワイガヤガヤしてな。警察と口論している大人もおるし、一世の人ら同士が口喧嘩してんねん」。黄順禮の証言である。余光男（ヨグァンナム）（一九四三年生）は相次ぐ捜索が地域でのウトロの「孤島化」を進めたと言う。「密造酒で警察や国税局の手入れが何回もあった。警察が地区を取り巻いて、俺ら学校にも行けへん。生活するために、当時はムラのみんなは酒を造って売っていた。それを理由に捜索して潰していくわけ。地区の印象がどんどん悪なる。そんな記憶があるから俺は今でも『警察官』とか『お巡りさん』とかって絶対に言わへん、『おいポリ、ポリ』、これだけや。やっぱりあの時の影響やな。ほんまにショックやった」

混乱に加え、姜順岳には忘れられない場面がある。「ドタドタ足音して、窓開けると真っ黒け。警察がウトロを埋め尽くしてね。猫の子も入れないくらい。それから各家に土足。箪笥から吊ってる服のポケットまで調べてた。ビラとかそういうのを持って行くの。何もないのに。何人か連れていかれた人もいた。大人は警察に文句言って怒ってるし、その時ね、ある人のとこに、焼酎に精製するドブロクの大きな瓶がいくつもあったんです。発酵してるのも、しかかってたのもみんな警察が倒してザーッと流していくの。五右衛門風呂が入るくらいの樽を何人かがかりで倒す。そしたらドブロクが畑の溝からドブを伝って流れていくの。私らみんなじーっと眺めてたら、どんぶりもってきた大人が綺麗なところ掬って飲み始めてね。男の人はみんなもったいないとたかって行って、警察もそれは止めなかった。子どもは隙間から面白いと見学してた。精製されたガラスのタンク、三、四本くらいかな、みんなが家に入った後にトラックに積んでたな」

姜順岳が言う「ある人」とは、当時、濁酒で儲けていた元人夫出しの親方だった。相次ぐ捜索に音を上げたこの人物は、ウトロを後にして名古屋に移り住んだ。仕事がないがゆえの経済活動を「違法」として潰し、生活の展望を奪っていく。それも捜索の「目的」だった。

警察の前に立ちはだかった女性も含め、住人計九人が公務執行妨害や酒造法違反（おそらく酒税法）、公安条例違反などで逮捕され、精製された焼酎や製造機器などが押収された。だが「肝心かなめ」の警官襲撃犯はすでに逃走しており、家に残っていた垂木を根拠に指名手配を打ったと報じられている。「酒造法」違反は、「空振り」を胡麻化すための「後付け」に過ぎない。叩けば何かは出るのである。同紙の見出しも「警察隊の朝鮮部落奇襲は黒星〜肝心の犯人はモヌケの空　密造酒摘発に何と四百四十人の警官」と揶揄している。

ある住民からは「警官に水をかけて捕まった女の人もいた」と聞いたが、姜順岳の妹、姜道子にその話を振ると、彼女は笑いながら私の話を打ち消し、「それはこれやがな」と言って、柄杓で何かをぶちまける動作をした。「あれでウトロは評判悪なったんや(笑)」

その日から警察署には住民らが押しかけ、「ドロ棒警察人間を返せ」とデモを繰り返し、ピケを挟んで小競り合いを繰り返した。その後も地元紙には、差別発言が飛び交う連日の模様や、「公務支障」と悲鳴を上げる署員や、物音がすれば「襲撃か」とあたふたする警察官たちの姿が面白おかしく報じられている。

駐在所と巡査宅襲撃の原因と真相は分からない。私が聴き取りを始めた二〇〇〇年以降は、既に大半の一世が死去していたし、左派活動家の多くは「帰国」していた。何よりウトロに対する日本社会の「理解拡大」が状況打開の鍵になる中で、市民社会的「良識」では受け入れられない闘争の歴史が封印されていたことが、「証言の不在」の大きな理由だったと思う。

ウトロの闘争が国会で取り上げられたのはこの頃だ。一九五二年四月二一日の衆議院行政監察特別委員会である。炭鉱経営で成り上がり、業界団体の長を歴任して政界入りした田渕光一（自由党）は、朝鮮人への嫌悪露わに放言した。「密造して怠けているところの輩に対して、一家族一か月二〇〇〇円という生活保護法による生活扶助を与えておる。われわれ国民は、ほんとうに働いて疲労しておる」。そしてこう続けた。「ウトロ部隊という名前をつけて、しかも『ポリ公犬立入禁止』というような文字を出しておる。かようなことは増長するにも増長し切っておるのである」。そしてウトロ住民のような「不逞の輩」は「釜山に送りつけてやるだけの決意を持たなければならぬ」と煽動した。そこにあるのは植民地期から継続するレイシズムである。こうして差別排外主義は「選良」によって引き継がれ、現代のヘイトデモに繋がっていくのだ。

警察の記録では五二年の「事件」は全国で計二七〇件に上った。共産党主導の実力闘争は先鋭化し、吉田茂内閣は「破壊活動防止法」を四月、国会に上程するに至る。

五月一日には皇居前で「血のメーデー」事件が起きる。二人が死亡、二〇〇〇人が重軽傷を負った事件で、広場になだれ込んだ人間の大半は朝鮮人だったと言われる。当時の写真にはＤＰＲＫの旗まで写っている。当時パリを訪問していたダレス前国務長官顧問は、アイゼンハワーと「極東問題」を語り合った後の会見で、「現在、日本には約百万にのぼる北鮮人がおり、その多くが共産主義者である。東京メーデー事件のようなデモを指導するのは主として北鮮人である」として、治安管理の対象としての在日朝鮮人認識を露わにしている。

その後、吹田、枚方事件が起きる。前者は、朝鮮行きの武器・弾薬の集積地点である国鉄吹田操車場にデモ隊が押しかけ、警察と衝突した事件だ。後者は宇治・黄檗の火薬庫と、東洋一の兵器工場「大阪砲兵工廠」を結ぶ分工場があった大阪府枚方市で、米軍向け砲弾製造を予定していた小松製作所に爆弾が仕掛けられた事件だ。共に実行部隊の多くは朝鮮人だった。

日本共産党が武装闘争に走ったのは国際共産主義運動からの批判がきっかけだった。議会制で「革命」を実現するという野坂参三らの主張をコミンフォルムに名指しで指弾された日本共産党は大混乱に陥り、過激路線に転じた。末端を使っての武力行使は、幹部たちがソ連や中国に「属従の意志」を示すためだった。

だが日本共産党の方針のもと、実力闘争の最前線を担った朝鮮人の認識は違った。吹田事件のデモ指揮で逮捕され、騒擾罪で起訴された夫徳秀（プドクス）は語り遺している。「武器が朝鮮半島に送られるのを一分でも一〇分でも遅らせれば、それだけ同胞の命が助かると心の底から思っていた」と（『在日一世の記憶』）。

治安当局も容赦しない。「姫路で朝鮮人部落急襲」（五二年四月一四日付『朝日新聞』、以下同じ）の記事では、「旧朝連系急進分子十九人を逮捕」したとある。三月一三日、ウトロの「交番襲撃」と「捜索」も三月一三日付の夕刊社会面三段だ。見出しは「宇治で派出所を襲う　朝鮮人十名が捕まる」。右上には軍事法廷に掛けられた共産党軍事委員長の供述書で「日共軍事組織」の全容が「暴露」されたとの記事。ここで引用はしていないが、毎日、読売も含め、紙面から匂い立つのは当局と一体化した新聞記者たちの目線だ。血のメーデー事件に絡んで東京の朝鮮人集落「枝川」を大規模捜索、二一人を逮捕と報じた五月二七日付『朝日新聞』の記事では、リードに括弧付で「東京の北鮮」とまで記されている。

その最中の六月二七日、ウトロ史上最大規模の捜索がなされた。姜景南の話は、必ずと言っていいほど、この出来事になった。

「解除なって忘れへんのはあれや。日本の人か朝鮮の人か、ここにスパイがおるって報告したんちゃうか。何や足音すんねん。五時やそこら、御飯こしらえな思た薄暗い時や。ザーッとな、雨降ってるような音するから起きたら、外からガチャガチャと足音すんねん、出たら大久保の入口から真っ黒の服着たんが来てたんや。何やと思ったら警察や」

大久保の入口とは当時の接収地である。そこを横切っての突入は、米軍の「利益」をも担った「作戦」だったことを示す。「そしたら靴のまんま子が寝てるとこに入ってくんや。一生忘れへんねや。靴のまま入ってから子どもが寝ようと何しようと、人間のやることか」

六月三〇日付の『新宇治』には、国警京都府本部と京都市警、宇治市警の「手入れ」と書かれているが、大阪ナンバーの車もあったと言う。近隣からの応援も投入しての大捜索だった。官憲は地域どころか、約六〇戸あった家を分担して取り巻き、地区内外を遮断した。

「ほんで、時間たって子ぉ出さなあかん、学校に行かなあかんけど出してくれへんねや。出してもくれへんし、何ともできひん。他んとこいって連絡するからアカン言うてな。子どもが寝てるとき、土足で来てやね、天井言うたかてカッチリした天井ちゃうねん。足滑らしたら落ちんで。やのにそこに乗るんや。トイレにも行かしてくれへん」

官憲たちは壁を剥がし、敷きたての畳や床板をめくり、集落をくまなく探した。便所も学校も捜索した。何の容疑だったかは定かではない。官憲は束で逮捕状を持ってきたとの証言が残っている。令状だったのかもしれないが、容疑もいい加減だったのだろう。

「宇治市の警察だけ違うて大阪、京都、宇治みんな応援来てても成果、証拠一つもなしや。ほいでウチら作って食べるもんないし、水溜まりで米作って、昔、今は機械やけど、あの時、手や。笹掛して干してからやるから地面に刺すために斜めに切った竹があった。あの頃は鶏飼って卵を食わしてたから、その小屋に入れてたら、警察が小屋を開けて稲を干すための竹を持って出て、今の（西宇治）中学でマイクで放送してまわった。『竹槍見つけた』って。証拠ないとみっともないから放送してるんや。竹槍こしらえてたって。それだけ忘れへん」

マスコミ各社には事前に「広報」がなされていたようだ。私が記者時代、『毎日新聞』の写真データベースに「ウトロ」と入れれば、最初にヒットするのはこの捜索風景だった。『京都新聞』（六月二八日付夕）は社会面トップの扱い。「虚を突かれて無抵抗」の横見出しで、竹槍などの押収物の写真まで掲載している。捜索に名を借りた政治的弾圧だった。

この時の捜索では七名が逮捕、散弾銃一丁と実包七発、そして竹槍二〇数本が押収されたと言う。「手入れ」の翌日には地域リーダーが『新宇治』のインタビューに応じ、「飯場を潰すのが手入れの目的だ」と断じている。『京都新聞』の見出しとは違って、実は前夜には捜索の情報が入っており、「警察がねらう　せん鋭分子」は事前に退避していたと言う。散弾銃は住民の一人が入猟をやっていたため。竹槍は稲を干すためのもので、火炎瓶などの「新兵器」がある今、竹槍を付)。

武器に使うのはナンセンスと反論。七名が逮捕されたとはいえ、三月ほどの抵抗がなかったことを問われると、「『抵抗する奴は叩け、それでも抵抗する奴は殺せ』と云う警察指令が発せられているとの情報」を得ていたからだと答えている。いずれにせよ「備え」は出来ており、体を張った抵抗は不要だったようだ。同紙は官憲の捜索は三月に続く黒星だと総括している（六月三〇日付)。

「今でも宇治署の前を通ると、気持ちがカーっとなることがある」。晩年まで姜景南はそう繰り返した。何よりも辛かったのは周辺地域からの目だった。官憲の大規模捜索で「危険地帯」「反社会集団の巣窟」とのイメージを振りまき、近隣社会から孤立させていく。今も公安当局が使う常套手段だ。ウトロは文字通り「陸の孤島」と化していく。

「あれで評判悪なってな。警察があんなに来たら悪いことしてると思うやん。ここ、日本の人、誰も通らへんかった。二度と警察は来るなちゅうことで『犬（ポリ公）無断立入禁止』って立てたら近所の人が入らんようなってな、あの時の苦労はここでは言えへん。きつゆうてから街出てもウトロは評判悪かった。いじめられてバカにされてな」

街でそれを実感した経験を彼女は寂しげに吐露した。「目の前歩いとったヤンチャな感じの子がな、どっかで悪いことして、警察かなんかに捕まった話しててな、『お前どこに住んでんねん』って言われて『俺はウトロの人間や！』言うたら帰らしてくれたって言うねん。その子の前出て行ってな、『ウチはウトロや、お前ウトロのどこ住んでんねん』ってよっぽど言うたろか思たけど、相手はウチの顔忘れへんやろ。ウチは忘れるから相手だけ知ってるわけや。どこで会ってなんかされるか分からへんから言えへんかったわ」

権力との対峙は、「身内」への苛烈さとして表れた部分もあるようだ。この時期、「スパイ」「南系」と打擲され汚物をかけられた挙句、集落を追い出された男性住民のことが、『洛タイ』と『京都新聞』に掲載されている。七月一五日付『洛タイ』の字面で見る限り、知己を得た人間に儲け話を持ち掛けて小金を引く、いわば詐欺師紛いの人間のようだが、地域内では警察に住民情報を売り渡していると目されていたと言う。六月二八日付『京都新聞』によれば、二七日の捜索はこの暴力沙汰を「理由」にしたものだった。

反米闘争

『洛タイ』では以降、ウトロの反戦闘争を記した記事が増えていく。敗戦で閉鎖された黄檗火薬庫の復活が浮上した時はこんな具合だ。

「ウトロの朝鮮人はこう叫んだ『日本で爆弾がつくられ日本から飛行機が飛び立ち、われわれの故郷は爆撃の戦禍によって荒らされてゆく。これは日本人の責任でない、しかし朝鮮の悲劇を早く終わらせ日本にもこんな悲劇が再び来ないために我々は南山城の再軍事基地化反対に生命を捨てても戦う』」（七月三〇日付）。一九五三年春、ウトロを含む大久保一帯に、米軍の新飛行場を建設する計画が表面化すると、基地に地区の代表が押しかけた（四月二日付）。米軍の態度も以前とは違っていた。

五月二五日には進駐軍が、勝手に定めた境界線に幾度目かの杭打ちを強行。彼らとウトロ住民との対立は先鋭化していく。

文光子は振り返る。「何が気に入らんかわからんけど、私たちを追い出しにかかったんです。鉄砲担いだ兵隊たちが塀のように飯場を取り巻くんです。昼も夜も朝もない、『朝鮮帰れ』ばっかり。京大を出た活動家が入って来てね、朴と言いました。彼がいろいろと教えてくれた。何にも分からない私たちも〝Yankee, Go Home!〟だけは覚えましたよ(笑)。鉄砲（の銃床）で頭を殴られて血だらけになった人も、銃を足元に向けて発砲したら当たった人もいた。姜さんって言う人だった。あの後どこかに行ったけど。ライトで照らすから、弟が一輪車を立てて近づいて行ってね、石投げたらガシャーンって」。まるで戦争映画である。六月一一日付の『洛タイ』にも飛行場問題で大々的な反対運動が展開されたとある。参加団体／集団の筆頭は「ウトロ朝鮮人部落」だ。

姜順岳が憶えているのは人垣だ。「私が小さい時の感覚では、ウトロと駐屯地の間に憲兵がずらっと並んでこっちを威嚇してた。今にして思うと兵隊やったんですね」。進駐軍は昼間には歩哨を立て、夜はサーチライトで「境界線」を照らして住民を牽制したが、住民は行き交う光をかい潜って占領地内に忍び込み、抜いた杭をより進駐軍側に打ち直した。鄭準禧も言う。「私は入院したり臥せったりを繰り返してたでしょ。何日か経って見に行ったら柵の位置が基地側に入り込んだり、こちらに食い込んだりと変わってるんです(笑)」

「出て行け」自体不当の極みだが、占領軍が基地内に「取り込もうと」する土地は、ウトロ住民が生きるために開墾した田畑なのだ。生きるための闘争には子どもも加わった。祖防全国委員会の機関紙『新朝鮮』には、「基地反対闘争」を繰り広げる「ウトロ少年団」の匿名インタビューが残る。彼らの敵は、領土を確定しようとする傲慢な鉄柵だった。主な「戦術」は、ウトロからボールを投げ込み、衛兵の注意を逸らした隙に柵を切るものだった。

なぜ基地の鉄柵を切ったのか、との質問に対し、少年たちは口々に答えている。

「野球をやっても入ってとれない」「畑の麦やイモがほれない」「この前、柵をたてるとき反対したおいらのお母さんや先生を棍棒でなぐったから」「おいらのくにを侵略するために飛行場を作っているから」（一九五三年七月三一日付）

一九五三年八月、ついに進駐軍当局は「基地拡張せず」と明言した。

同年一〇月二四日には『洛タイ』に、「ウトロの斗いを再評価せよ」との社説が出る。

「戦後、宇治市民主陣営の前衛として官憲による数度の弾圧にも屈せず日本の独立と平和のために協力して勇敢に斗っている市内伊勢田町のウトロ部落朝鮮人に対して悪質なデマや低い政治意識を暴露した誤解が水害後市内のいろいろな方面で取り交わされている」

水害とは九月の「台風一三号（テス台風）」による被害と思われる。共産党系の地元紙が、内部向けにあえてこの内容の社説を掲載したのは、安定軌道に入った日本社会で、ウトロ住民らの「過激さ」は左派内でも困惑や批判を巻き起こしていたことを示す。日本共産党の武装闘争路線は破綻し、これに先立つ「血のメーデー」事件直後の総選挙で、同党は一九四九年の選挙で得た三五議席をすべて失っていた。

米国の「エイブラハム・リンカーン大統領図書館」に残る退役軍人たちの体験談や写真のアー

カイブには、一九五三年一一月二六日、基地の側から撮られた写真が残っている。「基地の隣にある共産主義者の村」とのキャプションが付いたこの一枚には、等間隔に打たれた杭の間に、針金が張り巡らされているのが写し込まれている。この頃、直接的な衝突を伝える証言や記事はない。だが伊勢田・大久保エリアでは、米軍を巡る別の緊張が高まっていた。犯罪である。

前章で述べた「行政」指導や、議員らが率先して開設した「キャバレー」が先駆けとなり、大久保界隈は五〇年代、「基地の街」の「米兵歓楽街」と化していた。娼婦の大量摘発の記事がしばしば掲載されているし、駐留に伴い米兵による強行犯、とりわけレイプ事案が続発したようだ。五四年二月には、一一歳の女児が米兵にレイプされた事件も報じられている。

路線転換

激動の時代における日本共産党と左派朝鮮人との共闘関係は、ついに終焉に向かう。

在日を「少数民族」と規定し、日本の「革命」「民主化」に動員する民対の方針に対する朝鮮人の異論はあちこちで噴出し、DPRKとの関係を全面に打ち出す民族派が力をつけていく。一九五四年八月には、DPRKの南日・外相が在日朝鮮人を「共和国公民」とする声明を出す。中国に渡っていた徳田球一客死による党内対立の緩和などもあり、日本共産党も運動方針を変更する。一九五五年五月二四日、民戦の解散が決定、翌二五日、「祖国直結」を掲げて朝鮮総聯が結成されると、日本共産党はその約二か月後に開いた六全協で、武装闘争路線を「極左冒険主義」などと否定、民対の解散も決定し、あっけなく自らの闘争に幕引きをした。山村工作隊も中核自衛隊も、血のメーデーに代表される数々の事件についても、同党は何ら総括しなかった。その無責任は今に至るまで続いている。

一九五五年一一月九日付『洛タイ』には「宇治の朝鮮人団体戦術を大転換」の見出しが躍る。「警察と一戦を交えたり、市役所に押しかけたり、集団暴力行為を行い、再三警察の手入れを受けた市内伊勢田ウトロの朝鮮人を主体とする宇治市、久世郡地方の朝鮮人団体は過去の行き過ぎた運動方針を深く批判、今後の戦術を大転換させ、組織も改め日本に在住する外国人として日本人と手を握り平和一本に進むことになった」

路線転換だった。「警察への敵対行為はやめる。日本の内政には全く関与せず」ともある。この間の犠牲を踏まえた総聯の「内政不干渉」方針に沿って、ウトロの運動も転換した。

一九五六年一〇月、一一年余の進駐の末に米軍は撤収する。それを見越した日国の陳情で防衛庁は日国への返還地を買い上げ、翌年二月、自衛隊の駐屯地が発足、今の位置に堅牢なフェンスが立つ。軍事施設と労働者の飯場跡、いわば「原因」と「結果」を切り離す線が引かれた。

ウトロ周辺にあった日国所有の「空き地」は農林省が買い取り、同省はそれを農業従事者支援策として周辺農家に割安で売却するなどした。集落の南東に一部、農林水産省の所有地があったのもこの事情による。一方でウトロだけは譲渡も売却も払い下げもされず、「不法占拠地」として放置されたのだった。

第四章
高台の学校

「国民の領域」への家屋の「侵入」を阻むようにコンクリートの壁が聳える。その上に建つのはウトロの2、3世が通った西宇治中学校である。そこは彼彼女らが「ウトロの在日であること」の意味を知る場所でもあった＝2018年1月7日

西宇治中学から見下ろしたウトロ地区。2世たちが教室から観た集落の光景は様変わりした＝15年12月16日

西宇治中の足下にあった自宅で韓国・日帝強占下強制動員被害真相糾明委員会の聞き取りを受ける崔仲圭（左端）と妻・石玉先（中央奥）＝05年4月25日

ウトロ在住と言ったり本名を使ったりなどできなかったと語る余光男＝16年3月10日

寡黙で控えめな宋鎮佑（中央右）だが、集会やデモには常に参加していた＝1998年3月26日

強制執行を阻止する「座り込み」の予行練習に参加した辛点順（右端）。隣には仲の良かった金君子が座り、左端には黄順禮の顔も見える＝05年9月25日

30年以上、町内会役員を務める河本秀夫（河秀夫）。市営住宅の地鎮祭で鍬入れをする＝16年11月7日

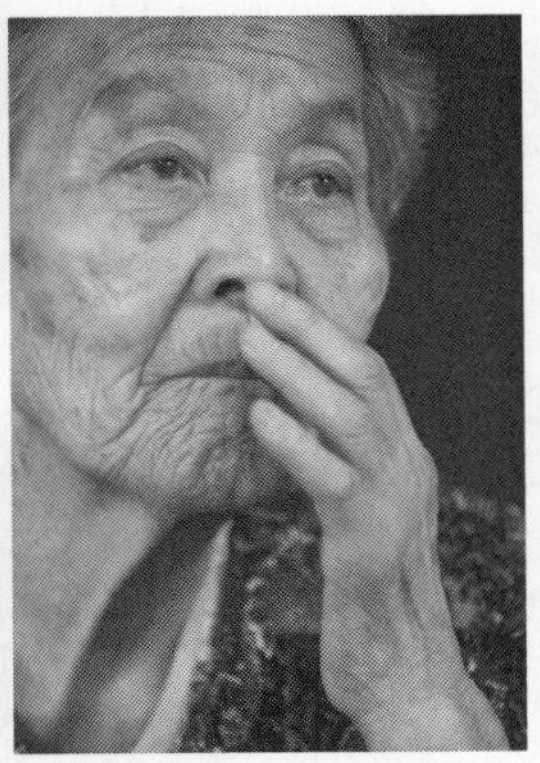

鄭光子の親族は大半がDPRKに「帰国」した。自身は夫の親の具合が悪く日本に留まった＝17年9月26日

ウトロ地区で2番目に建てた瓦葺きの自宅で話す金教一、韓金鳳夫妻。食卓には金の好物であるカニ料理が並ぶ＝16年2月16日

「土地問題」解決で始まった再開発で整地されるまで、ウトロ回廊は東に向かって、それと気付かぬほどの緩やかな勾配があった。南西の久御山町に二本の滑走路を造るため、地区を西から切り崩し、土砂を掘削しながら東進した名残である。東端まで数十メートルの地点で急斜面になり、やがて高さ約五メートルの「崖」に突き当たる。これが土砂採取場の端だ。この時点で日本は敗戦し、建設は中止になった。斜面と崖それ自体が植民地支配と侵略戦争の証人である。

やがて突き当たりの崖はコンクリートで覆われ、崖の上に立ったフェンスが、一方的に定められた不法と合法との境目を固定化した。

崖の上から見ると、巨大な板チョコのようなブロック塀に向かって木造家屋やプレハブが迫ってくる様は、崖をよじ登り境界を破ろうとする生き物のようにも思えた。背後には今も旧国策会社の附属病院を転用した西宇治中学がある。地区を一望できたこの中学校には、ウトロの二、三世たちの多くが在籍した。「貧困」「差別」「台風、水害」、そして「帰国事業」……。高台の学校は、とりわけ二世たちの様々な記憶に結び付いている。

条件付き入学

病院が学校に転用されたのは一九四八年、「久世中学」として開校した。宇治市と、隣接する城陽町（現・城陽市）との協同組合が運営した。ウトロからの一期生は三人、その一人が黄順禮である。組織から派遣されていたウトロの民族学校講師に勧められたのだ。

「孫（ソン）さんって言う、朝鮮で大学かなんか出た人が先生で来てた。親戚がウトロにいた人やった。

ものすごい恰幅のええ人で、学もある。来てすぐに今で言うフィールド（ワーク）してな。『何やここは？』と思ったみたい。厳しい先生でね。『日本人に負けるな』って言うてね、何点取らんと休ませへん』って。そのおかげで一生懸命勉強したけどな。私らの先のことも考えてたみたい。それで私一五歳の時やったかな『あんたらこの年になってなんで日本の学校に行かへんねん』って。その頃は日本の中学はウトロの人間を入れてくれへんかったんや。それで孫さんが久世中と交渉して、『教育してくれ』って言ったら、『成績表出せ』とか言われたらしいわ。それで『まずは何人か試しに入れて、その子たちが模範生活して勉強一生懸命やって、問題起こさないなら次の子も受け入れる』って、それが条件で、成績の良かった三人をまず入れた。送り出す時、孫先生から『勉強をやってやってやり抜け』言われたわ。最初の担任のアダ名は一三文やった。なんでかて？　そら足が大きいんやがな！　朝鮮の子は日本の子と違って一つの机を何人かで使うの。私は茶摘とか家事で結構、休んだけど、次に関わってくるし、勉強は頑張ったよ。三年勉強して三期生で卒業した。あれがあったたから中学校出られた、感謝してる。次は桃山高校があってな、勉強したかったし、母親に『行かしてくれへんかな』ってさりげなく聞いたけど、当時は貧乏生活やろ、あの頃は奨学金もないし諦めた。しゃーないわ。そんなんでその時分のここの村の人らはほとんど久世中、西宇治中卒が最終学歴や。うちらアパッチ部落やろ。食べるのに精いっぱいや、それにな、ここでそれ以上行って学歴付けた人はみんなウトロは出て行ったたって」

そう言って笑い、彼女は「しゃーないわ」と繰り返した。

「それで卒業してから、寺田（城陽市）の金糸工場に行っててん」

金糸はウトロの女性たちを吸収した城南の地場産業である。彼女はそこで一つの出会いを経験する。「作業が遅れた人がいたら手伝うやろ。そしたらこっちを睨んで、手真似で『止めろ』ってやってる人がいるねん。帰りに同じ電車に乗ったらその人が近づいてきてね、『オマエ、何で手伝うねん。これから手伝うたらアカンど』って、男の言葉で話すねん。『アイツらはウチらを差別してるんや』って」

女性たちは、黄順禮と同世代の被差別部落民だった。

「『同和（被差別部落を指す行政用語）』って初めて知ったわ。朝鮮ではもう両班（ヤンバン）（貴族、高級官僚）もないのに、まだ日本は同和の差別があるんやって。同じ電車に乗ると最初は怖かったけど、話をすると根性がえぇねん。あったかいねん。おんなじやってね。当時、私らは反吉田（茂・元首相）闘争をしてたけど、仲良くなると、工場休んでついて来てくれてな。デモする時も護ってくれるねん。家にも遊びに来てくれてな、キムチも食べてたよ。ウチも遊びに行ったわ」

黄順禮にとって、同世代の部落民との「出会い」は、地区外の人間との初めての出会いだったのだろうか。この時の話になると彼女はいつにもまして饒舌になった。

学校は最初、朝鮮人の受け入れを拒んでいた。時は一九四八年、第一次の朝鮮人学校弾圧期だ。当時、日本政府が推し進めた朝鮮人への教育政策は、「日本の学校に入れる」（＝朝鮮人学校で学ぶことは認めない）。その「理屈」は「いまだ日本国籍を有しており、就学義務がある」だった。宇治の現場は国の方針とは真逆の対応をしていたことになる。

一九五二年四月、サ条約発効に伴い政府は在日朝鮮人の日本国籍を一方的に喪失させた。すると文部省は五三年、各都道府県教育委員会宛の初等中等教育局長通達「朝鮮人の義務教育諸学校への就学について」を出す。その内容は、サ条約発効で朝鮮人子女も一般の外国人同様に取り扱う。就学年齢に達しても学齢簿登載の必要もなければ、就学義務履行の督促義務も生じない。「好意的に」公立の義務教育学校に入学させた場合、無償原則は適用されない。その上で、朝鮮人の保護者が子の就学を希望する場合は、日本の法令を厳守することを条件として、就学する学校長の意見も踏まえ、事情の許す限り「入学を許可すること」とした。

実際に義務教育の授業料を徴収した例は聞かない。だが多くの自治体は、この通達を根拠に、保護者から、「日本の法令に従う」「民族科目は一切教育しないことを承諾する」「学校の秩序を乱すことは一切しない」「退学を命ぜられても異存はない」などの「誓約書」を取っている。通達は一九六六年一月発効のいわゆる「日韓法的地位協定」で無効となるが、「義務教育ではない」との見解自体は今も変わらない。在日に入学通知が来るようになったのは一九九一年、日韓覚書で文部省初等中等教育局長通達が出て以降のことだ。

さて、「一期生」が空けた風穴からウトロの二世たちが続々入学した。何より中卒の学歴は仕事に就くために必要だった。宋鎮佑（一九三七年生）も、それに続いた。

二〇〇五年以降、集会所北側の自宅で彼への聴き取りを重ねた。一九八六年、一世の母、千貞淑（一九一三年生）のため、八〇〇万円掛けて改築した瓦葺きの家である。肉厚の体躯に載った頭はスキンヘッド。ジャージの上下、ニット帽かキャップが定番だった。

神戸市長田区で生まれた。大阪商船（現・商船三井）で働いていた父親は、軍属として出征、戦死した。「死亡の通知は来てた。骨も無いし、何処で亡くなったのかも分かりませんね」叔父さんに見してもらったことはあったけど、家を新築する時に無くしてもうた。

母は宋鎮佑ら三人の子を連れて土木作業員の同胞男性と再婚した。「当時は女手一つで子どもを育てるのは大変。だから再婚したんだと思いますよ」

飯場を渡り歩く日々が始まった。原爆投下時には広島の山間地にいた。やがて京都市内に移り住み、城陽を経てウトロに入った。一九四七年頃と言う。

親に連れられ飯場を回って来た彼も、当時のウトロには言葉を失った。「バラック建ててみんな住んでてね。人間の住むところじゃないと思ったけど、雨露凌がないといけないから。我々の力ではどうしようもない。親に付いて行くしかない。仕方ないですよ。親にしても技術も学問もないから、土木しかなかったんでしょうね」

父は土木作業に出た。母は茶摘や農作業だった。空いた時間は米軍の演習地に忍び込み、薬莢や弾などを拾い集めてくず鉄屋に運んだ。

「食べるに精いっぱいでしたよ。親父が働いて日に二五〇円から三〇〇円くらい。土方は雨降ったら駄目だから働けるのは月二〇日くらい。食べ物はないし、着るもんもない」。同じ話はほとんどしない彼が幾度か語ったのは水害の記憶だった。「雨が降ると水溜りになってね、ここは（標高が）低いでしょ。土間が水浸しになって炊事が出来なくなるんですよ」

義父は毎晩のように酒を煽り、時に暴れた。「酒乱でしたね。酔うと私に当たる。抵抗も出来ない。家の中を無茶苦茶にしたりとかはなかったけど、殴られたりね。家から叩き出されて、一晩中、彷徨ったこともありましたね」

目の奥を見つめる丸い目が宙に泳ぐ。「まぁ、義理の父だったからね。言うところのドラマみたいなもんです。いじめられたんです」。そして視線を私に戻して言う。「まぁ、辛かったんでしょうね。もって行き場がなかったんだろうね。そう考えれば、ポジティブに考えればある程度は許すことが出来ますね。廃墟から我々を育ててくれたことは多少なりとも有り難いと思ってやらなきゃ。ネガティブな思考ばかりでは物事は前に進みませんからね」

成人した後、彼は記憶すらない実父の存在証明、自分との繋がりを求める。溜め込んできた義父への反発や怒りに突き動かされたと言う。思い浮かんだのは戦没者遺族に対する年金だった。「父は日本の戦争で死んだでしょ。遺族年金が入らないかと思ってね、大人になってから何回も社会保険事務所に行って話しましたけど、ダメでしたね。国籍で門前払いです」

多くの二世同様に、宋鎮佑もまたウトロの民族学校に入学、一九四九年の閉鎖後に「転校」した。「民族学校から日本の学校に行くようになったけど、我々は日本語の読み書きがまだ出来ない。だから年齢偽って二歳くらい下げて行ったけど、付いていけなくて苦労しました」

小学校を卒業、久世中学に進んだ。当時、東端の崖はコンクリートで固められておらず、杭の間に針金を張った状態だった。ウトロから学校への経路は、地区北側の市道を東へ数百メートル上り、南に曲がって正門に回り込むのだが、宋鎮佑らは押し付けられた境界線を「正面突破」した。先人の労働が沁み込んだ斜面をウトロの子どもが這い上がり、柵の合間から次々と学校になだれ込む。これが毎朝の光景だったと言う。中学校の教職員も黙認していた。

学校生活で覚えているのは、靴がないのでゴム草履で通い、空腹に耐えながらイスに座っていたことだ。「日本の人も貧しかったけど、ウトロの子どもはほとんど弁当を持ってこれなかった。腹が減ってどうしようもなかった。授業も上の空、でも人の弁当を取るわけにもいかない。日本は法治国家ですからね」

この「日本は法治国家ですから」が宋鎮佑の口癖だった。だが彼を日本人と峻別し、諸権利の枠外に追いやり、「戦後補償」という親との繋がりを絶ったのは、まさにその「法」なのだ。

学校では日本社会からの集落に対する視線、認識も感じたと言う。それは級友たちが自分たちに感じていた恐れだった。「揉め事は余り無かった、というより言わせなかった。ウトロと言えば一目置かれたし、我々が番長みたいな格好して、かなり幅を利かせてましたよ。今のヤンチャみたいに、誰かをいじめたりして金銭をとるとかはなかったけどね」

「そんなに怖がってた？」

「そりゃそうでしょう。地区は学校から丸見えです、そこにしょっちゅう、警察の捜索が入る。みんな豚飼ってるし、言って見ればウトロはスラムだし、アンコの町です。今の西成（ここでは「釜ヶ崎」を指す）みたいなもん。だから向こうが勝手に怖がったんですよ」

中学校に通った二世には、地区をスラムと称する人が少なくない。

「アンコ」とは日雇いで働く土木作業員の蔑称である。社会の底辺と海の底を掛け、仕事を求めて「立ちんぼ」する労働者を、海底で餌を待つ魚のアンコウに例えたと言われる。

卒業後は嫌っていた義父と同じ「アンコ」になった。「学も技術もないし、そこに行かざるを得ない。中学の先生もアドバイスはしてくれなかったしね。回りには土方ばかりだったから。人夫出しに入ったりね。西成にも行きましたよ。センター（当時の「西成労働福祉センター」）行って、アブレたら休業手当もらってね。ビルの工事とか。当時は高層ビルはあまりなかった。足場を組んだり、鉄骨組んだり、そういう仕事をしましたよ」

鳶が得意だった。高所作業なので危険手当が付くが、「そんなに儲からない」と付け足した。「きついばかりですよ。毎日あればいいけど、平均月二〇日。年二四〇日ですよ。サラリーマンならボーナスも手当てもあるけど、私ら日雇いは使い捨て。翌日声がかからないとアブレです。避けるためには帰りに一杯奢って親しくなる。付き合いをすると老後の貯えなんて出来なくなる。でも人間関係の幅を狭くすると声がかからなくなりますから」

同胞の女性と結婚したが離婚した。中学生と小学生の子ども二人は母親が引き取った。「アンコには無理です。子どもは育てられません。私は働いてるし、面倒が見れない。男だと母子扶養手当も出ませんし」

一九九〇年代に入るまで、日雇いとして働いた。「使われる者」が「使う者」を目指すのは資本主義社会の「習い」である。地区内にもその階段を上った人は多い。違った将来を展望したことはなかったのか。質問しても彼は、「アンコには無理です」と繰り返した。

私も新聞社に入る前は日雇いの土木作業で食べていた元アンコである。彼が醸し出す諦念と、ある種の「上昇志向」のなさは、かつて出会った何人かの「同僚」にも共通していた。

「アンコ」を巡っては逆聴き取りをされたこともある。「一つ聞きたいけど、なんでアンコから新聞記者になったの?」。日雇い現場は人が面白い。幼少期から何らかの表現行為をしたいと考えていて、新聞記者はその足掛かりになると思った……等々。噛み合わない答えを聞くと、少し沈黙してから言った。「それはアンタが日本人やからやで、だから会社に入れる」

母親のために蓄えをはたいてバラックを瓦葺きにした。土地問題はその直後に勃発、彼も法廷で証言したが、「土地問題」に切り取られた法廷は、彼彼女らの歴史性など一顧だにしなかった。「仕方ないですよ、法律は強い側のため。我々には何もないです。日本は法治国家ですから」。そう言うと、いつものように私の目の奥を見つめた。

「土地問題」に出口が見えて、地区内の看板を建て替えた二〇〇七年一二月が、彼とまとまった話をした最後だったと思う。感想を聞くと「まあ、よかったですね……」と寂しそうにほほ笑んだ。土地問題の解決は、母のために建てた家の解体をも意味していた。

奪われていく「学び」

宋鎮佑の後もウトロの二世が次々と西宇治中学に入った。だが、当時、長欠なしで通学できた者は少数派だった。特に一九五〇年代前半に学齢期を迎えた者たちの多くにとって、「中学時代」とは、勉強や学友と過ごした時間ではなく、行けなかった記憶として刻印されている。

その一人が韓金鳳だ。一九三八年に大阪で生まれ、ウトロに来たのは一九四四年、六歳の時のことだ。母の再婚相手が飯場に住んでいた。

「新しい父は日雇いの仕事をして、母は畑仕事を手伝っていましたね。当時は家の前に田んぼがあって、私は小学校を休んでスズメの番をしたり、空いてる時間はみんなで集まって缶蹴りをしたりしてましたね。男の子はメンコをしてましたよ」

解放後の仕事は食料集めだった。「久御山に行ってイモのつるとか拾ってな。あとお百姓さんが時々、水路の水を止めてくれるから、魚とかエビとか捕ってな。あと魚屋さんでアラ貰って、シレギと煮たり。そんなんしか食べられへんかった」。シレギは大根の葉や白菜の端材を干したものだ。

やがてウトロで開設された民族学校に通うのだが、一年で日本の学校に「転校」する。「連れ子」なのが負い目だった。濃密な人間関係の延長である民族学校が苦痛だったと言う。

コートなどが似合う長身に、目鼻立ちのはっきりした顔立ち。初めて会った時は、ハリウッド俳優のシガニー・ウィーバーかスーザン・サランドンに似ている人だと思った。

だが彼女にとってはこの長身こそが苦痛だった。

「背が高かったからいつも首を屈めてた。昔の写真を見ても、背中が曲がってます。二歳遅れで入ったし、朝鮮人であることに引け目も感じてた。『チョーセン、ニンニク臭い』とか、からかわれても言い返せないし、次からはその子には近づかないようにしました。時おり、日本人の子どもがゴム飛びとかに誘ってくれた時には本当に嬉しかったけど、次の日はやはり輪の中に入って行けなくて……。せやからウトロの子と一緒に遊ぶことになるでしょ」
一四歳で久世中学に入るが、ウトロ出身を隠した。「当時、みんな豚飼ってた。うちも残飯集めて餌やったりしてたけど、ウトロ以外ではそんなことしてへん。ウトロにおったら気にならへんけど、他所行って伊勢田駅に戻ってきたら『プーン』って匂うの。学校で友達から『家どこ?』って聞かれても『あっちや』とか全然違う方指してな(笑)。すぐにバレる嘘付いてね。今は違う、堂々と言うけどね。それから弁当、持って行くもんがないから、昼休みになると網潜って家戻って食べて、同じ道通って大急ぎで戻るの」

生活苦はそんな学校生活すら許さなかった。「くず鉄拾いは近鉄電車に乗って祝園（精華町）とか行ったねえ。ウトロに来てから弟が生まれてた。母が西村番茶屋さんに仕事に行って、四、五月は茶摘の季節でしょ。生まれたばかりの弟の子守で学校には行けなかった。おっぱいの時間になったら、私が弟を抱っこして茶畑に行って、お母さんのところに連れて行かんとあかん(笑)。茶摘みも手伝うし、学校へ行ってもいじめられるし、ようからかわれた。差別がキツかった。朝鮮人という理由でしょっちゅうからかわれたの。学校を休むでしょ、だから余計にいじめられたんやなあ。もともと内気やったけど、どんどん物を言わなくなって、大人しく人の後をついて行くようになった。いじめられてもじっと我慢しているだけ。反論することもようできんかった。なるべくいじめられないように目立たないようにおとなしくしていた。今はそうでもないけど、だんだんと物を言わんようになっていった。子どもの時が大事やなあと思うわ。だから性格は暗くなっていくんやね……。今は違うけど」

リズムを取る様に、「今は違うけど」と挿んで話す。「土地問題」に対応するため八九年に発足した町内会の婦人会で、彼女は初代会長に就任、二年間に亘り皆を鼓舞し、支えた。それを通して人前でも話せるようになったと言う。幾度も「今は正々堂々と言うけどな」と笑いながら、かつての貧困や差別された悔しさや悲しみを明け透けに、笑いを塗して語っていた。語ることであの時代を整理し、しかるべき記憶の箪笥に収納している。そんな感じだった。

「学校を休んでいるからイジけるんかなあ。一か月とかの単位で休むでしょ。だから覚えたことみんな忘れるの。だから私、勉強嫌いやねん。特に英語！　今も大っ嫌い！」

振り切るように笑ったその目が見る間に涙でいっぱいになり、唇の両端が震えた。

「学校行かれへんかった……。せやから今も私、難しい漢字分からへんし、ローマ字読めへん。アルファベットも全然読まれへん。何も分からないままに中学卒業してん。私、ほんまは勉強大好きやってん。好きやったけど、分からへんから嫌やってん……私、ほんまは学校行きたかってん……」

高校進学など論外だった。「うちは一番貧乏やったし無理やった。その頃は就職とかなくてね、卒業する時の担任の先生が親切な人で、就職の面接試験に二回ついて来てくれたけど、みんなあかんかった。やっぱり朝鮮人はあかんのかなって諦めた。こうして話すけど、忘れかけていることを思い出すのは……昔の嫌なことは忘れたいねん。今は幸せだけど」

近くの金糸工場で半年ほど働いた後、大阪・天六の祖母の誘いでウトロを出た。「伯母さんとこで女中みたいなことしたり、洋裁学校に通わせてもらったり、メリヤス工場で働いたり。大事にしてもうたからそこでは嫌なことは何もなかった」

二三歳の時、ウトロの知り合いから、運動会があると誘われてウトロを訪ねると、男性がいた。金教一である。見合いだった。一歳違いの同世代だが、地区の東と西は当時、交わりはほとんどなかった。「近所の人が『お互い貧乏なんで同じように金のない者同士なら仲良くやれるだろう』って、なんか分からへんけど二人で大阪行って、古墳を見て、そのままとんとん拍子(笑)」。一九五二年に結婚した。「式は学校のあった支部でやりました。新婚旅行もお金がなくてね、雄琴温泉に一泊二日。その後はすぐ仕事なの」

その金教一にとって中学は「義務教育課程修了」の学歴を得る場でしかなかった。小学校卒業後に働き始め、一六歳で中学に入ったがほとんど出席せず、一九歳で中学を卒業した。

全羅南道の生まれの父母のもと、兵庫県明石市で生まれた。三歳上の姉との二人きょうだい。幼過ぎて場所は覚えていないと言うが、土木現場など数箇所を転々とし、日本敗戦の直前、飛行場建設の仕事に父が就き、ウトロに移り住んだ。「国策会社の社員でした。(飯場の)組長もやってたし、配給も取りまとめてましたよ。当時、米はもうなくてね、タバコと乾パンと砂糖をみんなの家に配ったりしてました」

そんな最中に日本の敗戦を迎える。重労働の反動か父親は博打にのめり込んだ。

「なんであんなに金回りがよかったのか分かりませんけど、ポケットに入り切らないくらいの金を持っていてね。風呂敷に包んで腰に巻いて出て行くからみんなに『ポッタリ(朝鮮語で「風呂敷」）』と呼ばれてましたよ」。負けが込んで、母に金をせびる姿を見るのも度々だった。「チマ・チョゴリの端を引っ張って、『金出せ』って。逮捕されて警察に迎えに行ったこともある。だから私はギャンブルは一切しませんよ。父の名前？　思い出せませんねえ」。知ってても口にしたくない感じだった。話題が自らの規範に抵触する時、日焼けした顔の温和な眼差しが一瞬、鋭くなる。

父は、帰国する親戚の荷造りを手伝っていて荷台から転落、入院した。母に家計が圧し掛かる。そんな矢先に父が急死した。「退院して自宅療養してたのに、風呂に入れないから、今の城南勤労者福祉会館（ウトロの南西に隣接する京都府の公共施設）の辺りにあった池で水を浴びてたんです。当時、風呂なんてない。朝から夜まで忙しいからそこで行水する人は結構いたんです。体弱ってたんで、そこで心臓麻痺か何か起こしたみたいですね」

金教一が民族学校一年の時だった。「人が溺れた」の一報で、級友や大人たちと駆け付けた彼が見たのは、父の変わり果てた姿だった。

母が働くしかなかった。「日本人でも仕事がない時分です。母親は日本語が話せません。鉄くずとか、アルミとか銅線のくずとか集めるんです。長池（城陽市）の射撃演習場に行って薬莢なんかを拾って風呂敷に包んで背負って帰ってくるんです。それを仕分けしてお金に換えていた。それだけじゃ食べられないから田んぼ仕事の手伝いとかしてましたね。茶摘みもしました。月に何度かは山に行って、松の木とか葉っぱを拾いましたね、御飯を炊く燃料なんです。これは私も姉も行きましたね。時々、夜、ドブロクを飲みながら泣いていてね、いたたまれなかったです」。

母の考えで民族学校から大久保小学校に転校した。「私が一〇歳の時です。『あいうえお』が分からないのを見かねたみたいです」。言葉の端々に苦労した母への追慕が滲む。そして高台の学校に入学したのは一六歳の時である。「勉強は嫌いだった」と言うが、それでも入ったのは、「中学卒なら仕事はある。早く働いて母に楽させてあげたかった」。中学一年の時、母に約束した。「いつかは日本人のような瓦屋根の家に住ませてあげる」

同級生にはウトロ出身者も多かったが、学校で崖の下の集落は、「あるのにない場所」だった。「理不尽だったのは、先生が弁当を持って来なさいと言うんです。米もなければ入れるおかずもないですよ。そんな事情を考えないで先生は教育をしてるわけです。これは朝鮮人差別だと思いました。ウトロの人はほとんどが家に食べに帰っていた。それも食べ物がある家だけです。麦とかイモしかない人もいました」。中一でアルバイトを始めた。地元の番茶屋で五、六月の一か月間、学校を休んで茶を摘んだ。家では豚を飼った。

「肉にするのは面倒なんで、子豚を買ってきたのを大きくして、ある程度大きくなったら売るんです。一匹三〇〇〇円くらいです。小屋の掃除とか残飯集めとかで勉強も遊ぶ間もない。体が大きくなってきたら私、土方も始めましたよ。中三の時は岐阜の中津川に行って夏休み中、住み込みをしましたよ。遠くに行った理由はって？　同級生に見られるのが嫌だった。土方では真冬にセメントを練るのはきつかった。風呂もギリギリの時間に行く。餌炊いたまま風呂に行って、帰ってきたら豚小屋が燃えてたこともあった(笑)」

中学生活を訊いても話は仕事に収斂されていく。当然ながら出席日数が問題になった。「一八五日要るんですけど足らなかった。でも学校が貧乏なことを考えて、大目に見てくれた。一〇歳で小学校に入って中学卒業まで九年、本当に長かったです」

以降は文字通りの馬車馬だった。「働きました、働いて、よぉ働きましたね。どんな仕事でも人一倍やりました。『鉄人みたい』と言われましたよ」

友禅職人を皮切りに、土木作業で金を貯め、トラックを買って持ち込みで運送業をやった。養豚を続け、廃品回収もやりながら、建設会社を起ち上げた。仕事が軌道に乗ると別棟を建て、大阪でスカウトした職人を住まわせた。まかないは韓金鳳の役目だ。「おっちゃん十人からおるから大変やねん。毎日毎日美味しいもん食べてもらわなアカンやろ。料理の評判って？　職人から『あんたすぐに赤ちょうちんやったら流行るで』って(笑)」

過重労働で腰を痛め、私が聴き取りを重ねた二〇〇〇年代にはすでに杖が手放せなかったが、それも「誉」だった。「他人に『エライ（辛い）』とは絶対、口に出さなかったですよ。私は苦労じゃないと思っている。父親が早く亡くなって、私を四〇で産んだ母親のイメージです。夜に台所で一人、マッコリを飲んで泣いているイメージが離れなかった」

突き動かしたのは、母への思いだった。戦中戦後の経済苦は勿論、彼の痛恨は「帰国」だった。「帰りたいと言ってたんです。でも私が言葉も分からないし、文字も読めないでしょ。向こうに行ったら私が母を見れない。結局、私しかいないから諦めたんです」

それでも母は働いた。一九五八年、宇治市は失業対策事業を実施。労働市場では不利な無資格者、低学歴者、高齢者たちの就労機会が広がると、母はその失対に通い、息子が生計主になっても仕事をやめなかった。「失対行って、帰りに孫に甘いもん買ってくる。それから鉄くず、銅線です。バス乗って電車乗って帰って来て炊事場に広げて、釘とかどれくらいあるのかを整理するのが楽しみでした。それでまた孫にいろいろ買うんです。結婚式で私が腕時計をしてなかったからと言って、買ってくれたこともありましたよ。私と嫁が喧嘩してもね、いつも嫁の側についてくれた。そもそも細身だったけど、働き過ぎで痩せてね」

調子を崩して入院、一九七〇年に七三歳で死去した。「家に連れて帰って欲しい」と言いましたけど、病院にいるようにと言ってそれきりです。連れて帰られなかったのは私が悪かった、悔やんでます」と繰り返した。金教一の息子で、後に会社を引き継いだ金山源一（一九六四年生）は、葬式の光景を覚えている。「『オモニ、ぼくを許してください』『苦労掛けてごめんなさい』って棺にすがって号泣してね、出棺の車を泣きながら追いかけて、地面に突っ伏して慟哭してた。あんな父の姿は後にも先にもあの時だけです」

家の改築は「弔い」だった。周囲のバラックを買い取り解体。近くに建てたプレハブに一時転居し、一年間かけて家を建てた。「棟上げはもうどんちゃん騒ぎ。私は料理たくさん作って大変だったわ(笑)。初めて家に入った時？　旅行のホテルかとおもったわ」。韓金鳳の言である。家は一九七七年に完成した。瓦造りの家はウトロで二番目だったと言う。

母の為に建てたこの家が、来訪者歓待の会場となった。視察や取材、調査などの用務が落ち着けば酒宴である。屋内ではカニ鍋、真横の駐車場では焼き肉が定番だった。「お客さんが来ると酒が何杯でも飲めるから」と笑ったが、ウトロのホスピタリティを象徴する人物だった。

そして金教一は、「リスペクタビリティ（市民的価値観）の政治」を堅守する人でもあった。後述する立ち退き訴訟で、敗訴の見込み濃厚となった一九九二年、会長に就任したことも大きかったと思う。政治的立場から衛生環境まで、市民的価値観に抵触しかねない見解や事実を出さない姿勢は徹底していた。夫婦並んでの聴き取りをしても、明け透けに語る韓金鳳を横から金教一が制するのが常だった。こんな具合だ。

――韓国に行ったことは？

「墓参団でやな。私、当時は朝鮮籍やったし入るの難しくてね。総聯が『アカン』言うから長く行かんかったけど、後で韓国籍に変えた」（韓）

「いや、そんなんちゃうやろ。子どももいろんなとこに行ってみたいやろから、子の為にもと思ってね。それで海外にも行けるようになった。家内は何度か行ってるけど、私、海外は一度も行ってないです。韓国？　韓国は自分の国だから外国じゃないです」（金）

――井戸水は汚れて大変だったと

「すぐに服が茶色になるねん。水が枯れるし」（韓）

「いや、そんなことなかったでしょ」（金）

――豚の匂いが酷かったと

「伊勢田駅降りたらプーンと匂ってくんねん」（韓）

「……私は違うと思いますよ、余計なことは言わんでええんとちゃいますか」（金）

彼はよく、「ウトロには良い所と悪い所がある」と言っていた。日本のマジョリティに通じるか否かを常に考え、その基準を満たした「いいところ」を外部にアピールするのを会長としての役目と認識していた。司法で権利が否定された以上、現状打開の鍵はマジョリティの理解と支援を得る以外ないと見定めていたのだ。働き抜いて起業したある意味の成功譚や、「母」への思いを語り続けたことも、そこに関係していたのではないかと思う。

差別体験

西宇治中学創立三〇周年を寿ぎ、一九七七年に発行された記念誌『日々に新たに』がある。百頁ほどの記録には、歴代教師や卒業生らの手で様々な思い出が書き込まれている。

元病院の校舎は使える部屋が少なく、授業は午前と午後の二部制。授業時間以外は教師と一緒になって、整地作業に汗を流した。木造校舎は歩くたびにキィキィと軋み、夜になると大人の教師でも気味が悪くてたまらなかったとの話もある——私が聞いた在日卒業生の話では幽霊が出るとの噂もあった。隣接地の米軍に頼んで「演習」名目で運動場を整地して貰った逸話や、天井に忍び込んだ悪戯小僧が屋根板を踏み破り、まるでオブジェのように上から足が突き出た事件など、往時の学校生活が伺える。

創立直後の回想には南西にあった米軍基地への言及が多い。杭の間に番線（針金）が張られ、自動小銃を提げた歩哨が立つ。基地内の道は舗装され、若い兵士がプールで水と戯れ、洋食の濃厚な匂いが漂ってくる。日本の一般家庭では当時、想像できない暮らしだった。

とはいえ彼らは紛うことなき暴力装置だった。ある日、基地側からポンポンと音がする。見ると学校の横で、米兵が暇にあかせてトンビを撃っていた。基地内にボールが飛ぶこともあった。恐々とジェスチャーで「会話」して返してもらった経験も披歴されている。我が物顔に振る舞う米軍が警察予備隊に変わると、ほっとしたとの声もある。学校は日本人の生徒にとって、敗戦国の国民である現実を痛感させられる場所でもあった。

一方で、多くの関係者が回顧した学校生活には、学校の西側にあるもう一つの「占拠地」や、そこから通学していた同級生たちの記述はない。木造バラックの群れを無視したのは、ある種の配慮や自己規制が働いたのか。あるのにない場所だったのか。

加えてもう一つ気付く。記録集には多くの人が登場するが、朝鮮人の民族名記述がない。一九五〇年代、久世中時代の卒業アルバムを何年分か繰っても民族名の生徒は出てこなかった。

西宇治中学の卒業生、在日二世の余光男は言い切る。「本名なんて使って生活できひんかったで、ましてや昔はウトロいうだけで相手にされんかってんから。今でこそ、自転車で地区の人と違う人が通り抜けるけど、昔はなかった。それだけマシかもしれん」

「土地問題」の出口が見えなかった二〇〇〇年代中盤、今では撤去された地区東部の家で幾度か彼の聴き取りをした。過剰飲酒で働けなくなった父に代わり、女手一つで自分たちを育て上げた母、鄭貴連に安らかな余生を過ごして欲しいと、工務店勤務の合間を使い、三年掛けて建てたものだ。それゆえ愛着はひとしおだった。

家はウトロ銀座に面した南側、家の前にはインタビュー当時も使われていた大きな井戸があり、耳をすませばモーターの振動や羽根車が回る音が聞こえたものだ。

余光男は西宇治中を卒業した後、就職して結婚、一時は滋賀県で暮らしていたが、子どもが独立した後、ウトロに戻った。「三、四世のウトロの昔のことを知らない世代は学校とかで外に行く人も多いし、そのまま戻ってこない人も多い。今も三世でウトロで所帯持ってる人、何人もおらんと思う。でも何か、二世の自分はここで死んでもいいかなと思ってる」

記憶が残るのは解放直後という。「当時は飯場に人がいっぱいおってね、人夫が小高い丘に連れて行ってくれて遊ばせてくれた」。東端の斜面のことだろう。禿げ上がった頭、日焼けした顔に乗った丸い眼が、表情豊かに動く。

学齢期に達した時、民族学校はなく、彼は小倉小に入り、民族学級に在籍した。「授業態度はよくなかった(笑)。同級生でもウトロに五、六人はいた。(小学校東側の)JRの東が竹藪になってて、朝学校に行ったらみんなで中に入って、一日中、遊んでた。ウサギなんかもおったな」。無邪気に野山を駆けていた時期に言及すると丸い目がいっそう、表情豊かになるが、一日の大半を外で過ごすことは、それだけを意味はしない。「外」を知ることは、親子一三人が六畳二間に暮らす自身の境遇を知ることでもあった。

「当時の家は稲藁を被せて屋根にしてた。あれは三、四年で雨漏りがしてくる。信じられへんかもしれんけど、当時はみんな家の前から近くのドブまで溝を掘って、生活用水も何も垂れ流しにするねん。草もボウボウでみんな豚を飼うてるから、夏場なんかはうだるみたいに熱くても、臭いし、足をとられるから外に出られへんねん。『劣悪』という言葉があるけど、当時は『劣悪』

ですらない。それ以下やった。滋賀で大工やってた時、大津とかの在所跡にも仕事に行ったことあるけど、全然違うねん。あそこも相当差別されてたみたいやけど、うちよりみすぼらしいところなかったもん……みんな必死で働いているのになんで違うんやろ、惨めなんやろって……」

ここで言う「在所」とは被差別部落を意味する。権力に固定化された社会的差別の中で、部落民もまた木造の劣悪住宅ひしめく環境で暮らすケースが多かった。しかしその被差別部落と比較しても、ウトロの住環境は遥かに酷かったと言う。大工ゆえに余計、その格差に愕然としたのだろう。しかも「国民」である部落民の低位な状況は六〇年代以降、政府、行政の責任で改善されていく。彼はその変化をも目の当たりにしていったのである。

中学時代の話になると笑みと目の動きが減り、こちらを見据えるようになる。実質的には民族学校だった小倉小とは違い、より広範囲から集まった者たちとの生活が始まった。余光男にとって中学生活は、在日がこの差別社会で生活するための「決まり」を知る場、身の処し方を学ぶ場だった。それは、同質性を強いる社会で波風を起こさず、多数者の歴史に亀裂を生じさせない、見えない存在でいるということだった。

記憶に刻み付けられているのは、学校から見下ろした集落の風景だった。朝鮮特需による復興軌道に乗り、日本が経済成長に突き進む時期だ。経済白書には「もはや戦後ではない」との文言が踊っていた。だがウトロの街並みはそこからは程遠かった。

「さすがに藁葺きは大方無くなってたけどトタンばかり、バラックばかり。ホンマに惨めやったで」。ここで彼は通称名を使うことになる。「小学校はほんまに地元やから、みんな自分のことを知ってたし。中学では知らん子が多かったから。結局、社会に出たらね。当時は本名でなんかで生きて行かれへんねんから」

とはいえ崖下のスラムが子どもの間で話題になるのは時間の問題だった。彼の身元もほどなく判明する。公の場では触れられなくとも出自を囁かれていることは分かる。居た堪れない生活だった。彼が日々、感じたのは、知りつつも語らない「暗黙の了解」の上に立った、いつ崩れるか分からない日本人生徒との関係だった。

本土空襲や原爆投下、敗戦後の困窮など、被害者として自らを立ち上げた「戦後日本」の学校では、加害の歴史、そしてそれが生み出したウトロを教えることはなかったようだ。しかも眼下に広がるのは極貧のスラムだった。多くの日本人にとって、自らの社会が日々、克服していく、もう観たくない姿が、学校から見下ろせる集落に凝縮されているのだ。

豚を飼い、鉄くずを拾い、残飯を集める。職や生活保護を求めて役所に押しかける闘争の数々は、外部の社会では異界の出来事として見られ、地区に迷い込んだ野良犬が皮を剥がれて食べられたなどの噂話が吹聴されたりもした。そして、その集落から通う同級生たちは、なぜか日本名を使っている。そんな境遇に乗じた酷い嘲笑もあった。

「当時、地区内の道は豚の餌と糞尿でグチャグチャやった。それで地面がぬかるんで、人夫を集めにきたマイクロバスが車輪を取られてウトロから外に出られへんようになったりもしてた。そやから、風がこちらに吹いてくるとな、大変やった」

授業中、東向きの風が教室に強烈な匂いを運んできた。どこから来たかは誰もが知っている。顔を見合わせつつ、誰も声を上げない。妙な緊張が流れた。「風向きが変わって欲しい」。祈るような余光男の思いとは裏腹に、匂いはどんどん強くなっていく。「ほんまに酷かった。堪らんようになって、下向いとったんや」

すると、弾けるような声が上がった。

「チョーセン臭い、チョーセン臭い……」

顔を上げると、余光男を囃し立て、笑っている同級生がいた。小学校から一緒の日本人だった。アウティングである。「これ見よがしに言いよるねん」。親が自宅で口にする言葉を真似たのか。我慢すれば、合唱になる勢いだった。反論を寄せ付けない「差別の言葉」に対し、余光男の取る行動は一つだった。右手の拳を固めると、その生徒を渾身の力で殴りつけた。

「『臭い』って言われたら何て言い返せる？　そう言われたら殴るしかないねんから。『バッターン』って倒れこみよったわ。あれ以降、俺のおる場所でウトロをバカにする生徒はおらんようになった。教師の目の前で殴ったけど、先公は何も起きんかったみたいにしていた。あれ以降、俺のおる場所でウトロをバカにする生徒はおらんようになった」

「以降、卒業まで実力行使はしなかった？」

「ない、その一回だけ。そいつはど突いたけど、俺、そんなヤンチャとちゃうかったで、誰かに手ぇ出したりしたこと、それ以外はなかったもん。ほんま小学校はよかったけどな、中学校は差別、差別、差別やったわ」

程度の差こそあれ、「中学時代」と聞いた少なからぬ者が、柔らかい心を傷付けた被差別体験と、今も残る同級生へのわだかまりを回想した。その一方、高台での時間を幸せな幼少時代の記憶として大事に抱え続けた人もいた。鄭準禧がその人である。

幼少期に脊椎カリエスを発症、小学校時代には膝に人工骨を埋め込む手術を受けた。「弟がおぶってくれたけど、まともに通学は出来なかった」と言う。そんな彼女にとって中学校は、やっと手にした「人並の生活」だった。

口をつくのは授業のことだ。「学校では朝鮮人を大切に、平等に扱ってくれた。いい時代でした。私の担任は一年の時、女性の英語の先生でした。赤ちゃん産みたての人でね。丁寧に教えてくれました。環境がよかったです。廊下に成績張り出してね。英語も漢字も数学とかも、みんなそれ見てやいやい言ってる。今みたいにギンギラギンの競争じゃないし、励ましあって、和やかにやってました。差別なんかなかったですよ。

私ね、漢字が好きだった。意味が分からなくても好きでね。試験も一番だった。ザラ紙のノートに詰めて詰めてね。大切やから。鉛筆使ってね、消しゴム使ってね。鉛筆は余りのやつ。HB、Bがあったな。『嫌いな科目?』さぁ、でも作文は嫌いでしたね。なんでやろ。外に出られないから書くことがなかったからかな」

だが体が悲鳴を上げた。ほどなく病状が悪化して入院した。中学生活はそれ切りだった。高校にも行かなかった。「体力がないと、はなから諦めていたのかな。そう、あの時代は偉い人が高校に行ってたんですよ(笑)」。無念を押し込めるように語ったのを思い出す。

「中学の後は内職してましたね。帯締めの先のフサフサしたところあるでしょ。あれを整えて、糸で縛ったり、草履の中（敷き）の絵を描いて色づけしたり。茶摘もしましたよ。母親の手伝いです。朝五時から夕方六時まで。私は体調があるから朝七時からやってた。他の人みたいには働きませんでしたけど、ようは朝の空気を吸いに行くんです。茶園の空気は美味しいんですよ。一季一週間で三、四万円にはなる。秤で実力に応じて支払われました」

箪笥の引き出しの中を確認するように、幼少期の記憶ひとつひとつを取り出して、風景の細部まで描写していく。

中学生活を語る時、彼女は、当時のウトロとの違いを強調した。民族団体幹部だった父、鄭相奭の元には、住民らが日替わりメニューのように相談を持ち込んできた。同胞だけではない。周辺の日本人住民から、ウトロ住民による畑の境界破りや空き地への汚物投棄を止めさせるよう要請された役人が、直接苦情を言えずに進退窮まり、「先生、助けてください」と泣きついてきたこともあったと言う。

人びとが家の中に撒き散らす喧騒と混沌は、幼い鄭準禧には強烈に過ぎた。「もちろん、ウトロの人たちを軽蔑しているわけじゃないんですよ」。彼女は幾度も私に念押ししつつも、時に市民的価値観を逸脱しつつ生きてきた住民たちの大胆でしたたかな行動の数々について並べ、中学生活に彼女が見た「秩序」「美しさ」と対比した。

ガキ大将

とはいえ五〇年代に通った多くのウトロ住民にとって、中学校は、引いて生きるか、出て生きるかを迫られる場だった。金教一なら「またいらんことを書いて……」と苦笑するとは思うが、男子生徒には「出て生きる」ことを選択する者もいた。

代表格の一人は在日二世の河本秀夫（河秀夫（ハスブ）、一九四七年生）だ。

「私、ガキ大将張ってましたから」。腕っ節と度胸に物を言わせた中学時代。笑みとユーモアで語る中学時代は、聴いていてある種の爽快感を覚えるものだった。

聴き取りの場所は彼が経営する河本建設の事務所。地区南東のほぼ端、自衛隊大久保駐屯地のフェンスと道一本を隔てた場所にある。「自衛隊のヘリコプターが飛べば会話が聞こえなくなるけど、ここは教育隊だからまだ飛ぶ回数は少ない。それに一時間に一回、歩哨がパトロールに来るからここは用心がいい」と笑う。

会社は、ウトロの土地問題が浮上した頃に起ち上げた。彼は長身ではないが、骨太でがっしりした、いかにも肉体労働で鍛えた体躯をしている。息子もここで働く。

河本は慶尚南道出身の父母のもと、ウトロで生まれ育った。父は一九一〇年、地図から大韓帝国が消えた年に生を受けた。父が渡日したのは経済的な事情だった。背景には祖父の遊蕩があったという。「祖父は遊び人で仕事をしたこともない両班だった。家のことせんと（家族を）苦労させて亡くなったんです」

父の姉は口減らしもあって早くに嫁ぎ、父は弟を預け、釜山までのおよそ五〇キロを歩き、下関まで密航した。数えで一一、一二歳の頃だった。その後は仕事を求め、内地を渡り歩いた。下関、広島、岡山、神戸、京都……そして和歌山に流れ着き、今の有田市初島町と海南市の境に居場所を定め、母と弟を呼んだ。そこで結婚して子どもを授かったが、一九四四年七月、米軍の無差別爆撃で母と妻を失った。生き残った一番下の赤ん坊を連れ、京都に移った父が知り合ったのが河本の母だった。その二か月後の一九四四年一〇月、ウトロに入った。

「仕事と言ってももちろんニコヨン（日雇の土木作業）でね。父はトロッコを押して、母は飯炊きをしてね。部屋をあてがってもらって終戦までやってました」。父母から聞かされた話である。間もなく日本は敗戦したが、解放の喜びも束の間、食べることが戦いになった。

ウトロでの記憶は四、五歳くらいで始まっていると言う。いきおい中心は学校生活だ。小学一年では、小倉小の民族学級で授業を受け、二年からは「日本の学校に戻った」

思い出すのはやはり空腹だ。「食いモンがなくて往生した。とにかく栄養失調で井戸水だけ飲んで学校行くことも多かった、これは覚えてる。そうそう、（学校内の民族学校だった）一年では給食がなかった。それが二年で小倉小に入って給食が出てね。これは嬉しかった。日本人で好き嫌いの激しい人が嫌がるものを貰ったりね。アンパンでも漬物でもね。脱脂粉乳もよく飲んでたな。ほんとに貧しかった」。食べ物の記憶が次々と甦ってくるようだった。

「日本の子は冬でも暖かい服と靴下はいてたけど、私らは擦り切れた靴とか、裸足とかで学校行ってたの覚えてる。あの頃はほとんどバラックで新聞敷いて雨露凌いでね。上（屋根）はトタンの曲がったのを持ってきて付けたりしてました」

朝早くから暗くなるまで、父母は働き詰めだった。「親の記憶は余りない。ほとんど話してもないし、生みっぱなしのほったらかしやった」と笑う。「昭和三〇年頃までかな、そんな状態だった。八人きょうだいでしたけどね、よく生きてたと思う」

小学校時代に見上げた高台の学校は、「ウトロとかわらんオンボロ校舎だった」と言うが、「教育施設らしい建物に」との要望で、北校舎を鉄筋コンクリート化した。河本が入学したのはその新校舎完成の年だった。「見てて、素晴らしい建物だと思った。ウトロとは全然違うと」。真新しい校舎での中学生活が始まった。バスケットボール部に入ったが、すぐにやめた。練習がきつかったからではない。「ルールに従うのが嫌だった」

相変わらず家は貧しかった。周囲の日本人生徒の衣服や弁当が次第に良くなっていく一方で、河本は弁当も持ってこれないままだった。小学校四年からの新聞配達に加え、ゴルフ場でキャディーのアルバイトもしたが、育ち盛りの胃袋は満たされなかった。

彼が目をつけたのは、同級生の弁当だった。「クラスの人間の弁当を次々と取り上げたんです。子どもなりに生きる知恵が付いたんですね。それも特定の人間だけから獲り続けたら相手も困るから順番にね。『次はオマエ』と前日に予告しておくと、二つ弁当を持ってくる子もいたりね。当時、日本の人は大分、裕福でした」

入学時一四〇センチだった身長は、三年生の頃には一七〇センチにまで伸びた。喧嘩沙汰は日常茶飯事、校内に張り合う相手がいなくなると、他校に殴りこんだ。「弱い者いじめはしなかったけど、色々やりましたね」と笑う。警察沙汰も何度か起こした。中学三年になる頃には、地元でも名の通ったガキ大将になっていた。

ある日のこと、二階の教室にいた彼が窓からグラウンドを見ていると、パトカーが二台、学校に入り、停まった。「『何やろ』と思ってぼんやり見てたら、教頭が教室に来てね、河本君、君に用がある』って。職員室は一階でね、降りて行くと、警察官が何人もいてね」。校外でやらかした「ヤンチャ」だった。教員が取り囲む中で、警察官は手錠を取り出したと言う。ガキ大将とはいえ相手は一四歳の子どもなのだ。衆人環視の中での身柄拘束だったが、遠巻きにする教師は誰も抗議しなかった。「中学生に手錠かけるなんて、今にして思うと極端な対応だとは思いますね。やっぱり特別待遇だったんですかね(笑)」

他の学校関係者や地元、あるいは保護者からの苦情や抗議も多かったのだろう。ある日、校長が彼に近寄り、耳打ちした。「『河本君は迷惑だけ掛けなければ何をしてもいい。授業も受けなくていいから、校長室で好きなことをしていればそれでいい。お金がいるなら千円あげるから出前をとればいい』って。だからよく出前をとりましたよ、うどんとか丼とかね」。校長室に登校して、その金で出前を取る。まさに特別扱いのガキ大将だった。

中学時代、上から見た集落をどう思ったかと聞くと、それには直接答えず、語った。「まあ、戦後はみんな貧しかったし、大変な時期を過ごしたけど、段々と持ち直していくでしょ。ウトロはそのしんどい時期が他所より長かった。私らはただ、その苦労する時間が長かったんですよ。今で言う格差はあっても、自分で頑張ったら何とかなると思ってましたから、自身の境遇を後悔したことはね、一度もない。自分らが生きるのに精いっぱいやったし」。当時の同級生は一五人ほどいたと言うが、すでに四、五人は鬼籍に入った。

喧嘩に明け暮れる日常の一方で、中学時代の河本が夢見ていたのは、太平洋の向こう側、ブラジルへの移民だった。「知ったのは雑誌やマンガだったと思います。ブラジルに憧れてね。一旗上げたかった。朝鮮人だと日本じゃどうしようもないけど、朝鮮人でも向こうにいけば、食いっぱぐれがないんじゃないかと、出世が早いんじゃないかと。朝鮮人でも努力すれば将来は成功するんじゃないかと思ってた」

植民地から仕事を求めて渡日した者たちの子どもとして生まれ、日本の敗戦と同時に「難民」となり、補償もされず、あたかも存在しないかのごとくに棄て置かれた集落の中で過ごす展望のない日々は、中学生の子どもの心に、新天地への脱出を夢として育んでいた。「ツレがいたら密航してでも行きたいと思ったけど、同胞に聞くと、『朝鮮人は外国人だから行けない』と言われた。細かい理由は忘れたけど、それで『移民も朝鮮人はアカンのか』と諦めて、工場とか土工とかで働いたんです。もし行ってたら頑張ったとは思うけど、日本人でも大変だったみたいですね。行ったら無理して今頃は死んでたかもね」

中学を卒業した後は、やはり多くの朝鮮人を吸収した友禅の仕事に就き、一八歳で土木に飛び込んだ。「仕事もきついけど日当もよかった。当時、他は二、三千円だったのがこれは五、六千円出た」。勤め人をした後、一念発起、中古のダンプを一台買って会社を興した。「一旗上げたろうと思ってね。我を張らんと生きられへん時代だった」。世はバブル経済のさなか、乗り遅れるわけには行かなかった。

土木建築はウトロの地場産業と言ってもいい。大学どころか、高校への進学すら叶わなかった時代、あるいは学歴を付けても朝鮮人に就ける職業など限られていた時代に生きた人たちにとって、開かれた労働市場は土建業界にあった。職人としての経験を積み、業界内に多少の人間関係を作れば、一国一城の主になる道も拓ける。それは、最底辺の労働力として、露骨な搾取に対しても歯軋りして耐えるしかない立場から抜け出す道だった。

少し蓄えができると、目端の利く者は空いた場所に仮宿舎を設け、労働者を抱えこんだ。いわゆる飯場である。私が取材者としてウトロに入ったのは二〇〇〇年、バブル崩壊から一〇年近くが経っていた。「現役」の飯場はそれほどなかったが、それでも路地を入れば至る所に朽ち果てたプレハブや酒の自動販売機が放置してあり、往時を想像させたものだった。

河本もそんな起業家の一人だった。「（人）手が足らんようになったら手配師使ってね。職人集めて、プレハブ建てて住ましてね、飯食わしてね。そんなこともしましたわ」

二〇二一年、七四歳の今も働く。三〇年に亘って町内会の副会長も務め、土地問題に取り組んだ。理由を訊くとこう言って笑った。「私、ヤンチャで皆に迷惑かけましたから」

事務所の隣には改築を重ねた自宅がある。ウトロ地区でも彼の家を含む数世帯は、日国から農水省が買い上げた国有地の上にあった。ここの土地所有権を巡る問題も課題だったが、河本が音頭を取り、「買い取り」の形で決着した。瓦屋根の立派なつくりに言及すると、「ウトロで最初に屋根に瓦を載せたのは、私なんです」と自負を滲ませた。瓦屋根への執着は、ウトロの多くの人、特に二世の口から頻繁に聞いた。台風のたびに屋根や壁が吹き飛び、集落が廃材の散乱する廃墟と化したさまを見たがゆえだ。高台の学校は、水没した故郷の記憶ともつながっている。

台風の記憶

ウトロの家屋に瓦が載るのは一九七〇年代以降。それまでも人びとは飯場を補強し、家を建ててきたが、多くは手に入った板やトタンを張り合わせた粗末な造りだ。台風がくれば屋根壁は吹き飛び集落は巨大な水たまりとなった。住民たちの避難場所が「高台の学校」だった。

地べたを這いながら築いた暮らしが、積み木を崩すように台風でリセットされる。大雨を加えれば水害の回数は跳ね上がる。聴き取りをしてもそれがどれか判明しないことも少なくない。「あの時」の記憶は入り混じり、逸話の数々が溢れ出す。その中でも共通記憶として刻まれているものは三つ。ジェーン台風、昭和二八年台風第一三号、第二室戸台風である。

河本が語ったのは、一九六一年の第二室戸（国際名NANCY）だ。記録によれば、近畿方面上陸は九月一六日昼過ぎ。「私、中学生で父は仕事で不在でした。大雑把な記憶だけど、どこの家も風で屋根が飛んで行っててね」。長兄の彼が家族を学校に避難させた。「木材とか瓦が飛んでくるから妹と弟に毛布を巻きつけてね、上（中学校）に逃げたのを覚えてますわ。避難して、その後は市から配給があってね。乾パンとか牛乳とかもあったな。差し入れはとにかくガムシャラに食べた、とにかくガムシャラに。その後はみんな自力で木を拾ってきたりして一か月くらいかけて直したな」

ウトロ地区の被害は壊滅的だった。高台の学校の上空から、台風通過後の集落を空撮した写真がある。残る家も僅かにあるが、屋根が飛び内部模型のようになった家や、壁も屋根も外れた骨組みが点在し、水が地区内にぶちまけた家の残骸や生活用品が散乱する。遠目から見ると、巨大なカラスが食い散らかしたポリ袋の内容物が、路上に散乱しているようにも見える。

もう少し上の世代は先ず一九五〇年のジェーン台風（国際名ＪＡＮＥ）を口にした。

余君子も、小学生時代の風雨を脳裏に刻み付けている。「父は病気があって母がずっと勤めてたんです。昭和二〇か二一年から金糸工場で働いてて、朝出たら夜中まで帰ってこない。とにかく少しでも給料貰おうと思って仕事してね、あの頃は厚生年金も入ってなかった。台風の日も朝から仕事です。父は病院で家には子ども三人だけ。あの頃はトタンか、藁の下にコールタール塗った板を敷いた家やった。大人は屈んで玄関通るくらい低かった」

台風は昼頃、近畿地方に上陸、強風が吹きつけ杉板の壁がたわんだ。「隙間から風と雨が吹き込んできて、屋根板がガタガタ音立てて上下しはじめたんや。屋根が飛んだらかなんでしょ、家にいた子ども三人で玄関先に出てね。全員で屋根板の端にぶら下がったんよ。それでも体が浮くの。怖くてね、心細なってね、どうしていいのか分からなくなってね……」

余君子は弟の余光男に家を任せ、妹を連れて母を捜しに行った。坂を上がって近鉄を超え、国道二四号線を二人で南に歩いていると、暴風の中、家路を急ぐ母、鄭貴連の姿が見えた。

「前から母親が来るのが見えてね、なんか知らん涙が溢れて止まらんようになってね、泣きじゃくってね、言葉が出てけぇへんの。『お母さん、家が飛ぶさかい……、お母さん、はよ帰ってきて』って言うのがやっとやった」

ジェーン台風はウトロのバラック群を木の葉のように吹き飛ばした。更にこの台風で宇治川が決壊し、数日後、大量の水が集落に流れ込んできた。既に台風本体は温帯低気圧になり消滅、周辺地域では「過ぎ去った」台風の余波が、ウトロを巨大な沼にした。

大規模な床上浸水で、住民たちは高台の学校に避難、数日間を過ごした。一方でウトロ住民にとってこれは、職場や学校以外で日本人と接する「貴重な」体験でもあった。西宇治中一期生の黄順禮は言った。「覚えているのは宇治市から毛布くれてな。今の西宇治中の講堂に入らしてもらって、ウトロの外の人らと交流もてるようになってん。『なんや実際にあってみたら普通やん』って思われたんちゃう。あの後、交流が持てるようになったわ。『怖いとこ』というイメージがあったけど、『どおっちゅうことないわ』ってなったんと違う。同じ人間やってね」

水害で問題になったのは衛生だ。当時、社会全体でもトイレは汲み取りが普通だった。ましてやウトロには下水道も浄化槽もない。家にトイレはなく、住民は地区内の共同便所で用を足した。それも廃材を張り合わせた箱の下に壺を置いただけ。満杯になれば誰かが中身を柄杓で汲み出し、近くの畑に撒くのがウトロ流の屎尿回収だった。

その内容物が水害の度に溢れ出した。「台風が来ると水浸しですわ。私ら正直、ウンコの中を泳いでいたようなもんです」と河本は笑った。ウトロへのインフラ整備を頑なに拒む宇治市も、衛生問題には対応した。感染症は不法、合法や日本国籍と外国籍、ウトロ地区とそれ以外の線引きなど関係なく蔓延する。周囲の日本人のための措置だ。水が引くと、作業服に身を包んだ職員が噴霧器を手に集落に入り、軒下などに消毒液を撒いていった。

一九五〇から六〇年代に頻発した大水害については、宇治市史にも記録されている。とりわけ深刻なのは一九五三年、昭和二八年台風第一三号での水害だった。長梅雨と集中豪雨で大規模な被害を受け、復旧最中の市南部に、大型台風が直撃した。

九月二五日に志摩半島に上陸、宇治川の天ケ瀬吊橋、喜撰橋など三六か所の橋梁が流失し、隣接する京都市伏見区では堤防が数十㍍決壊、一人が行方不明となり、五〇八戸の家屋（非住家は除く）が全半壊あるいは流失し、一〇三五戸が浸水した。周辺五町村の合併で、誕生したばかりの宇治市を見舞った大災害、浸水は一か月に及んだという。

鄭準禧が語ったのはこの台風一三号だ。

「朝方だったかな、家の外から誰か男の人が『水が来る、避難しろ』って言うのが聞こえてね。それでみんなで学校に行ったの。私は水が入る前に逃げたけど、母とか地区の大人たちは荷物を取りに行くでしょ。そしたら『腰まで水が来てた』って。ああなると西側にあった便所からプカプカとウンコが浮かぶのよ。風雨が収まった時、学校からウトロを見ましたよ。しっかり作ってる家は大丈夫だったけど、いい加減に造っている家は軒並み倒れてた」

在日朝鮮人が発行していた左派系紙、『解放新聞』（一〇月三日付）によれば、ウトロは六〇戸全部が浸水した。台風通過から一週間を過ぎたこの段階でも三〇〇余名が久世中学で避難生活を送っていた。

西宇治中学発足三〇周年記念誌によると、当時、校舎一階の講堂を避難民に割り当て、学校自体は二部制授業にして急場を凌いだ。体が弱く、家に籠り勝ちの鄭準禧にとって、避難生活は地区内の住民と交流する機会でもあった。「初めて隣の人を見たみたいな感じだったな。同じウトロの地区内でも向こう（東側エリア）の人は知らなかったくらいだから」。支援物資の味も忘れられないと言った。「おにぎりよばれてね。あと沢庵一つね。あの時、初めて沢庵って食べたの。今と違ってあの頃の沢庵って美味しかったでしょ。『いくつ食べたか』って？　配給制で大人と子どもも分けて無駄なく配ってたからいくつも食べられなかった。海苔も具もない、塩とタクアン、そして水、それでも美味しくってね」

時の経過とともに、講堂の避難民はウトロ住民ばかりになった。水が引いて数日後、人びとは集落に戻った。そこで生きるしかない者たちは、散乱した家財道具や木材をかき集め、どこから廃材を見つけてきて家を建て直し、暮らしを再建していった。

鄭準禧は述懐したものだ。「（行政は）何であの時、整備しとかんかったんやろね」。市政施行の直後である。山崎平次市政は、公約に従い市内のインフラ整備、市営住宅の建設を進めていた。だがウトロ住民だけは取り残されたのだ。日本住民と同じく税金を払っているにも関わらず。

台風だけではない。大雨の度、地区の南北を東西に通る二本の水路や、下水道未整備の産物であるドブから汚水が溢れ、床下、時に床上まで水浸しにした。住民に出来たのは玄関先に土嚢で「堤防」を作ること、汚泥に漬かった畳を玄関先で干すことだけだった。水路の暗渠化など、行政が「災害に弱い街」ウトロの水害対策をしたのは二〇一六年以降、住民の移転が始まってからだ。それまでに行政がやった「水対策」は、水害後に土嚢を配布することと、南側水路の脇にブロックを二段積み上げることだけだった。

帰国事業

二世以降が通った学びの場、災害時の避難場所でもあった高台の学校にはもう一つ、ウトロ、そして在日の歴史が刻みつけられている。

先の三〇周年記念誌『日々に新たに』。一九四八年の開校から一九七八年までの歩みを記した一冊に、隣接するウトロとの関わりや、民族名の子どもが登場しないことは前述した。そんな記念誌の中で、「ウトロ」の文字が記された箇所が一つだけある。年表に記された「ウトロ朝鮮人生徒、北朝鮮帰国送別会を開催」である。

年表には昭和三六（一九六二）一〇月の出来事とされているが、元号と西暦が一年ずれている。同じ頃に記された他の出来事と照合すると、それは一九六一年に催されたようだ。

「帰国」とは、日本赤十字と朝鮮赤十字社が担った、在日朝鮮人のDPRKへの「帰国」運動のことだ。一九五九年一二月、最初の帰国船が新潟港を出て以来、数度の中断をはさみ船はDPRKと日本を往復、八四年に終了するまでの二五年間に、日本人妻やその子どもを含む計約九万三〇〇〇人がDPRKに渡った。開始当時の在日朝鮮人が約六〇万人だったことを考えれば、その規模が分かるだろう。在日一世の歴史学者、姜徳相（カンドクサン）の言葉が遺る。「在日社会の崩壊です（中略）最も朝鮮人らしい一〇万の朝鮮人が帰った。民族愛、祖国愛、そういった自覚を持った者が帰った」(『時務の研究者　姜徳相』)

ウトロからも幾人もが「帰国」した。鄭準禧の父で、当時、朝鮮総聯宇治支部の初代委員長だった鄭相奭は、同胞たちを送り出す側だった。

鄭準禧は言う。「北へは二五世帯くらい行ってる。人数で言ったら五〇から六〇人くらい行ってるんとちゃうやろか。まぁ、その前に、成功して裕福になった人はウトロから二五世帯くらい(地域外に)出て行ったけど。うちの父は餞別、ちゃんとして送り出すんですよ。父が先頭になって、先輩や世帯主が応援してくれて、餞別渡して見送りをした。行かしといてね、知らん振りじゃないいんですよ。『後から行くよ』と言ったんです。最寄の駅では名残惜しくてね、京都駅までみんなで見送りに行って、『次、私たち行くよ!』って言葉を掛けたり、肩を叩いたり、そんな時代だった。それが情勢が変わって止まってしまって、再発したけど冷めた状態だった。父のきょうだいはみんな北に行ってます。みんな達者で、父も母も会いに行ってるんですよ。帰国するつもりだった人が、今も残ってるのよ。私らが戻らなかった理由は? その時、向こうの父方母方には『来い来い』言われたんですけどね、私がしょっちゅう、熱出すから動かせなかったんですって。それがなかったら行ってる。『子は(日本に)放ってこい』と言われたらしいけど。うちも段取りしてましたから、荷造りの紐も買うてたけど。あと、『もうちょっと役員してや』と頼まれてズルズルといってしまいました」

同胞たちを送り出した後、日本で天寿を全うした父に対しては、残った帰国者の親族たちからの批判もあっただろう。そんな父を称えたいとの思いが滲んだ。

当時、総聯支部の職員だった文光子も弟が帰っている。「帰国した人はたくさんいます。私の弟も民族学校出てから希望して帰りました。『共和国はいい』という雰囲気がありましたから。弟は勉強したかったんだと思いますけど日本では差別を受けますから。親戚も家族も誰もいませんでしたけど、向こうで家庭もって孫もいます。平壌の近くに住んでますけど、暮らし向きは普通です。食べるものもないという感じではないです。私ももう今回で最後と思いながら一五回ほど行ってます。新潟に行って、ソ連の船乗ったりもしましたよ」。背筋を伸ばし、紫煙をくゆらせながら淡々と語った姿を思い出す。

私が聴き取りを本格化させたのは二〇〇三年以降。一九九〇年代以降の旧社会主義圏崩壊による支援の途絶と、DPRK国内を見舞った大旱魃、それに伴う食糧難を静観する「国際社会」の態度で、DPRKでは数十万人もの餓死者が出たとも言われた時期の後だ。一方、日本国内では拉致事件発覚による「北フォビア」が制御不能になっていた。その影響もあったと思う、当時、住民の多くにとって、「帰国」や「北朝鮮」は、声を潜めて話す話題だった。

自主自立、統一祖国建設への思いなど、帰国者の主体性を無視してはいけないが、とりわけウトロにおいて、「帰国」を後押ししたのは貧困と差別だった。植民地主義という全体的な強制性のもと、日本に定住した在日朝鮮人の大部分は休戦ライン以南の出身者だ。ウトロも然り。生まれ故郷ではない一方の国家に、それでも今後を託すしか展望がなかった。

帰国事業は五八年、川崎市の総聯支部の人びとが集団帰国を決議し、金日成に帰国嘆願の手紙を送ったことが契機となって動き出した言われる。だが一方で五五年には、当時の日赤社長がジュネーブの国際委員会に、大量帰還実現を要請する書簡を送っており、政府与党の意を汲んだ外務省がロビー活動を開始している。

政権の意思は、一九四九年、吉田茂がマッカーサーに送った書簡に記した、在日朝鮮人は全員が共産主義者で犯罪者であり、全員速やかに退去強制したいとの文言の通りだ。歴史の証人であり、謝罪と補償の対象である在日朝鮮人の国外追放が政府にとっての「帰国事業」だった。一人でも多くが帰国するように仕向ける。そのための地均しは、在日が日本で暮らす展望をとことん潰すこと。ウトロの歴史にもそれは刻まれている。

一つは「食えなくすること」だった。一九四八年、おそらくウトロが解放後初めて地元紙に登場したのは「闇煙草」に関してだった。五〇年代に入っては再三に亘って濁酒製造が摘発される。就職差別で困窮に喘ぐ者たちの「唯一」といっていい生計手段を潰していくのだ。

もう一つの「柱」が社会保障からの排除だった。この国は「外国籍」を「理由」に在日を戦後補償、社会保障の対象外とした。ほぼ唯一、適用されたのは生活保護だが、これとて「窓口対応の恩恵」であって権利ではない。申請が却下されても異議申し立ても出来ない。

戦後の混乱が収束し、才覚や力で糊口を凌げた時代が終わると在日朝鮮人の経済状況は悪化する。当然、生活保護を受ける者は増えるが、政府はこの受給率の高さに目をつけ、「不正受給」摘発を強行する。それを煽り立てたのはメディアだ。官、報一体の元祖生活保護叩きだった。

実は全国で初めて、生活保護の不正受給容疑で大捜索が入ったのがウトロだった。一九五五年二月七日早朝、二〇〇名の警官を動員して大規模捜索を行い、五名を逮捕した。仮に事実としても捜査員二〇〇名は異様だ。当局のメディア対策も万全だったようだ。『京都新聞』は「手入れ」当日の朝刊で「前打ち」記事を出し、八日付夕刊のトップ記事で当日の模様を詳報している。逮捕者全員の連行時の顔写真まで載せる「騒ぎっぷり」だった。この弾圧に対して女性子どもを含む住民約六〇人が市役所に押しかけ、「我々は保護費より仕事が欲しい」と訴えたと二月九日付の『洛タイ』が報じている。

そして帰国事業開始の一九五九年、外国籍者を排除して国民年金法が成立した。加齢や障害を負って働けなくなった時、または一家の生計主が死去した際の「共助制度」からも在日朝鮮人を排除した。日本社会で生きる展望を徹底的に踏み躙っていったのだ。

帰国事業を巡っては、「地上の楽園」「衣食住の心配がない」などと同胞をオルグした朝鮮総聯活動家や、DPRKを礼賛し、「帰国」を煽動した進歩・左派系文化人の責任を指弾する者も多い。ウトロでも何度も聞いた。もちろんそれは検証、批判されるべきだが、背景にあった日本政府の「暴力」を無化してはいけない。たとえ「楽園」ではなくとも、生まれ故郷でなくとも、他郷で差別に塗れ生を終えるより、「祖国」で死にたい。そう思わせるほど、日本の在日朝鮮人政策は非人道的で苛烈だった。

『日々に新たに』の年表の脇には同じ年の一二月に「アジア国際理解教育セミナー韓国代表三氏来校」とある。同じ場が追放と歓迎の舞台となったのだ。この日本社会は、いずれ帰る者なら

「歓迎」するのである。

当時、体制の正統性、優位性をＤＰＲＫと競っていた韓国政府は「帰国」を「北送」と非難、激しく反発した。ＤＰＲＫが在日を受け入れた背景には、朝鮮戦争後の労働人口確保や、貧困層への「救済措置」で北の経済的優位性を国際社会に証明する狙い。さらには国交正常化のパイプとしての役割を期待したことなどもあったと言われ、日韓国交正常化に向けた交渉は、「帰国」事業の開始に伴う韓国側の反発で中断してもいる。国内でも南北支持層の間での諍いが表面化した。

南山城地域における左派朝鮮人運動の一大拠点だったウトロでは、表立った軋轢の記憶を聞くことはなかったが、「帰国」が個々人に残した傷は、聴き取りの中でしばしば開いた。

鄭光子（チョングァンジャ）の肉親やきょうだいは、ほぼ全員がＤＰＲＫに帰ったと言う。一九三四年、滋賀県近江八幡市に生まれた。八人きょうだいの大家族で、両親は農業をしていた。

「あの時は貧しかった。丸いお膳を囲んでたのを覚えてるわ」。出された物を食べているだけでは空腹は満たせなかった。おやつは自分で調達した。「夕方になって学校終わるやろ、そしたらイナゴを捕りに行くねん。捕まえてな、竹筒に入れて布で蓋してな。帰ると羽を取って、ゴマ油で炒めて醤油で味付けして、トンガラシを入れたりしてね、あの味、子どもの時のあの味は忘れられない。もう今は農薬でほとんどいないけどね、今でも、道端でもイナゴがいるとつい捕まえてしまう（笑）」

聴き取りは地区の北西、市道に面した自宅で重ねた。ふくよかな顔に付いた丸い目がよく動く。いわゆる弾丸トーク、集中しないとノートを取る手が追いつかない。

「中学ではいじめられたわ。よく『チョーセン、ニンニク臭い』って言われてね。負けず嫌いやから言い返して喧嘩。そしたら私だけ立たされるの。私、旧姓が『吉川』なんやけどね、先生が『吉川、一日中立っとけ！』ってね。そしたらみんなが喜んで囃し立ててね。中学の時には面と向かって言われることはなくなったけどね。中学では竜王に疎開してね。戦争終わってね、それで中学卒業。高校？　金ないのにどこに行けんのよ！」

家事手伝いをしていたが、二三歳でウトロに嫁いだ。くず鉄屋や土木仕事をしながら暮らす毎日、「帰国」運動が始まったのはそんな頃だった。「うちらも帰るつもりで、荷造りしたけど、田舎（夫側）の親の具合が悪くてね」。立て板に水の口調が途切れ勝ちになり、言葉を反芻するようになる。どこか内緒話をするような口ぶりだ。時期ははっきりしないが、すでに「地上の楽園」の実像は、ウトロにも漏れ伝わっていた。結局、「帰国」はしなかった。

DPRKは計四回、訪問した。もろ手を挙げた歓待を受け、姉らとも再会を喜び合ったが、悲しみもあったと打ち明ける。「一度は弟の子どものために飴をいっぱい持って行ってな、それをあげたの。甘露飴。それをあげたら『口に入れても溶けへん、これは魔法や』って。たぶんいい飴、食べたことないねん、泣けてな。行くまでは波が荒くて大変やけど、待ってると思うと行くやろ。でも姉も弟も亡くなったから、もう行ってない……」

同級生らを見送った経験を語るのは、一九四三年生まれの余光男だ。「いっこ下の子は親に連れられて帰ってるし、あの時は宇治市内からも相当、帰ってる。一次（帰国船）の頃は盛り上がってて激しかったけど、一〇次の頃はほとんどなかった。最初は年に二、三回とかあった」。当時、総聯系の青年団で活動していた彼は、同胞を送り出す役割だった。

「同級生はみんな親と一緒やったけど。子どもだけで帰った人もいる。帰ってから隣の家族の長女と一緒になったと手紙は来たけどその後は……、薬ないのか知らんけど、みんな死んだて……。子どもだけで帰った子はチュウ・パンセさん。三人で帰って、弟がいたけど、新潟に着いてから『嫌や』って言って逃げたから、妹二人とで帰った。うちらの妹と同級生やった。言葉も話せへんし……船に乗らんで逃げたケースもあったらしい……」。快活でユーモアに溢れる余光男が言葉に詰まり始める。見ると大きな目が涙でいっぱいになっていた。

余光男の四つ年下になる河本は、ウトロから一五世帯くらいが帰ったと記憶している。「小さかったのであまり覚えていない」と前置きしつつも、地域内での帰国について眼に焼き付いている光景を語る。「ここでも帰るときには泣き叫んでいた子もいた。向こうでも在日は差別受けてるとも思うし、収容所に入れられた人もいるだろうし……」。姫路にいた彼の従兄弟も「帰国」したが、九〇年代以降、音信不通になったと言う。

貧困層が大半とはいえ、帰国者とその妻は、経済成長期の資本主義社会からの移住者だった。出身成分（身分）で住む場所や仕事が決まり、転職、移転がままならない現実に失望したり、政治への不満を口にして摩擦を起こす在日やその家族がいた話はしばしば聞く。

ウトロでの「帰国」運動の高揚と衰退は、どのようなものだったのだろうか。呼びかけ、オルグした者、家族が帰国した者、「後で行くから」と言って帰らなかった者たち……。様々な立場の者たちが、その後もわずか二・一㌔の地域内で暮らし続けた。

「人間同士やから会えばお茶もするけど、政治的な話になるとほんまのこと言えへんようなったわな」と言う人もいた。ユーモアを交えつつ、滔々と自らの来歴を語っていた人も、「帰国」の話を向けるや否や、思惑を探るかのように目の奥を見たり、話題を逸らしたりした。「どうなるか分からへんから、『生活が良かったら赤いバラ、悪かったら黒いバラ書いてな』と申し合わせて送り出した家族から届いた手紙に、「黒いバラがいっぱい書いてあった」と涙した人もいた。「他人事」のように地区内の帰国熱を語る人が、実は父母やきょうだいが帰国、音信不通になっている人だったことも何度かあった。「片道切符になるなんて思ってもいなかった」。少なからぬ者から聴いた。往来儘ならぬ苦しさを糊塗するように「もう縁切りしたから音沙汰ない、正直、ほっとしてる」と吐露した人もいた。

記念誌にある送別会は結局、特定出来なかった。新聞を繰って見つけたのは六〇年七月四日、西宇治中で「盛大」な送別会が催されたという、翌日付『洛タイ』の記事だ。「帰国者」は三人、日本人生徒から日本の唱歌を入れたオルゴールが贈られ、三人からマイク放送で、全校生徒に「友情の呼びかけ」がなされたと言う。

巧妙に歴史の証人を「追放」する一方、日本政府は植民地支配正当化発言や、「帰国事業」への反発などから幾度も中断していた韓国との国交正常化を実現する。東アジアに反共の砦を築きたい米国の世界戦略を追い風に、開発独裁を進める資金を得たい朴正熙軍事政権との間で妥結した、破廉恥な合意だった。日韓条約反対闘争がウトロで組織的に行われた記録は残っていないが、左派系の地域内で反発が渦巻いていたことは想像するに難くない。

一九六二年、家族でウトロに入った一世、辛点順（シンジョンスン）（一九二八年生）は言う。「うちらは韓国系やった。初めてくらいちゃうか。当時ここは総聯系やろ。最初に三人ほどガラ悪いの来てな、旦那（卞三燮（ピョンサムソプ））に『お前はどっちや！』って。うちの旦那も気ぃ強いからな、『はぁ〜?!、オンドレ誰に向かって口きいてんねん！』って啖呵切ってもう大喧嘩や。そしたら親玉みたいなのが、〝根性ある男や〟思たんやろな、名前書いた紙張り付けた一級酒五本、届けてきたわ(笑)。ウチは腹立って返したろか思たけど、旦那が『相手の顔を潰したらアカン』って」

辛点順は慶尚南道に生まれ、一一歳で渡日した。そもそもウトロに縁はなかった。京都市南区の東九条で建設業を営んでいた夫が、手を広げ過ぎて失敗したのが契機だった。

連日押しかける債権者の一人が、ウトロの知人に渡りをつけ、姜景南宅の西隣を自ら購入して一家を住まわせた。他を出し抜いて回収したかったのか、見るに見かねてなのかは分からない。「夜逃げ先」はすぐに他の借金取りに知れ渡るのだが、彼らが観たのは、別世界の貧しさだった。櫛の歯が欠けるように、一人また一人と借金取りは消えていった。

「それでもしつこいのは大晦日にまで来たよ。杉板の隙間から覗いてな、入って来たけど旦那は仕事や、家には私と子どもだけで、お膳にはキムチと醤油と御飯しかないねん……もう、晦日やで。あれ見て『もうええわ』って思ったんとちゃう。二度と来えへんかったわ」

その後、市道沿いの土地を購入、居を構えた。「先が見える男やったんやな。ウトロの人がゴミ捨て場にしてる場所があったけど、調べたら私有地やねん。話付けて安く買ったんや」。聴き取りは二〇一〇年、その家の一室で重ねた。ピンクを基調にした部屋の壁には、仕事を引退した夫と旅した全国各地での記念写真と、韓流スターのポスターが所狭しと貼ってあった。

「旦那とは淀の三本煙突で出会ったんや」。京阪電車の車窓から見えるゴミ処理場（現・京都市南部クリーンセンター）のことだ。「当時は持ち込んだゴミをそのまま焼いて、池みたいなとこに捨ててた。漁ると鉄が出るからみんなで掘りに行ってた。その中に旦那がいて、見染められた（笑）。背ぇアンタくらい、一七五チセンはあったな。声が高いし大きいて五月蝿いから、『カンカラカン』って綽名ついてた。若い時の丹波哲郎みたい。えぇ男でな、ほんま好き合ってな、もう、朝来るのが恨めしかったわ。好き放題喋っとんな、このオバハン（笑）」

その三年後、朝鮮半島にある二つの主権国家のうち、日本は南側のみを国と認めて国交を樹立する。付随したのが国籍と在留資格の問題である。五年間の猶予で国籍を「韓国籍」に変更すれば、協定永住と称する在留資格を認め、大半の在日一世が「故郷」とする韓国領内への往来を認めるという。悪辣な「切り崩し」である。総聯組織と支持者は反発、福岡県田川市などの革新自治体では朝鮮籍への「逆切り替え」運動がなされ、韓国籍への切り替え反対運動が取り組まれた。ウトロでも切り替えを巡る対立はあった。

一九五〇年代以降の経済成長は、ウトロと周辺地域との格差を拡大していく。そして六〇年代以降、住民たちはもう一つの格差を実感することになる。同和対策事業だ。前述したように、余光男が目にしたのもその結果だった。行政が部落の「不良住宅」を買い取り、公営住宅を建てて住民に提供する。元々住んでいた家屋は公費で除却され、住民には土地建物の収用や移転に伴う補償がなされた。部落には格安の浴場がオープンし、奨学金や補習授業、鉛筆やノートの支給といった教育支援も行われた。役所でも優先雇用枠が設けられ、現業職を中心に、運動体などの推薦で公務員として働く道が開かれた。

日雇い労働で口に糊する生活は、五年、一〇年後、老後の人生設計を困難にし、それは得てして生活や思考をも規定する。在日社会で、子どもに高等教育を授けることに全力を傾ける者が少なくないのは、その低学歴と貧困のスパイラル、構造的差別の結果を知るがゆえだ。部落民に対して行政は、この循環を断ち切るための施策をとった。三〇年以上に亘って計一五兆円が投入されたこれらアファーマティブ・アクション（積極的差別是正措置）は、日本社会の人権施策史上の成果だが、それは朝鮮人には、ましてや「不法占拠地」には及ばなかった。

転入者たち

そして六〇年代は、ウトロへの転入者が最多を記録した時期だった。各地にあった朝鮮人集落が、高度経済成長に伴う住民の地区外流出や再開発で消滅する中、ウトロは新たな住民を吸収していった。「帰国事業」で空き家ができた影響もあるだろうが、京都・大阪・奈良（京阪奈）の中心部と等距離、かつアクセスが便利で、土地を得易い立地条件が影響したのだろう。

その「取引」は多くが土地売買、契約書や領収書を交わさずなされた。書面よりも信頼関係を重視したのだ。文化人類学者の金基淑（キムギスク）によれば、一九四〇年代に二世帯、五〇年代に五世帯だった流入者は、六〇年代には一一世帯を数えている。ちなみに七〇年代には三世帯、八〇年代には三世帯だった（「『土地』はだれのものか」『京都フィールドワークのススメ』）。

その一人が崔仲圭（チェチュンギュ）（一九一六年生）、地区内で唯一、狭義の「強制連行」で渡日した語り部だった。

慶尚北道の小作農に生まれ、二六歳の時、村役場に召集された。「行くと広場に何十人もの人がいてね、炭鉱の人がいて、そのまま日本に連れて行かれました。私には妻と子どもがいましたけど、私の生活なんて関係ない。すでに話は決まってました。それに嫌だと思っても、言えなかったでしょ……、警察に呼ばれて何かされるかもしれないし。飯塚の天道炭鉱に連れて行かれました」

〇五年七月、持病の腎臓疾患で入退院を繰り返していた時期の聴き取りだった。時に日焼けした顔をほころばせて語る姿を思い出す。

日本で待っていたのは奴隷労働だった。「六〇年経っても忘れない。満足な食事もないです。朝鮮だと田圃の肥料に使う大豆の搾りかすです。栄養もなにもない。仕事は一二時間の二交代です。キツイし、日曜日以外は休みないし、抗議したらリンチです。タコ部屋ごとにヤクザみたいなのがいて棒で殴られる。労働者同士で話しても殴られました。安全対策もなかった。何人も事故で亡くなりました。死んでも葬式もしない。ボタ山に遺体を捨ててるのを見ましたよ。あそこに埋まるとわからない。だから同じムラから来た金と言うのと一緒に逃げた。一度はバレて金が暴力を振るわれたけど、二回目は逃げた。汲み取り式のトイレの中に入って、汲み出しの小さな穴から逃げ出した。懐中電灯持って追いかけてきた、山の上に逃げても追いかけてくるから、一か八かで上から岩を転がしたらそれで追っかけてこなかった。それで私は逃げて、しばらく佐世保で土方して働いたんです」

四五年一二月、解放されたはずの故郷に帰ったが、すでに生活基盤はなく、翌春、単身で渡日した。まとまった金を稼ぎ、故郷に戻ろうと思っていたのだ。しかし故郷では分断が固定化。彼は働いていた長崎の鉱山で石玉先（ソクオクソン）と再婚、暮らしの基盤が出来た。

長崎を離れたのは一九六七年、鉱山が閉じたのである。ウトロにいた友人から一三〇万円で家付きの土地を買った。信用取引で書面はない。頭金二〇万円は貯金をはたき、あとは隣町の建設会社で働きながら返済した。家は東端で、急斜面ゆえに家が少なく、プレハブや小屋を建て増して生活空間を広げていった。地区内で最も標高が高い自分の家を自嘲し、「ここはウトロの軽井沢だから」と笑っていた。東端ならではの悩みもあった。崖の上の中学校に通う悪ガキが、トタン屋根に小石を投げて彼を挑発するのである。

前述した金基淑の論考によれば、土地売買は六〇年代に二八件記録されている。地区内住民がよりよい場所、もしくは将来の住宅建設のために土地を買ったのだろう。そして一九七〇年代後半以降、瓦屋根の家が現れはじめる。施主の多くは金教一や河本ら二世。苦労した一世への恩返しだった。国際人権規約批准で、日本政府が住宅金融公庫法から国籍条項を外すのは一九七九年である。何の後ろ盾もなく、一から作り上げた家々は、それぞれの宝物だった。

ここで生きるしかない者たちが、異郷で人並みの生活水準を享受する道筋ができていった。一方で土地所有を巡る問題が動き始める。一九六二年、日国の後身である日産車体が住民に対し、立ち退きを求める内容証明を送って来た。いずれ居なくなると踏んでいた朝鮮人が定住傾向を強めることへの危機感があったのだろう。住めと言われて住んだ場所で、同胞肩寄せ合って生きてきた者たちに対し、歴史的責任を持つはずの企業は「日本の法律」をかざして冷たく問うたのだ、〝そこは誰の土地ですか？ あなたは登記していますか？〟と。いわば第二の土地調査事業だった。

地区内の有志が問題解決を話し合い、日産車体に要請書を送る。

「宇治市伊勢田町ウトロ五一番地内に住んでいる私たちは過去戦争苛烈の時期に京都飛行場建設及び日本国際航空工業株式会社（日国）の工場建設のため昭和十五年五月頃から三十年間本人は勿論その子孫及び親戚たちが引続き住みついております。

昭和二十年八月終戦后は此処の地主であった日国会社は解体され飛行場建設業務も中止されて私たちは酷使の后、何一つ生活の保障もなく、修羅場のような敗戦社会に余儀なく、ほうり出されたのであります。

それ以来私たちは一寸の風でも、ぐらつき、少しの雨でもじゃじゃもりする当時の掘っ立て小屋で古バケツで雨水を受け、古傘を室内でさし乍ら夜が漸く明ければ空き地を耕し、或いは屑を拾い集めて右往左往しながら凄惨極まるどん底の生活でその日、その日の命をつなぎつつ、今日に及んだのであります。

私たちは戦時中は一億一心とか、同じ皇国臣民で総動員体制の下で、より以上の酷使、虐待されて来たものの一朝にして外国人となり戦争のため私たち本国は二分され何の社会的保障も、自分の国へ帰る自由さえもないまま、あらゆる艱難辛苦を勘(ママ)えて住みついている次第であります。

私たちは日本の法律も、あまり悉く知りませんのですが過去の日国会社は解体され、財産なども清算処分したとのことを聴いておりますが、私たちの住んでいる此処ウトロの土地は私たちが永遠に何時までも住んでいて良いものと思っておりました。

ところが最近になって、どうしてどうなったのか、地主がどうして何時変わったのか知らないうちに過去の日国でない日産自動車会社から意外にも辯護士を差向けて半分空けとか、全部立退けとか言っておりまして私たちは皆がびっくりして生活に脅威を受けております。私たちは各自意思に依って自分の国へも自由に帰ることも出来ないし三十年も住みついたここにも居住する権利がないとすれば、日本の法律ではこんなにも私たちの生活権利が剥奪されているのかと思えば、いても立ってもおられません。一日の糧を求めるための日雇労働も手がつきません。このまま土地を私たちに売って下さいといってもあまり売る気もないそうで、どんなにすれば良いのか途方にくれて唯々悲憤に満ちているばかりです。私たちはどうしてもここを離れられない状態におかれております。皆は何としても既得権利を主張し生活権を守り居住権を固守するため一致団結しております。そしてどうしても買いましょうと話が一致して交渉や手続きをするための左の様に代表者も選出しました。

会社では特にご討議の上私たちに売ってくださるようおはからい下さいます様要請いたします。

昭和四十五年二月（ママ）日

京都府宇治市伊勢田町ウトロ住民一同」

切実極まる文言に、選出代表者七人の名と、彼らを含む住民九一人の署名が続く。

日産車体は間に入った宇治市に坪六千円を提示したが決裂した。当時は一世の時代だった。飯場跡で暮らし続けることを「不法占拠」とされ、謝罪も補償もなく買い取りだけを強いられることなど「不正の更新」でしかなかった。「譲渡が筋」との反対意見が噴出した。そもそも資金のない者も少なくなかった。日本社会の「豊かさ」がウトロにも波及してきた時期とはいえ、地域はいまだ経済構造の最底辺にあった。問題は先送りされた。

実はこの署名、同じ筆跡が幾つもある。非識字者や、その時には死去していた者の署名もあると言う。地域の有力者が、十分な説明をせずに署名と押印を集めたとの証言もあり、住民の総意とは言い難い。ただここで踏まえるべきは、一九七〇年時点で既に自律的な動きがあったことだ。「ウトロ問題」泥沼化の因を「自律性の欠如」「社会制度への無知」で解釈する向きもあるが、違うと思う。隔絶され、独自のルールが貫徹されていた地区内にも解決を模索する探す動きはあった。しかしそれは不運と、思わぬ「裏切り」で歪んでいく。

第五章

水
——協働の始まり

地区のあちこちに設置されていた井戸の給水ポンプは、ライフラインの獲得を巡る苦闘の痕跡だ。「土地所有者の同意がない」ことを「理由」に、宇治市はウトロへの水道管の布設を拒み続けた＝19年12月28日

ウトロ住民と日本人市民との協働は80年代から。先駆者の一人が竹原八郎だ。建設中のウトロ平和祈念館前に立つ＝22年3月8日

田川明子は指紋押捺問題を契機にウトロを訪れた。高台の学校を背に地区を俯瞰したと語る＝09年1月11日

韓国人権団体協議会の調査に立ち会う西川博司（左端）＝1997年5月26日

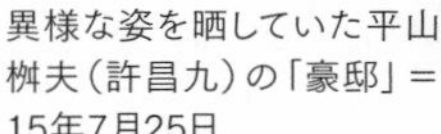

異様な姿を晒していた平山桝夫（許昌九）の「豪邸」＝15年7月25日

ウトロ地区入り口の家屋に掲げられた初めての看板＝1997年5月26日

注意深くウトロを散策すれば、井戸があちこちにあるのに気づく。ブロックやトタンで囲われた大きなものから、路地や草むらの一角に佇む小さなものまで、その数およそ百本。うち約三割が再開発まで稼働し、住民の命を支えてきた。給水ポンプのモーターが発する「ブーン」という振動音や、老朽化した羽根車の回転音は、集落の歴史が発する生活音だった。

井戸は飯場時代に遡る。当初は数か所に掘られた共同井戸だった。洗い物や水汲みをしながらの「井戸端会議」は女性たちの「憩い」でもあったが、最大の問題は水質だ。山間部の湧き水ではない。北東には生活排水の流入などで死滅湖となり、埋め立てられた巨椋池(おぐらいけ)もあった。時に赤濁し、油の浮いた水を使う苦労と惨めさは、既に幾度も記してきた。

伊勢田が宅地化されていく一九六〇年代、周辺地域では上下水道が整備されていったが、ウトロは土地所有者の不同意を「理由」に放置された。従来からの井戸は枯れてくる。可能な者は「自分の井戸」を掘り、浅井戸が枯れると中井戸、深井戸を整えた。本数の多さはその結果だ。「不法占拠」の朝鮮人には水すら供給しなかった、行政による差別の証拠だった。

協働の始まり、二つの契機

一九八〇年代に入り、「ウトロ」という存在に気づく日本人が現れる。導いたのは、日韓労働者連帯運動、そして日立就職差別裁判以降、高揚していく在日の権利伸長運動だった。

元市職員で、後に支援団体「地上げ反対！　ウトロを守る会」を立ち上げた竹原八郎（一九五〇年生）はその一人だった。奈良県に生まれ、一九六九年、大学入学で京都に来た。教員だった両親の影響もあり、思想的には左派だったが、学生運動には没入しなかった。

卒業後、京都府職員を経て宇治市役所に就職する。「地域で労働運動をしたかった。その中で社会運動とも関係ができて、京都市内であった『オモニ』という映画の上映相談会に参加した」

「オモニ——怒りが燃え上がる」は、韓国の労働運動家で、当局と資本家の弾圧に抗議し、二二歳で焼身自殺した全泰壱（チョンテイル）の生涯と、彼のオモニの闘いを描いた劇映画で、一九七八年、当時の韓国民主回復統一促進国民会議（韓民統）が制作した。金珉基（キムミンギ）の抵抗歌〝朝露〟を日本に紹介した金慶植（キムギョンシク）と中尾俊一郎が共同で監督し、米倉斉加年ら劇団民芸の俳優が多数、出演した。韓国の軍政と、そこに従属する民団を批判していた在日韓国青年同盟のメンバーなどが、日本労働組合総評議会（総評）参加の組合活動家らに呼び掛け、各地で上映会を開いていた。

「そこで東九条の高英弘（コヨンホン）さん（活動家）から『京都市でなく、（京都府）南部でもどうですか』と言われましてね。なんとなくOKしたんでしょうね。面白そうやと思ったらやる。いつもこれです。韓国の労働運動とか、朴政権とか、在日政治犯のこととかは関心があった。両親は左派系だったし、そもそも日本の植民地支配と侵略戦争のことは、親きょうだいの具体的な話として知ってたわけです。それで城南の衛生環境労働組合とか、井手町とか八幡の組合とかも回ってね。みんな概ね好意的でした。上の世代で社会党系の人とかも『ほなやりまひょか』って。共産党系が強かったから、こういう運動で組織的なてこ入れをする。伸びることへの期待感とかもあったと思う。高さんも一緒に動いてくれて、総聯の人たちも支えてくれてね、協力を得ていくうちに、これは共催の文化運動やと思った。久御山に出来た大きな公民館があってね、六百人入るし、山城エリアのちょうど真ん中あたりだから、そこでやったの」

一九七九年一二月六日、師走の繁忙期にも関わらず、会場は満員になった。「その過程でウトロの金善則さんとも知り合った。上映会の時に前に出てきて、握手してね。あ、私は裏方で、代表をやる人間じゃないから、その時の代表と握手してね。自分なりには大成功で終わったけど、『これで終わり』とかできないから。で、まず勉強だけは続けていこうと」

竹原が中心となり学習会を始めた。その歩みは、一九七九年七月一四日に創刊したミニコミ誌『オンドル』に記録されている。B五判で六〜一二頁ほど。創刊号の一頁目には「私たちの課題として地道に日韓問題を」とある。徐兄弟ら在日韓国人政治犯のスライドと、「救援する家族・僑胞の会」の朴喜美が講演したとの報告があり、次回はスライドと講演で、李承晩を倒した四・一九革命を学ぶと予告されている。竹原は編集後記にこう記している。「今は暑苦しいようですが、オンドルは、部屋全体・家全体をあたためるそうです。私たちの運動が少しでも日本全体の、また韓国民衆の運動に連なるように」

集会に参加し、街頭で救援ビラをまいた。活動を通じて、地域と職場での在日差別に向き合ってこそ、社会を変えられるとの思いが高まっていく。「前のめりになれない性分」と自己分析する竹原だが、「出会い」に応答せずにはいられない性なのだ。竹原は仲間と「山城朝鮮問題を考える会」を立ち上げた。

結成を推し進めた一人が、地元出身でウトロに詳しく、職場の先輩でもある西川博司（一九四八年生）だった。市職員、市会議員としてウトロを支え、引退した今も頻繁に顔を出す。伊勢田の事務所で話を聞いた。

「六代遡っても伊勢田です。毛語（ウトロ北側の集落）に住んでましたけど、当時は二、三〇〇（メートル）先がウトロ、何も無いから見通せた。学校も小倉小学校から西宇治中学卒業ですわ。だからウトロの人が同級生や先輩にたくさんいてた。河本秀夫さんも一年上です。あの人はヤンチャだった（笑）」

着流しが似合いそうな痩身。背筋を伸ばして話す姿に生真面目さが滲む。

当時周辺は茶畑や畑、田んぼ、竹林ばかり。一緒に野山を駆けて遊んだ。

「『今日はうちに行こう』と言われて遊びに行くのも日常でした。地区は草ボウボウではなかった。廃品回収の仕事をしている家が多かったので、ボルトとかワッシャー（ボルトとナットの間に嵌める輪）が散らばってたな。北側には豚小屋があった。夕御飯も食べさせてくれてね。チヂミとかね。今思うと、ぼくの食べるもんには配慮してニンニクを少な目にしてくれてたみたいです。家に帰って『臭い！』と言われないようにしてたんでしょうね」

これが最初のウトロ体験である。だがその関係は素直に「親友」と呼べるものではなかったと吐露する。「当時の地域や親たちの差別意識を私も内面化してましたね。ときどき喧嘩するでしょ。私は細いからやっつけられたし、むしろいじめられた方ですけど（笑）、喧嘩になると『朝鮮人！』『ニンニク臭い』とかの言葉がすっと口から出てくるんです。『畑のもんを盗んでるくせに』とか言ったり。ぼくらがそれやるのは悪戯だけど、捨て置かれた野菜とかを持ち帰るのは、彼らには生活に直結していたんですよね」

奈良の工業高等専門学校に進学し、いったんウトロとの関係は切れる。だが高専で知り合った在日の友人が自死、在日を取り巻く状況への問題意識を研ぎ澄ました。卒業後、伊勢田に戻り宇治市役所に入庁、技師として水道畑を歩む。

「水道は土木工事とは切り離せないでしょ。それで現場に行くと、ウトロの幼馴染がいるわけです。言われたのが『ウトロにはなんで水道が入らへんねや？』」。この友人は基本的なライフラインもないウトロから近隣地域に転居、土建業を営んでいた。

「ウトロは土木業者が多いから、現場で何人もの知り合いに会うんですけど、何度も言われましたね。ぼくが上司に聞いてもちゃんとした説明がない」。都市計画地図でもウトロは私有地を示す白塗りで、行政は我関せずだった。

「それで市職労の運動仲間でもある竹原さんに相談してね、調べたら日産車体の土地だから埋設承諾を得ないといけないと。水道とガス管が通っていない。聞いたら電気は飯場時代ので、電話も六〇年代についてる。ガスはプロパン、車庫証明は居住証明で出るように交渉していたんです。土建業で車庫証明は仕事の根幹でしょ。ダンプやトラックが必需品です。『とにかく水はなんとかしないといけない』と思い、竹原さんらと一緒に『考える会』を立ち上げてね」

史跡ハイキングなども取り入れて緩やかな集まりを目指したが、根底のテーマは在日差別、眼前の課題は水道問題だ。ウトロを訪問した。

「竹原さんとかと数人で行くと、鄭相奭さんや金善則さんが出迎えてくれた。緩やかな集まりを目指したのは竹原さんですけど、彼は最初から水道で運動をした方がいいと言ってましたね。それで『一度、会でお話してください』と」。八〇年四月には鄭相奭を講師に学習会を開催する。内容は『オンドル』に分割掲載された他、鄭相奭逝去の直後に「考える会」が刊行した追悼冊子『ウトロの歴史』に掲載されている。

「ウトロ」が初登場するのは一九七九年一二月刊行の第四号だ。「私たちのまわりの朝鮮問題を考えよう」と題して、年明け以降、軍需の町だった宇治の歴史を掘り起こし、ウトロの抱える問題を考えると告知している。五号（八〇年三月）には早速、ウトロの形成過程を詳述した記事が載り、七号まで連載が組まれた。

『オンドル』の記事内容は多彩である。「民族名」での就職を拒まれた在日二世、朴秋子（パクチュジャ）の闘いや、指紋押捺拒否闘争、当時、反差別運動をリードした全国組織「民族差別と闘う連絡協議会」に関連した記事もある。その中でも、足元の問題であるウトロの頻度は突出している。

「季刊ウトロ」状態の『オンドル』は水道問題に切り込んでいく。命の水を整備しない行政の対応を批判した上で、ウトロ側から宇治市に対して、幾度も水道管布設の要望がなされてきた事実や、四章で述べた日産車体への七〇年要請文に伴う交渉が頓挫したこと。七九年には二十数世帯の共同で敷設の申し込みをしたことも報告されている。この申し入れの際には、「飲用には適さない」とした保健所の水質検査結果も添えたが、市は「水道管は市で入れる。ただし埋設承諾は貴方方が取ってきなさい」とあしらい、会社は承諾を拒んだ。二人三脚での定住阻止だ。

元軍需会社「ＪＦＥスチール（旧・日本鋼管）」が所有する土地の上に、日本鋼管で働いていた朝鮮人労働者の子孫らが暮らす川崎市・池上町では、一九五六年までには共同水道が設けられ、その後順次、各自が自宅に上水を引き込んでいる。経緯には不明点も多いが、明確なのは日本鋼管も、川崎市もそれを「阻止」しなかった事実である。水は文字通りの「生命線」だからだ。

竹原は言う。「赤い水が出るとか、油が浮いてるとか、近隣でボーリングをしたらウトロの井戸が枯れたとか、次々と問題を聞くわけです。『いくら何でもこれは酷い。町内として運動をした方がいいのでは？』と金さんに聞いたんです。そしたら『今は難しいのでちょっと待って欲しい。町内の意見をまとめるから』と」

強固な拒絶に直面する中で、〝市は動かない〟〝会社は認めない〟が住民意識に刷り込まれていた。命の根幹である水に「待った」はない。既に中井戸、深井戸を掘って浄水器を取り付けた世帯もあった。北側の市道に面した家などでは、道路下の本管に二〇ミリの給水管をつなげて水を引く者もいた。仮に要望が通れば、これらの住民には新たな出費を迫ることにもなる。水道を引く前に、土地の所有権問題を解決すべきと主張する者もいた。意見集約が難しい状況が生まれていた。

指紋押捺拒否

そして日本人の目がウトロに向かうもう一つの契機が生まれていた。指紋押捺拒否闘争だ。

日本では「主権回復の日」とされる一九五二年四月二八日、ウトロ住民らを含む在日朝鮮人、台湾人は、植民地化で強要された日本国籍を今度は一方的に喪失させられる。外国人化（無権利化）の完成だった。この日、天皇裕仁最後の勅令「外国人登録令」（一九四七年五月二日、公布・

施行）が、「外国人登録法」に改められる。そこで導入されたのが指紋押捺制度だった。

当初、一年以上在留する一四歳以上の外国籍者は登録が義務付けられ、その際、左手人差し指の指紋を採取された。破損などによる再交付時は十指だった（七一年に廃止）。切り替えは三年に一度で、拒否すれば懲役一年以下か罰金三万円以下の刑事罰が科された。業務を受託する自治体には拒否者の告発が求められた。当局は「同一性の確認」と強弁したが、採取は外国籍者のみ。朝鮮人を潜在的犯罪者、治安上の脅威と見做した管理・監視措置だった。

民族団体は激しく反発し、押捺の実施それ自体は延期されていたが、一九五五年五月、朝鮮総聯発足に伴う日本共産党と左派朝鮮人の指導／協力関係解消で、左派朝鮮人は日本国内での政治的後ろ盾を失う。それに付け込む形で政府はこの年、押捺義務を実行に移した。拒否する当事者もいたが、苛烈な調べと刑事罰で五〇年代末までに抵抗は潰えていく。

それが再燃するのは一九八〇年のこと。在日韓国人一世の韓宗碩（ハンジョンソク）（一九三五年生）が新宿区役所で押捺を拒否したのだ。彼の支援運動を担った田中宏・一橋大名誉教授に、韓宗碩は拒否の思いをこう語っている。「われわれは大したものを子や孫に残してやれない。けれども、少なくとも、この指を真っ黒にして指紋を採られるようなこと、これくらいはもうなしにしたい。こんなことは、もう子や孫にはさせたくないんだ……」（『「共生」を求めて』）

「たった一人の叛乱」は燃え広がり、在日総体の闘いとなっていく。法務当局は一九八二年八月に法改定、押捺開始時期を一六歳に繰り上げ、切り替えを三年から五年に延長する一方で、罰金を二〇万円以下に増額、拒否者への再入国許可申請を認めない運用を開始する。強硬策の一環として、翌八三年には京都で全国初の逮捕者が出た。以降も逮捕、起訴、再入国不許可、在留許可更新拒否などの報復が続くが、法を破って悪法を撃つ者たちの捨て身の闘いに、自治体労組や民族団体が呼応していくのである。

次なる運動の山は一九八五年、この年、三十万人以上が切り替えを迎えることになっていた。民団傘下の青年会が拒否者支援を決定、一〇〇万人を目標に全国署名キャラバンを展開し、さらには所属組織を超えた二世、三世の若者たちが「指紋押捺拒否予定者会議」を結成するなど日本政府に圧力をかけていく。「改正」を求める自治体議会の決議も次々と上がり、川崎市の市長が「不告発」の方針を表明、住民と向き合う自治体として、政府のやり方に「否」を突き付けていった。婦人会や青年会に突き上げられた民団がこの山場で採用したのが、窓口で、「押捺拒否」を明言するのではなく、「留保」すると告げる戦術だった。不押捺罪で地域住民を告発することへの自治体職員の忌避意識を煽りたてると同時に、大量の「留保者」の存在で政府にアピールする狙いである。

宇治市でも拒否を宣言する者が現れる。代表的存在が、京都市南区の在日朝鮮人集住地域「東九条」で地域活動に取り組んでいたキリスト者で、「希望の家カトリック保育園」園長、崔忠植（チェチュンシク）と彼の息子だった。当時、「婦人民主クラブ（現・ふぇみん婦人民主クラブ）」で活動していた田川明子（一九四五年生）は仲間と共に「指紋押捺を考える宇治市民の会」を結成、崔親子の支援に乗り出す。その中で田川は、同い年の在日女性から、ある「決断」を告げられる。

「平和運動の集会で知り合った人でした。ある時、彼女が私に近寄って来て、唐突に言ったんです。『私、次は指紋を押さない』って。当時は回転式でしょ。左手の人差し指をゆっくりと回して指紋を押す仕草をしながらね、彼女、初めて指紋を押した時のことを語ってくれましたね。『これでこの社会から信用されない人、後ろ指をさされる人になっている気になった。私、次は押さないから、一緒に来てくれる？』って。同い年でしょ、同じ京都で生きながらも、私と彼女では全然見えている風景が違ってたんだと、ひどく心が動きましたね」

田川は元テレビ局の記者である。両手を膝の上に置き、丁寧に言葉を選んで語る。髪はセンターで分けて横になでつけ、後ろで束ねている。まるで朝鮮の人形のようだ。

彼女が訥々と語るのを聴きながら、彼女は同志社大生の時代を想起したと言う。

「日韓条約反対のデモです。私たちは『日韓条約反対』なんてプラカードを掲げて、『軍事独裁政権を支えるな』とかシュプレヒコールしながらデモするわけです。大学から東に行って出町柳（京都市左京区）に差し掛かると北側にある民団の学生組織の人たちが『韓日条約反対』と来る。当時は単純に『同じ反対』で連帯感を持ったけど、向こうは全然違ってた。前提がね。何か空気が違ってた。間に風が通ってなかったって言うか。当時は立命館も荒神口（上京区）にあったし、京大とか府立医大も含め出町柳で他の大学のデモと遭遇することは多かったけど、あんなことはなかった。そりゃそうですよね。日本の運動内では私の知っている限り、在日のことは言ってなかったし、指紋の『シ』の字もなかった」

同じ場所で、外形的に同じデモをしている同世代の間でも、植民地支配によって生まれ、自己確立に苦しみ、祖国分断と軍政、制度化され社会の隅々にまで浸透した在日差別の中を生きている者たち、軍政に「否」を言うリスクを覚悟する者たちと、日本人であること、国民であることを自明に生きる者たちとの間の溝はとてつもなく広く、深かった。

「想像力の無さです。頭を殴られましたね。デモにも参加していたし、ノホホンと過ごしてたたわけじゃない。それなりに社会意識はある方だと思ってたけど、彼女のような在日の存在がまるで見えてなかった。私にとって在日は、井上光晴の小説に出てくるような存在でしかなかった。飯沼二郎（農業経済学者、市民運動家）さんの言う『見えない人びと』です。あの時の衝撃があるから私はその後もずっとウトロに関わり続けてきたのかもと思います。あの時の宿題をまだ提出できない出来の悪い学生ですね（笑）」

社会的少数者が「哀れみ」や「温情」ではない「平等」「同権」を求める時、差別者は敵意と憎悪を露わにする。当時、拒否者はレイシストの標的だった。脅迫や罵詈雑言を連ねた大量の手紙は、運動を担い、あるいは並走した者たちによって書籍として残されている。『指紋押捺拒否者への「脅迫状」を読む』（民族差別と闘う関東交流集会実行委員会編、明石書店、一九八五年）がそれだ。

声を上げるのは怖い、不安だけど、それでも被って来たその不正に声を上げてみたい。崔親子のようにメディアに自分を晒して拒否の表明はできないけれど、自分なりに異議を申し立てたい。そんな彼女の思いを運動の基準にしていくことを田川たちは決める。その中で田川は、彼女の出身地のことを聞いた。

「彼女から『私、ウトロの出身なの。ウトロには今も水道がない』と言われたんです。『エッ!?』

って。行きましたよ。同じ宇治に住んでたのに場所を知らなかったんです。駅を降りて坂を下りて行ったら道幅がどんどん狭くなるでしょ。一人で地区内をたくさん歩き回ったな。まだトタンのバラックがたくさんあって、まさか人は住んでないと思って覗いたら、中で人が暮らしを営んでいたり。汚い溝が剥き出しになっててね。ウトロの南東端、自衛隊のフェンスが西宇治中学に突き当たってる高台にも上りましたよ。上からウトロを見下ろすのは住んでいる人たちに失礼だけど、あそこから観るとこの町の歴史が一望できましたよね。左手が基地で右側にはウトロの集落がある。トタン屋根も立派な瓦の家もあって、厳然たる格差もある。後ろの中学は元国策会社の病院で、ウトロからたくさんの二世が通った学校になってる。西宇治中学とウトロの間のスペースには大きな水道管は通ってるけど、その水はウトロには供給されず、その向こうの地区に水を供給している……。当時は何も分からなくてね、地名がカタカナなのも差別じゃないかと思っていた」

この時期、同じルートでウトロに入ったのが斎藤正樹（一九四九年生）である。七〇年安保、全共闘世代である。狭山闘争を通じて部落解放運動に連なり、京都府南部の部落で運動した。その後、宇治市役所に入庁、宇治市内にある被差別部落の環境改善を担当することになる。一方で庁内職員が主宰する「解放研究会」にも加わった。

「『解放研』の創設者のお連れ合いが在日の朴秋子さんでね。高槻の高齢者施設の面接を本名で受けたら断られた問題が起きた。名前で運動を始めたのが私の具体的な在日問題へのコミットになる。その次が指紋でしたね」

斎藤にとって、「ウトロ」を最初に意識したのはカウンターの内側からだった。

「宇治市だけじゃないけど、在日は網膜には映るけど見えない存在です。それが現実になるのは役所の窓口なんですね。市職員と窓口に来たウトロの住民が揉める場合があるわけです、それで結構大きな声を出したりすると、『あれがウトロ』『ややこしくて嫌だな』というそういう認識、やっかいな人で、関わりたくないという距離感が漂ってましたね」

初めて訪問したウトロには「見慣れた光景」を想起した。

「被差別部落に似ていると思ったのが第一印象でした。違うところもあります。共通項は被差別であり、それが意識に食い込んでいる問題です。『水道もない』と聞いて見に行ったんですけど、ぼくは水道は序の口の問題だと最初から思ってました。解放運動で地域闘争をやった影響ですね。住環境や福祉、教育と、解放運動では生活のあらゆる側面が課題になるでしょ。部落解放運動に関わったからこそウトロが『発見』できたと思う。なければ今頃関わってたとは思えないです。運動のやり方も学ぼうとは思いましたけど、一方で違う面もありました。民族意識の形成です。在日の場合、親を否定する傾向があることは感じました。それは部落解放運動の中ではなかったな。ウトロではすごく感じましたよ。民族性丸出しの一世の親を二世の子どもがどう消化、昇華していくかという問題がね」

部落解放運動で育んだ「まちづくり」のイメージと、劣悪な住環境改善を行政担当者として見てきた経験。このキャリアが、後の運動展開に生きてくる。

竹原や西川は「考える会」の活動を続け、ウトロも度々訪れていた。「別に驚きはなかったけど、当時はすでに立派な家もあったし、一方では長屋にそのまま住んでいるところもあって、格差が生まれていることは実感しましたね。住民との繋がりも出来ていく。当時は一世です。独特の雰囲気、存在感がありますよね。あ、この人は一世やっていう。豪快やし、声大きいし、ダイレクトな物言いするし……。後で出会うことになる厳本明夫さん（厳明夫、二世）は全然違ってて、スマートなんです(笑)。でも一世の人たちって、すごく引っ込み思案な私が自然に付き合える人たちだった。その付き合いが日常になって、ずっと意識していくようになる。やっぱり自分にとっては金善則さんだった。当時、総聯の支部委員長か副委員長だった。一九八〇年代の頃は金日成氏から金正日氏への後継者問題とかもあって、色々言うてくる人もいたけど、そんなレベルで付き合ってるわけじゃないしね。善則さんもイデオロギッシュな話すると色々あるやろうけど、ソフトボールやったり花見したりしましたよ。人としての付き合いなんですよね。私はスローガンとか旗を立てて『さあ、闘うぞ！』ってタイプじゃない。それどころか前に出ない方です。韓国、朝鮮の問題に関心持った時も、その理不尽さに怒る一方で、怖いとも思った。政治犯にしても気持ちは応援するけど自分なら無理とか、応援はしたいけど安全地帯に身を置きたい部分ってある。それでも水道とその後の土地問題の最初の方までやるわけ。裁判支援で『ウトロを守る会』を立ち上げた時かな、記者に『なんで支援するのか？』って聞かれたことあったんだけど、考えてみたらそこなんよ。親しく付き合っていく、彼らの存在が日常になっていくでしょ。そうしたらやらざるをえなくなる。結局、友達になった、日常になったに尽きるの。労働運動をやってきたけど、思想や理論がどうこうでは僕は動けない。友達になった、それがすべてやった。その中で別格な存在が善則さんだった。在日を教えてくれたというより、人生の師匠なんやね」

水道問題

そうするうちに水道問題が動く。契機は一九八五年三月一五日の火災だ。当時、宇治市内で頻発していた連続放火と見られ、地区内の民家と倉庫が全焼、隣接する民家二軒が半焼した。消火作業を妨げたのが水だった。地区内に消火栓がないのである。消防署員が地区外にある消火栓にホースを繋いでやっと消し止めた。水は命をつなぐものであると同時に、安全をも左右した。地区内に運動の機運が出てきた。

竹原が振り返る。「ある日、役所に金さんが来たんです。地元の人、具（永泰）さんと一緒にね、それで私に向かって、『じゃあ竹原さん、やりましょうか！』って、『今はちょっと待ってください』と言われてから一年か二年経ってましたね(笑)。金さんはその間、私に言ったことを着々と進めてたわけですよ」

「考える会」は冊子『ウトロの水道問題とは』を作成する。世論喚起と行政交渉のマニュアルだった。ウトロ地区形成の歴史性や極めて劣悪な住環境の実態、浄水がない生活を強いられている不当を報告した上で、電気や電話は各戸にあるのに水道がない現状を批判。水道法や厚生省（当時）の通達などを駆使し、ウトロの現状は、「水道事業者が給水を拒める『正当な理由』に当たらない」、「土地所有者の『承諾』は給水の絶対条件ではない」、「たとえ『不法占拠』でも、給水拒否は許されない」ことなどを立証した。

宇治市は常に「埋設許可を取って来て」との決まり文句でウトロ住民を追い返してきたが、実は役人たちは、出口があるのを知りつつ住民に告げてなかったのだ。「日産車体から承諾が必要なら、それは住民に『取ってこい』と投げるのではなく、行政の義務なんだと徹底して主張しました」と西川は言う。そもそも不要、要るなら行政が承諾を得るべき、二枚腰の論理構成だった。当時は役所のカウンター内にも仲間がいた。

六月、ウトロ住民の金忠坤(キムチュンゴン)らを中心に、「ウトロ地区に水道敷設を促進する同胞の会」が発足。続いて竹原や西川、田川らは「ウトロ地区に水道敷設を要望する会」を立ち上げる。呼びかけ人には、樋口謹一・京都大教授、横川栄次・宇治市勤労者協議会長、日本基督教団の多芸正之牧師らが名を連ねた。会社と交渉するよう宇治市に求め、署名活動を開始した。

京都精華大の元教員で、「使い捨て時代を考える会」で活動する槌田劭(一九三五年生)も呼びかけ人の一人、彼の原体験は中学時代だ。

「豊中に住んでたんですけど、窓から米軍機が朝鮮に向けて飛び立つのが見える。何人殺してくるんだろうと思うと堪らなかった。当時は朝鮮特需です。大阪では道すがらの挨拶で『もうかりまっか?』、『ぼちぼちでんな』って言うんですけど、大人があれを言うのが堪らなかった。日本は間違った歴史がある。戦争も植民地支配もみんな間違っていた。それなのに加害者が朝鮮戦争で復興している。その被害を受けているのは朝鮮半島の人たち。北も南もありません。ぼくにとってはあれが原点です。『豊かな暮らし』『豊かさ』が間違っているとの思い。科学技術がそれを甚大にする。使い捨て社会を考えるのもそれ。科学技術の罪、文明に対する罪、ぼくにとっては一つなんです。朝鮮半島に関する問題にかかわるのもそこ、『罪の意識』です。いいか悪いかわかりませんよ、でもぼくにとってはそう。本来、もっと大らかで対等な付き合いが大切なのかもと思うけど、私にとっては『歴史の罪』なんです」

澄んだ目でこちらを見つめながら、「罪」について滔々と語る。学者というより僧侶のようだ。

槌田は、京都に転居し、高校生で共産党の青年組織に参加、大学入学と同時に党員となる。党内の民族対策部が左派朝鮮人運動を指導していた時期だ。槌田はそれゆえの貴重な経験をしている。一九五四年、ウトロで学生活動家の合宿をしたのだ。

「これが飯場か、という空気でしたね。錆びたトタン屋根、壁もそう。そんな印象がある。生きるってこういうことかって思った。でも驚きはなかった。一昔前の日本みたいな感じだったし、疎開して田舎で住んでたこともあるし。吃驚したのは水道がなくて、井戸で生活していることでした。疎開先の田舎でも水道はなかったけど、山の斜面を流れる湧き水があり、谷川があり、そこに石を置いて天然洗濯機にしてた。長閑で綺麗な風景です。でもここは違う。水質もよくないし、このあたりの地下水は巨椋池の水に繋がっているわけです。私、あの時、井戸の水が飲めなかったんです。住民はあれで生活している水がそのままでは飲めなくて、沸かして使ったんです。自分の中ではあれが水道問題との関わりに繋がってます」

一方、槌田にとってその時のウトロは、「合宿会場」の一つでしかなかった。「合宿は連日、上の人の話を聴いて、質疑することの繰り返し。住民との交流はほぼなかった。場所は貸してもらったわけですけど、それくらい。食事は自分たちでコメを炊いて、野菜を煮たりしましたね。もちろんウトロは知ってましたけど、あの時の自分の中で積極的なものとしてはなかった。自分を何かに駆り立てるものではなかったですね。歴史上の悪いこととは意識していたけど、左翼の悪いところでね、人に与えられた、人が決めた『正義』で動く。『悪いのは誰』と決めて、自分の主体の問題として詰めて行くことはない。自分の頭で考えない」

朝鮮に飛び立つ米軍機に胸掻き毟られていたという槌田にしてこれだったのだ。米国や資本を敵と措定し、階級闘争を叫んで朝鮮人らをも自らの運動に糾合する一方で、日本の左翼・リベラルは押しなべて、入管体制や民族差別との闘いには冷淡だった。その欺瞞は、中核派など新左翼党派を「政治的利用主義」などと激越に批判、「絶縁」を宣言した一九七〇年の華僑青年闘争委員会の「告発」でも剔出されている。槌田にとって、水道問題の取り組みは、かつて「出会えなかった」自分自身の「敗者復活戦」だった。

市会議員も参入した。当時、社会党の市議だった浅井厚徳である。彼もまた、党派活動を通じてウトロに関わった経験を持っていた。同志社大時代には社会科学研究会（社研）で活動し、一九六九年、卒業式にも出ず田川熊雄府議の事務所に入り、党専従になった。社会党は日朝連帯を掲げ、ＤＰＲＫ、朝鮮総聯とは友好関係にあった。浅井は社会党の一人として一九七〇年代、朝鮮総聯の南山城支部に金善則を訪ねた。

飯場跡のバラック群に抵抗はなかったという。「前もって話は聞いてたし、頭に歴史的に形成された在日の集落のイメージはあった。社研で色んな場所にも行ってたからびっくりはなかったです」。そこで水道問題を知った。浅井が記憶するのは金善則の厳しさだった。

「普段は穏やかな人なんですけど、この件に関しては痛烈でした。当然のことが保障されてこなかったことをどう思うのかと、私の考えを質されました」。以来、「最大の宿題だった」水道問題に取り組む機会が巡ってきたのだ。「当時、私は三期目でした。本当はもっと前に実現しておかなければいけなかったんですけど、今回、絶対にやると」

七輪を囲んで聞いた住民たちの声が後押しした。「生きていくための水がない」「なんとか助けてくれ」「何とかして欲しい」とか……。名前と顔は一致しないけどね。会議とかでは出ない話が焼肉を食べてビールを飲みながらだと出てくる。そういう生の思いが、私の支援する確信になり、信念が形作られて来たんだと思います。文東起さん（初代、土地問題対策委員長）やそのお姉さん（文光子）。あの人は社交的でね、誰とでも話に行ってくれた。山源さん（金忠坤）もね」

市民署名を集め、同時進行で宇治市との交渉、議員との面会を重ねる。陳情の中心は金善則だった。竹原は振り返る。「議員とのつながりが広かった。自民党も、その中でも右寄りの人にでも会っていた。しっかり話す中で人間関係を築いてきたんだと。だからみんな好意的なんだと。ぼくらは自民党に行くとかいう発想はないけど、善則さんは違っていた。地域的に労組が強くて、ユニチカと日産車体の企業内議員が結構いる場所でね、民社党の何人かは日産関係で、公明党も支持者に在日が結構いるからウトロには（態度が）よかった。政治的なものを水は乗り越える。

倫理的な話なんで。最終的には日産と宇治がＯＫと言えば大丈夫なんだって言って回りましたね。署名にも賛同してもらいましたよ」

住民たちは窓口交渉を重ねた。同行した田川は言う。「副委員長（金善則）が中心で行くでしょ。役所は揉めずに今日を乗り切りたいのが見え見えで、『副委員長、ご苦労様です！』『体は大丈夫ですか』なんて言って、とにかくヨイショしながら何も言わない。そしたら文光子さんが、今のペットボトルみたいなのにウトロの水を入れて持って来てたんです。当時、宇治市内で赤痢が出てね、住民でウトロの水を保健所に自分で持ち込んだら、飲用には適さないと出てたんです。役所の担当者が適当にあしらおうとしたら文さんがそれを差し出してね、『それならこの水を飲んでみてくださいよ』って。あの人は東京で住んでたから、関西弁じゃないんですよね。キリっと改まって、背筋が伸びたな。役所の人はよう呑まんかったですね。この人はこうやってこれまでも交渉してきて、失対事業とか色んなことを勝ち取って来たんだって」

日本人として行政の窓口に行ったのは牧師の多芸正之（一九四三年生）である。学生運動出身の彼は、聖職者とは思えない〝うるさ型〟だった。「別室に通されたりとかそんなんはなくて、ロビーで交渉になる。最初は個人で、それから日本人数人でね。そのうち腹立ってね、『なんでウトロに水道がないねん！』って責めるわけ。向こうは話が終わるのをただ待つだけやねん。あとで宇治市の知り合いから、『多芸さん、あんた無茶苦茶に嫌われてるで』って（笑）」

「市民の会」は二か月で五〇〇四人分の署名を集め、八月に市水道部に提出、「市としても日産車体に承諾を求める交渉をする」との言質を引き出した。だが日産は首を縦に振らなかった。その頃、竹原に入ってきたのが「日産は地元町内会と土地問題について話し合っている」との情報だ。メディアでもそれは報じられていたが、その中身が分からない。

同社は不良資産の整理に焦っているとの話もあった。「どこかで目標を設定せなアカンと思った。それで翌年四月の統一地方選を一つの区切りにして世論を大きくしようとなった。署名もそうやって地元や地域を耕すためにやった。金さんらと相談してね」。そこで設けたのが一九八七年二月一八日、宇治市小倉町の「神楽田ホール」で開いた「ウトロの水問題を考える市民シンポジウム」だった。

『イウサラム』にその時の様子が記されている。

> ウトロの住民や市民ら約百三十人が参加した。まず、「市民の会」の会員が「ウトロには、在日韓国・朝鮮人ら八十四世帯、約三百九十人が暮らしているが、井戸水に頼る生活を強いられてる」と状況を約四十枚のスライドを使って説明。続いて、パネリストの槌田劭・京都精華大教員と樋口謹一・京大教授が「市が四十年間もウトロ地区に上水道の排水管を敷設せず放置したことや私たちを含めて市民がそれを知らなかったことを恥じるべきだ。その償いのためにも、解決に向けて市や市民は力を注がねばならない」と運動への協力を訴えた。
> また、地元住民を代表して鄭宏烈（チョングエンヨル）さん（三二）が、「人間が生きていく上で水は死活問題。水道管敷設が実現するまで頑張っていきたい」と決意を表明し、参加者から大きな拍手を受けた。

「ようやくここまで」

「戦後補償」や「植民地支配」「過去清算」の文言は出てこない。「人道」を前面に押し出して、保革の同意を目指す戦術を採用したのだろう。

二か月後の統一地方選に向けて、宇治市政の抱える「人道問題」への対応を候補者に問う。それが竹原や金善則らの戦略だったが事態は急展開する。三月九日、日産車体の松本惇管財課長が宇治市役所を訪れ、水道管埋設についての「同意書」を提出したのだ。

「『えっ？』という感じだった」と竹原は言う。

三月一一日付『朝日新聞』でも、金忠坤が「感無量だ。いろんな方の協力でここまで来た。こんなうれしいことはない」と謝意を述べる一方、槌田は「まだ文書を確認していないが、市民の会もひとまず成果を上げたと思う」と評価しつつ、市がどのように工事を進めるか注視したい旨、コメントしている。あらゆるインフラの整備を拒んできた企業が態度を「一転」させたのはなぜだったのか。歴史的責任を自覚したとは思えない。困惑と疑念含みの「着地」だった。

水道管の敷設工事は翌年一月一三日に始まった。一九七〇年代、住民が持ち寄った資金に、市の補助を加えて舗装したウトロ銀座の路面に、アスファルトカッターが切れ目を入れた。現場近くで感謝式も催された。住民三〇人が参加、金善亨(キムソンヒョン)が「これでやっと文化的な生活が実現します。大勢の方たちの支援に心から感謝します」と述べたと一月一四日付の『朝日新聞』が報じている。

その時の思いを西川に聞くと、少し間を空けて言った。「ようやくここまで来たかと」

竹原や西川が住民側で活動しているのは庁内では公然の事実である。共に起工日は別の仕事に回されて式典には参加できなかったが、西川は自らを市の工事担当者に捻じ込んだ。

「他の職員には出来ないと思った。生活道路を掘り返して配管するわけで、車の出入りとか騒音とか、やっぱり地域の中には文句を言う人もいる。直接言われるのは現場で工事する下請け業者の人たちです。それを受けて説明や説得するのは市職員です。他の人間だったら『なんでこんな工事に』『なんでこんなことせなアカンねん』と不満ばかり言いますよ。それを彼方此方でやられたら差別を振りまきます。それがかなんと思ったんです」。地域住民としてウトロと関わり続けてきた西川だからこその判断だった。

担当者が西川でもクレームは幾つもあった。「業者からの相談を受けて説得に行きました。うまくいかないと金善則さんに相談して話をしてもらったり（笑）」

幼少期から培った思いが西川を突き動かした。「自分の義務を果たしたいと思ったんです。水道問題もそうだけど、これは私のやるべきこと、自分にしかできないことだと。敷設運動それ自体は他の人がやってくれるけど、自分は職員としてやれることがある」。土地裁判最中の一九九五年には市会議員に転身、連合町内会会長としてもウトロに関わり続けた。

「議員や町内会活動もそう。地域でウトロを支える。地元で支える、理解してもらうのは私にしかできない役割です。地元ではやはり物凄い差別意識があるわけです。いわれなきと言うより、呑み代を踏み倒されたとか、小さい時にいじめられたとか体験に基づく意識もある。それを交流で解きほぐして仲良くしてもらいたいと思ってね。伊勢田の夏祭りでも金順伊（キムスニ）さん（当時、ウトロで民族芸能の指導をしていた）に舞踊をしてもらったり、文化祭でもね、そう、伊勢田は日本舞踊のサークルがあるんですけど、日舞と朝鮮の舞踊を同じ祭りでやるわけです。町内会の文化祭では伊勢田でしかできない企画だとか宣伝して(笑)。もう議員も連合町内会長も降りたけど、少なくともウトロを地域で孤立化させない役割は果たせたと思ってます」

工事は三月に終了、ウトロ銀座の下に待望の本管が通った。そこから自宅への引き込み費用を負担できた家庭は、翌月から上水を使えた。今後の再開発で剥がされ、消え去るが、ウトロの路面には、四〇チセン幅で平行に走る二本の切れ目があり、それが所々で折れ曲がっていた。水道管を埋設し、仮復旧した跡である。通常は舗装をやり直して疵跡を消す（本復旧）が、その後の土地裁判を理由に、宇治市はそれをしなかったのだ。

土地問題勃発

日産車体が態度を変えたのには裏があった。実は同社は、自称町内会長の平山桝夫（許昌九〈ホチャング〉）と交渉を進め、ウトロの土地を人と建物ごと平山に売却していた。売却契約の締結は三月九日、日産車体の管財課長、松本惇が市役所を訪れ、埋設承諾への同意書を提出した日である。自社の手を離れることが決まったので、「後は好きにしてくれ」と市に申し出たのが真相だった。

後の裁判で日産車体は一九六二年の内容証明以前から、地元の「有力者」に土地の権利関係調整を申し入れていたと主張している。どんな「申し入れ」かは定かではないが、あってもそれは有力者の段階で止まっていたようだ。一九七〇年要請書に基づく交渉も決裂している。

事態が膠着する中で平山が出てきた。彼は両親に連れられ一九四三年頃ウトロに入った在日二世だ。母は濁酒や、その醸造には欠かせない麹を手広く販売していたと言う。地区内では資力がある家で、平山は大学まで卒業した。立命館大学卒と言われるが、地域外では京都大卒と称してもいたようだ。いずれにせよ当時、集落の二世では一人か二人しかいない大卒だった。

一九五一年六月二九日に京都府の「適格」認定を受け、数年は小倉小の民族学級で教鞭をとっていた。子どもたちと撮った記念写真も残る。太ってはいないが骨太で大柄な体躯が目を引く。「熱心で、教え方も上手かった」と語るのは、教え子だった鄭佑炅である。「実は今も、あの人のしたことを信じられない自分がいる」。そう吐露した表情に、裏切られた寂しさが滲んだ。

京都府内にある民族学級の講師で作る教員組合でもリーダー格だったとの証言もある。民族学級の講師時代に平山と出会い、後に彼の土地購入資金融資で保証人となった民団京都府本部の元団長、河炳旭（ハビョンウク）（一九二五年生）は彼を「特別優秀な人だった」と評していた。

小倉小は数年で退職、理由は不明だが、同じく民族講師を辞めた河炳旭の言葉が平山の内面に通じるかもしれない。「教師は憧れの仕事でしたけど、万年契約講師で教師にはなれない。正教員になれるなら私、続けてましたよ。嫌気がさして辞めて天壇（京都の老舗焼き肉店）に飛び込んだんです。そういう人は多かったと思う。天壇では最初から幹部でしたよ。四、五年やった後、独立してパチンコ一筋です」。平山もまた、展望のなさに嫌気がさしたのかもしれない。

彼は測量設計士を自称し、住民の改築をいくつか請け負ったが、施工業者への支払いが滞り工事が止まったり、雨漏りが酷くて施主とトラブルになった例もあったと言う。

それでも「学」があった彼はある種の存在感を誇示していたようだ。ウトロ銀座を東端に向かうと、再開発がはじまるまでは朽ち果てた彼の住居跡があった。軽量鉄骨を箱型に組み立てた「邸宅」で、銀座通りに面した家の南側二階は一面が窓になっており、大きな庭を挟んで通りを眺める造りだった。車庫は銀座にはみ出す形で建て増しされていて、通りを狭めたことでトラブルになったとも聞く。出張った車庫には、自慢のマイカーが入っていた。

前述した一九七〇年の要請書でも住民から選出された代表者七人の一人として名を連ね。精力的かつ強引に署名を集めてもいる。その中で役所とのパイプを作ったのだろう。日産車体の担当者と平山を引き合わせたのは宇治市の担当者、場所も市役所だった。伝統的に左派が強いウトロで、植民地支配の不正をリアルタイムで経験し、歴史的責任や戦後補償を譲れない一線とする一世たちとは違い、日本社会で教育を受け、日本社会の「常識」「落し所」を身に着けている平山は、企業にとっても役所にとっても「付き合いやすい」存在だったと思う。

日産車体の説明では、会社側は一九八二年頃から、平山に対して土地の買い取りを持ち掛けていた。最初の打診は一九八四年一一月、ウトロ五一番地と、周囲からウトロと見做されていた「中の荒六〇番地」「南山二一番地」の計三筆、二・二ヘクタール（約六七〇〇坪）を一括六億四〇〇〇万円で買い取るよう求めた。放火で被害を受ける前、水道問題が動き出す前だった。住民で集まって話し合ったが「住めと言われて住んだ飯場、譲渡が筋」と主張する筋論者や、貧しくて経済的な負担は不可能な者などもいた。町内の意見はまとまらなかった。

翌年一〇月三一日には、「その後、再三にわたりお願い申し上げておりますが、当社としてもこれをいつまでも放置することはできません」と督促が来る。このタイミングで平山は住民出資による買い取りを断念、自らが土地を一括購入、分譲するプランを描いたようだ。一九八四から八五年にかけ平山は、一九八三年に民団京都府本部の団長に就任していた河炳旭に相談、資金融資の仲介を要望する。渡韓を契機に総聯から民団に鞍替えした平山は、河体制の執行委員や、人権擁護委員会の推進委員を歴任していた。

その河炳旭は釜山で生まれた一世である。法廷でも証言した彼を二〇一〇年、長岡京市の事務所に訪ねた。自著『韓国系日本人』（文芸社、二〇〇一年）で、民族名での日本国籍取得を提案した河炳旭は、或る意味で民団系人氏の典型である。彼の原点は朝鮮戦争での経験だ。

「私は韓国動乱の時にソウルの学校に行ってたんです。中間試験が終わって田舎、釜山に帰省したときに韓国戦争が起きたんです。あの時、ソウルにおったら北に行ってたかもしれんし、死んでたかもしれんし。運が良かったですね。それで密航、というかボートピープルです。兄さんが日本、京都西陣で織物工場をしていたので、兄さんのほうから導いてくれて、それで何年かしていわゆる外国人登録です。当時は闇で売買できたので、鄭さんという名で四、五年暮らして、柏野小で韓国語の先生になったんです。先生は憧れでしたよ」

平山とはこの民族講師の組合で知り合った。「私が団長時分に許昌九氏（平山）がきまして、自分はウトロの町内会長だということでした。日産車体と町内会長として交渉して、時価なら一〇億くらいの土地を半分とか四億くらいで買うことになったから協力してくれへんかと、私は感動しましてね。準公務として取り組みました。他に事例がないか調べました。枝川の当時の団長にも聞きましたし、高槻の集団部落もあるでしょ。みんな大体時価の二分の一とか三分の一とかで払い下げてるわけです」

枝川とは、一九四〇年の東京五輪（対中戦争拡大で中止）に向けた「環境整備」として、当時の東京・深川区などに集住していた在日朝鮮人たちが、ゴミ処理場しかなかった東京湾の埋め立て地に強制移住させられて出来た集住地域のこと。高槻とは大戦末期、大阪府高槻市で計画された軍事施設建設に動員され、日本敗戦後は飯場跡に放置された朝鮮人労働者とその子孫らが形成した集落のことだ。両者は都有地と私有地だが、いずれも買い取りを実現した。

「それで東京の団長に相談したら、それやったら本当に感謝されるよと。大げさに言ったら神様みたいな存在になるよと。町内会長ですし、それまでも知ってましたから信用してますし。ただ安く払い下げるだけでは能がない。物凄く状態が悪い集落ですから、道路も水道も公園も作ろうと。大きな誤算は、私は感謝されると思っておったわけです。後から見たらどうも許昌九氏は町内の人たちに諮らず独断でやってたみたいなんですね。役員会にかけたか、賛同得たのかと何度も念押ししたんですけどね。オープンに公明正大にやろうと私は真剣に取り組んだんです。どれくらいと言うと、京都中央信用金庫の理事長が日韓親善協会の理事長だったんで、民団の団長が保証する人だからと会ってもらいました。普通は無理です。京都商銀の理事長にも会って、払い下げして分配したいと言ったら『分かりました』と。中信も商銀もエレベーターまで見送ってくれてね、そりゃええ話ですねって。それで両信用金庫（京都商銀は信用組合で、信用金庫ではない）に了解取り付けてね。そのかわり団長が保証せんといけませんと。それで道路に面した所とそれ以外で、一番安い場所は坪五万、六万、七万と三段階くらい分けてと考えてね」

彼がここで依頼したのは、払い下げを望む住民への融資である。平山が日産車体から買い取る資金については、河炳旭は平山を大阪商銀に繋いでいる。大阪商銀側の条件は、「平山という個人に融資するのは難しいので会社組織を立ち上げてそこが所有権を持つ形にする」「河炳旭が融資の連帯保証人になること」だった。信じ難く「緩い」融資だが、当時はバブル期直前である。このような身内意識に支えられた放漫融資の数々が焦げ付くのはその後のことだ。

大阪商銀からの融資限度額は五億円だった。日産車体の提示額六億四〇〇〇万円との間には開きがある。河炳旭からの指示で、平山は会社側と話し合いを重ねていく。五億、四億……。そして水道問題最中の一九八六年一二月、平山は国土法に基づく、国土省あての取引に関する届を府に提出する。人が家を建て、日々の暮らしを営んでいるウトロの土地は、「遊休地」として届けられていた。何もない空き地扱いである。実態を知っているはずの府もそれを機械的に受理していた。八七年三月九日、両者は売買契約を結び、平山は日産車体に手付金五〇〇〇万円を支払った。それは日産車体が宇治市役所に埋設同意書を出したまさにその日だった。

大阪商銀の要求通り、二人は河炳旭の親族を社長に据え、平山が役員を務める有限会社「西日本殖産」を設立、一九八七年四月三〇日に法人登記する。同年五月九日、四億四五〇〇万円で平山から西本殖産への土地売買が成立、八月一二日、西日本殖産に所有権が移転された。

後に裁判で判明するのだが、実は平山が土地を購入した際の領収書には三億円と四億円の二種類があった。法廷で河炳旭は、平山から四億円の領収書を示されたと証言している。すなわち二億四〇〇〇万円値切ったと報告されていのだが、実は購入価格は三億円だった。二度の売買で、平山は一億四五〇〇万円の利ザヤを生み出していた。典型的な地上げだった。

翌年春頃、ウトロの土地が売りに出ているとの噂が地元の不動産業界で流れ始めた。後に土地問題対策委員会の会長を務めた文東起はこう語っている。「大久保でばったり会った知り合いの不動産業者が、土地の名義、変わっとるらしいでと教えてくれた。登記を調べたらその通り、大騒ぎです。ウトロの人が不動産会社の役人に名前連ねてる」(『イウサラム』)。平山だった。住民らは集会所二階で緊急の寄り合いを開き、呼び出した平山に説明を求めたが、彼は『わしは知らん。名前とハンコを勝手に使われた』て言いました。この人、次の集会に不動産会社の男いうのを三人連れて来て、『この人はなんも知らん』と言わせたんです。そんなあほなことありますか」(同)。後の裁判闘争から土地問題の「終結」まで、住民運動を牽引し続けてきた厳本明夫(一九五三年生)は、この時の平山の対応を覚えている。「皆が口々に追及するわけですけど、のらりくらりと話す。何か言っているようで実は何も言ってない。言質を取らせない。当時私は三〇歳ちょっとだけど、頭のいい人だと思ったな」

再転売の不安が住民の中で膨らみ、指弾が続く。平山はついに書類に書かれた事実関係を認めた。小倉小民族学級で授業を受けていた余君子は憤りを隠さなかった。「自分の教わってた学校の先生でしょ。なんでそんなことをするんと思ってね、怒りで震えがきた」。姜順岳も言う。「もうムラの中がパニックになった。民族学校(学級)の教師がそんなことしてええんか。今はほとんど外に出たけど、教えた子いっぱいいてるのに、腹立ってみんなで家に行って、『出てこい！』って言うたけど、家から出てけえへんし、何にも言わへんねん」

七月五日には許昌九の名と拇印入りで、「ウトロの土地問題を日産車体から西日本殖産に移転以前の状態に戻すべく最善の努力することをここに誓約致します」との念書が作成された。メディアでも一連の事態が報じられた。

『毎日新聞』の取材に対し日産車体は「A氏（平山のこと）と住民との交渉がうまくいかないため、A氏がまず土地を一括して買い取り、その後時間をかけて住民を説得することを計画。第三者に売るつもりはまったくなかった」（七月二三日付）と釈明した。

同じ担当者は、地元紙『城南新報』（当時、後に『洛タイ』と合併して『洛タイ新報』に）の取材にも、「今、地元で話題になっている第三者への再転売については『絶対に転売しないということを（平山氏に）再確認している』」と語り「『居住者に買ってもらう』との方針を述べている」（七月二三日付）。

平山氏自身も西日本殖産の役員として取材に答えている。「転売はしない、当初目的通り地元の人に買ってもらうようにしたい。私も住んでおり無茶はできない」（『城南新報』、同日）、「絶対に住民のみなさんを裏切るようなことはしない。私はこの土地を住民のみなさん方に払い下げてもらい、晴れて自分の土地に居住して楽しい生活をおくってもらおうと思っている」（『洛南タイムズ』、七月二三日付）。土地取引で一億四五〇〇万円を得ていたことが判明するのは後の裁判でのことだが、それ以前から住民の疑念と怒りは膨らんでいく。

河炳旭が憤りを込めて語った。「ほんで新聞に載るとさっそく中央信用金庫の次長か課長が来て『約束取り消してください』と。その時には私、団長をやめてました。説得したけどダメでした。私はウトロで英雄になると見込んでたんです。意気込んで公務と思ってやったのが地元に了解を得られないことで頓挫しました。私は許氏と食事するのも全部自分の持ち出しでやって、一銭も儲けてない」

七月二四日、彼は京都駅近くのホテルでウトロ地区の代表と面談する。「私は皆さんに言うたんです。みなさん無料だと贈与税の方が高いんですよ。払い下げなら道路作って整備しても一人、五、六万、七万くらいで出来るわけですよ。もしタダで貰ったら最低で評価しても坪一〇万くらいかかるわけですよ」

戦後補償や歴史的責任を主張する者たちとの議論がかみ合わなかったのは事実だ。それを河炳旭は総聯と民団の対立と評した。だが総聯にせよ民団にせよ組織が何らかの方針を出した事実はない。彼は住民間の意見の違いを予め用意した南北対立の枠組みに嵌め込んでいる。その根底には歴史的に左派が強い集落への偏見も滲む。そもそも七〇年の要請書に至る運動は、地元総聯の顧問と、民団系の平山が中心を担っている。韓国民団のウトロ認識、土地問題への態度にも直結する証言なので、彼に誤解、あるいは偏見があることを指摘した上で以下を紹介する。

「朝鮮総聯は歴史的経緯があるから無条件で全部ただで払い下げしろ、分配しろという方針ですわ。民団は三分の一位で払い下げろとそこが違うわけですよ。ウトロは朝鮮総聯の精鋭分子が集まったところでしたから、無条件で全部払い下げろと。お金は一銭も出さないと、そういうとこで根本から違ってたわけですよね。大げさにいうと民団路線と朝鮮総聯路線の対立があったんですよね。それで何十年たって今、新聞に出た記事では七〇〇〇坪の半分、三五〇〇坪を五億とか六億で買うと。私は全土地を四億で分けようと言うてたんですよ。それで土地は半分、値段も倍でしょ。こんなバカなことがあるかと思いますね。私が団長時分、ウトロも何人か民団系がおりましたけど、ほとんどは総聯系の熱烈分子でした。何を喋っても無条件、ただでもらうと。買うのはアカンの一点張りです」

河炳旭は、あくまで自分はトラブルに巻き込まれた立場だと強調した。

「酷い住環境を改善したいと思ってた。真ん中に広場作ってね、私は悔しかったですよ。一番ショックだったのは一億円の件でした。私はずっと友人でしたから。この件で総領事が事情を聴きに来た時も、ネコババの件は言いませんでした。でも彼（平山）も始めは純粋に、住民のために問題を解決したいと思ったのかも。それが段々雲行きがおかしくなって。はじめは儲けるつもりはなかったんじゃないかと」

同様の見立てを語る住民もいたが、事実として平山は集落を裏切った。住民の怒りは高まりこそすれ収まらなかった。一部住民が彼を打擲し、車を壊したとの証言も複数から聴いた。「お前も子どもがおるやろ！」と怒号されて怯えていたとも聞く。彼はある日、母と妻と子を連れて忽然と地区から姿を消した。空家を調べた者によれば、机の上には娘の学生証が置き去りにされていた。よほど慄き、慌てふためいて逃げたのだろう。

再開発で取り壊された「豪邸」は長らく異様な姿をさらしていた。庭には亜熱帯を思わせる木々が生い茂り、二階の庇はモルタルがはげ落ち板が剥き出しで、路地に面した西側の壁は崩壊寸前に傾いていた。二階の壁からは、飛来した鳥の「置き土産」なのだろう、名も知らぬ植物が繁茂していた。もしかすると居住している段階でも投石があったのかもしれない。大半の窓は粉々に砕けていて、銀座にはみ出した車庫の両脇や家の壁の彼方此方には、白や黒、赤のラッカースプレーで「死ね」「殺すぞ」などと殴り書きされていた。その一方で、殺伐とした傷跡を残す廃墟の庭を住民が開墾し、チシャ菜や白菜の畑にしている「長閑さ」もウトロらしかった。

平山は九月、西日本殖産の代表を離任する。河炳旭は、伏見区の土建会社「金澤土建」に会社ごとウトロの土地を売却。利息を清算して連帯保証を解除、ウトロ問題から手を引く。

これが「土地問題」勃発の経緯である。住民が自らを「不法占拠者」と認め、問題を「土地所有権」に落とし込むだけの「物分かりの良さ」があれば、河炳旭が目指した「妥当な解決」が果たせたかもしれない。だがここで考えるべきは歴史性である。植民地主義の暴力で故郷から引き剥がされ、解放後はそこに居ること自体を「不法」とされた者たちが、譲れぬ最後の一線を「道理」や「筋」に求めるのは愚かなのか？

幾度目かの「根こぎ」との闘いが始まる。地区内に緊張が高まっていく。

第六章 「立て看」の家

暮らしの場から掴み出した、激越かつ切実な文言を刻んだ立て看板が、まるで鎧のように家屋を取り巻く。根底にあるのは「生きること」。体面など二の次、三の次だった。これら「ウトロの門番」は、状況が厳しさを増すのに比例して増えていった＝2005年7月5日

自宅前に立つ中元幸子。夫・金壬生の「代打」で裁判所の証言台にも立った＝16年12月8日

集会でウトロの現状を説明する厳本明夫。会長の金教一と二人三脚で運動を牽引した＝02年2月24日

日産車体京都工場前で座り込む住民ら＝1998年12月23日

交流会で踊り出す一番手は、姜景南と決まっていた＝1990年8月4日

独・フォルクスワーゲンの労組員らを迎えて開かれた「国際平和フォーラム IN ウトロ」。手前左端がレナーテ・ミューラー＝1990年8月12日

京都市の繁華街をパレードする洪貞子（手前左）、金順伊（同右）らウトロ農楽隊のメンバー。2列目に黄順禮（左）、余君子が続く＝京都市下京区で1994年5月28日

ウトロを「守る」活動よりも、農楽隊に没入したムン青ヒョン（左端）。パレードや集会で演奏し、皆を鼓舞した＝13年4月28日

「敵地」宇治市役所に乗り込み「市民交流ロビーコンサート」に出演、圧巻の演奏を披露したウトロ農学隊＝1998年11月9日

敗訴に抗議する横断幕を持って京都地裁を出る住民ら。1998年1月30日、2世帯3人に対して判決が言い渡された＝京都市中京区で

ウトロを代表する視覚的イメージは、地区の入口にある家だろう。再開発に伴い撤去されたが、土地裁判前には既に空き家となっていたこの木造二階建ての家屋は、夥しい立て看板に囲まれた地区の「門番」だった。

「強制退去決死反対」

「私達は屈しない　ウトロを守ります」

「ウトロの子どもに未来を」

「ウトロはふるさと」

「私たちはウトロに生き、ウトロに死にます」

「行政の力と周辺住民の理解を下さい」

「あなたたちに正義がありますか」

白や黒の鉄板に、赤や黒で文字が刻まれている。素直な感情の発露で、それゆえ嘘のない言葉が「国民の歴史」に裂け目を入れ、多数者が享受する「平和と繁栄」の欺瞞を撃つ。歴史否認、差別煽動との闘いの最前線から生まれた看板の数々は、まさに「表現」の名に相応しかった。強制執行の危機に対応して看板は地区内にも広がり、電柱や自衛隊駐屯地沿いのフェンスにも設置された。一時は街全体が言葉で武装した要塞のように思えたものだ。

闘いの移り変わりを体現してきたこの家が鎧を纏ったのは一九八〇年代終盤のことだ。ウトロの問題を「土地問題」に押し込めようとする「歴史否認」との闘いがその契機だった。

「地上げ」との闘い

水道管埋設同意と同時進行だった平山への土地売却。土地は、そのためだけに設立された不動産会社「西日本殖産」に転売され、一九八八年六月には不動産業者が下見に来た。詰め寄る住民に対し彼は「銭になることならなんでもやる」と嘯いた。

西日本殖産の社長は次々と変わる。同年九月には住民に買い取りを求める通告書が届く。その二か月後に就任した新社長は三栄地所と四〇〇戸のマンション建設の業務委託契約を締結、一二月一三日には、西日本殖産から住民に無条件立退きの通告書が送付される。

「貴殿もご承知のとおり、貴殿等は、大東亜戦争前より、一切の賃借関係も無い儘に使用され、不法占拠となっております」と決めつけ、会社として協議を重ねてきたが、住民には「買い取り意思」も「誠意」も見られないと非難。今後は一切の売却交渉を拒否すると宣言し、即刻の明け渡しか法的措置の二択を迫った。契約締結後に「キレて」見せたのだ。しかも「大東亜戦争前より、一切の賃借関係も無い儘に使用」だ。歴史的経緯など一切認めないとの意思表示だった。

住民と支援者も急ピッチで動く。初めて町内会が結成され、鄭大秀（チョンデス）（一九三一年生）が会長に就任、ウトロ土地問題対策委員会も結成され、文東起が委員長になった。

町内会と委員会は一九八八年、初めての要望書を府と宇治市に提出、金川琢郎弁護士、河本光平弁護士を代理人に据え、翌年二月、業者に反論書を送った。

武器は民法一六二条の「取得時効」である。同条には「所有の意思をもって、平穏に、かつ、公然と他人の物を占有した者」は、最初から自分の所有物と思っていた場合（善意）で一〇年、そうでなくとも二〇年経てば「その所有権を取得する」と定められている。

一九四五年八月の敗戦で、何の補償もなく解雇された朝鮮人労働者とその家族が肩寄せ合って暮らしてきた地域がウトロで、既に時効は成立している。加えて西日本殖産はその事情を踏まえて登記名義人になっており、住民が時効で得た権利は会社側にも対抗しうる。ゆえに撤去の申し入れには一切応じられないとした。

これに、「一九八七年三月、当時の土地所有者「日産車体」がなした埋設同意は、ウトロ住民の地上権を認めたことになり、現状有姿のまま購入した西日本殖産も同様に認めなければならない」、「住民に土地を分けるとして売買した経緯から住民には先に買い取る権利がある」、「地上げは信義則に反する」を加えたものが、後の裁判における被告ウトロ住民側の主張となる。

最初の看板はこの頃掛けられた。「地上げ屋は土地所有権を日産に戻し、第三者に転売するな！」「地上げ屋立入禁止、日産の背信行為を糾弾する」や「日産は歴史経過を踏まえウトロ土地問題で住民の意志を無視するな！」「我々は血と汗の結晶である」など、大人の背丈ほどもある鉄板に書かれた怒りと覚悟の言葉が、当時の写真に写っている。

もはや訴訟は不可避だった。高度経済成長の波がようやく届き、地区内の道路を皆で舗装し、外部からの支援も得て上水道を整備した。バラックが小屋になり、七〇年代以降は瓦屋根の家も建ち始めた。やっと人並みの暮らしをと思った段階で、立ち退けと言うのだ。

町内会と土地対策委員会は池本正夫・宇治市長宛の要請文を提出する。水道問題が前進した矢先に居住権を揺るがす事態が発覚、不動産業者が出入りし、住民の不安が高まる現状を説明し、「これは、ウトロ地域住民の歴史的経緯と特殊事情を無視した動き（中略）私共は、血と涙の結晶である居住権の理不尽な侵害を容認するわけにはいきません」と、市側に事態収拾への介入を求めた。住民らは府にも同様の要望を重ね、一九八九年一月一七日には市議会予算委員会でも事態が取り上げられる。質問者は水道問題でも尽力した社会党（当時）の浅井厚徳である。

彼が突いたのは手続き上の瑕疵だった。「六四〇〇坪、二万一〇〇〇平方㍍の取引ですから、国土法上の届け出義務がある。日産車体と平山さんが各自届け出していましたけど、登記を見ると売買は日産車体と西日本殖産の間でなされている。西日本殖産は届け出をしていない。これは中間省略で、国土法違反ではないかと。私はこれで一旦、所有権を（日産車体）に戻せないかと本気で考えました」。浅井が「問い」を投げた相手は市長ら市当局だけではなかった。「当時の議長は地上一男さん。日産車体の組織内議員だったんです。『そういうことなら』、と彼が会社と住民の間に入って欲しかったけど、彼は結局、出てこずでした。会社から指示されていたのだと思いますね。当時、日産車体は民社党系（旧同盟系）で、私の社会党系とは噛み合わないのだけど、何かしら感じて動いて欲しかった」

池本正夫市長は「当事者間による十分な話し合いにより円満な解決が図られることを期待」と述べるに留まった。国土法違反の指摘については「『届け出』規定違反は、契約を無効にするほどのことではない」と一蹴された。その一方で市は、日産車体に住民との話し合いを求めたが、会社側は「当事者性がない」と突っぱね、これ以後は会社も市も「係争案件」を理由にウトロ問題への関わりを拒むことになる。前章で述べたように、市は水道管埋設で剥がしたアスファルトの本復旧工事も投げ出し、その後は何もしなかった。

一般質問から二週間後の二月二日、西日本殖産は五世帯を相手取り、土地明け渡しを求めて京都地裁に提訴、その後一八次に亘り計六九世帯を相手に訴訟を起こす。当時の居住者は八〇世帯、約三八〇人だ。ほぼ全員が被告とされた。

それでも日常は続いた。止まれば途端に食えなくなるのだ。当時のウトロは稼働世帯の八割近くが土木建設業に関わって口に糊していた。飯場を持つ者も多く、まかないは「おカミさん」の仕事だった。夜明け前に起きて家族と職人のメシを炊き、弁当を持たせて働き手と子どもを現場と学校に送り出す。これがウトロ女性、今日一日の「序盤戦」だった。二世の金順伊(一九五四年生)もその一人、二〇人分の朝食を作って弁当を詰め、皆を送って一息ついた時のことだ。

「何かを落とす凄い声が聞こえてきて、父(厳俊碩〔オムジュンソク〕)が家から飛んで行きました。嫁いできて一〇年、三人目の子を産んで半年後のことでしたね。トラックが家の向かいにつけて、何人かが荷物を下ろしていて、あっという間にムラの人たちが集まって騒ぎになりました」

一九八八年二月一三日朝九時頃、大量の足場板を積んだトラックが地区に入って来た。西日本殖産の依頼を受けた解体業者だった。三台のトラックは入口近くに停車、車から降りてきた男七、八人が、荷台から資材を下ろし始めた。不動産業者が下見に来たことはあったし、西日本殖産は昨年末から、平山宅など既に彼らが買い取った、すなわち解体の補償を済ませた空き家の取り壊しを町内会に通告するなど住民に揺さぶりを掛けてきたが、実際に来たのは初めてだ。しかも提訴の一週間後、判決どころか弁論も始まっていない時期という荒っぽさだった。

翌一四日付『洛南タイムズ』によると、住民およそ四〇人が入口に集まり、解体屋を問い質した。業者の通報で宇治署員らも出動、現場は険悪な雰囲気になった。

住民の一人が「まだ生きてるんや。自分の身になって考えてみろ」と抗議すると、解体屋は「鉄砲持って来たる」「血の雨が降ってもエエんか」「解体には命をかけてんのや」などと住民らを威嚇した。「四〇年も五〇年も住んできて、裁判は向こうが仕掛けたことやのに、何の結論もないまま解体しようとするなんて無茶苦茶。昭和一六年に飛行場を作るために連れてこられ、理由もなしに住んでるのと違う」と涙する女性もいた。

当時の写真が残っている。多くは女性である。入口付近にトラックが横付けされており、強面の男たちの周りに住民が立っている。一触即発の空気が伝わってくる。

間もなく運転手付きの高級車が到着し、西日本殖産の社長と御付きが降りて来た。住民の数は増えていく。鄭光子は、当時の切迫感を滲ませて証言した。

「裁判にかけられて、（西日本）殖産がな、丸太積んで大型トラックが入口に来た。みんな仕事に行った後に来た。『人間のやることか！　帰れっ』て言うてな。そしたらベンツに乗って社長が来た。『社長がなんやねん。映画とちゃうけど、舐めたらアカンで。私ら命張って生きとんや、ここは先祖が残してくれた命の土地や！　帰れっ！』て言うたったわ」

一九六二年に京都市南区の東九条から越してきた二世で、現場近くでコンクリート製造業を営んでいた清水光男も家から飛び出した。

「解体屋言うても物凄くタチの悪い、他でも問題起こしてるとこです。あれが金に釣られて『任せとけ』言うてやって来た。調子乗ってね。外出たら足場積んだトラックが来てた。足場を組みに来たんだと思う。それでウトロ住民が出て来たけど、仕事に出とるから男連中がおれへんわけや。それでおばちゃん連中が出て来て、『わー』ってやり合ってた。その時には当時の西日本殖産の人間も来てた。社長とかヤクザみたいな奴や。何より困ったのはウチの親父でね、家から出て来たと思ったら一直線にその柄の悪いもんの前に行って『ガーッ』とやり合うわけ。向こうが『お前らも家族おるやろ』って脅したら、親父が激怒してね、『お前ら、爆弾持って行ってやってまうぞ！』って(笑)。それ全部テープに録っとった。あれは強烈に覚えてるなあ。おばちゃんたちも解体屋とかと色々やり合ってたわ。それもみんなテープに録ってるねん。あの時、親父はもう仕事してなかったけど元気やったから。最初に思ったのが『親父を止めなアカン』と。完全に切れてたから(笑)」

親父とは辛点順の夫、卞三燮のことだ。録音していたのは業者と宇治署員だろう。

金儲けしか頭にない彼らに理非や善悪は通じない。男たちが怒鳴り合う傍らで、女性たちが地面に寝そべった。いわゆる「シットイン」、実力行使だった。

横になった一人が鄭光子だ。「『潰す前に私らを順番に潰せ』と、どうせ私ら命張ってる。『人間先に潰せ！』と。『そんなんやったら刑事問題やで』と言うから、言い返したったの。『かまへん、もう家潰されたら私ら帰るとこない。留置場行ったらメシも出るし雨露も凌げるやろ』って。こんなんが何回もあってんで」

抗議者の中には姜景南もいた。「入口のとこも潰しに来るから、一件潰したらみな潰される。そやから反対してん。『潰してみぃ、それやったらブルドーザーの下にひき殺されたる。ウチを潰してからやれ』言うたんや。こんなこと話しても分からへんちゅうねん!」

この時、解体屋に対峙した女性の多くは、就学の機会から疎外されてきた。だからこそ彼女たちは、トラックの前に寝転ぶ抵抗ができたのだと思う。学校は生きる上で必要な知識を得る場であると同時に、その社会での「多数派の常識」や「市民的価値観」を刷り込む制度でもある。高等教育を受けた平山桝夫が、役所や資本と「常識」を分かち持つ存在だったのも然りだろう。所有権を掲げた合法的な家屋破壊を断念させたのは理屈や道理ではない。「飼い慣らされない身体性」であり、「逸脱」であり、「物分かりの悪さ」だった。

業者はこの日の作業を中止したが、帰り際に彼らは「三戸買い取っている。住民たちは不法占拠している。今日は帰るが(解体を)やります」と捨て台詞を残していった。

町内会と土地対策委員会は声明を出した。「住民に一言半句の誠意ある相談もないまま利権集団に土地を売却し、住民を問答無用に追い出そうとする日産車体KKとそのお先棒をかつぐ西日本殖産の非人間的暴挙を断じて許すことはできない」。植民地主義に翻弄されながら、この地に辿り着いた在日たち。かつて進駐軍に暮らしの場から追われかけた者たちが、今また、地上げ屋によって、しかも合法的に、唯一の居場所を追われようとしていた。

この日から、見知らぬ者や車両の侵入は最大限の警戒で迎えられた。自発的に散歩と称して地区内を巡回する者も少なくなかった。清水は入口にサイレンを設置した。

田川の記憶に刻まれているのは緊迫した空気と、文光子の一言だ。「『私達は此処に住む権利があるんです』って。ちょっと困惑しましたけど、そうなんですよね。ここに住んで働けと言われて来た。その言葉が彼女の中ではずっと生きていた。ちょうど、裁判の直前、文さんは地区の西端に大きな日本家屋の家を建てたばかりだった。極貧の中からやっとのことで建てた大きな家です。それを建てている時も、日産車体からは何一つ文句も言われていない。建て終わってから立退けと。しかも被告でしょ。金君子さんや姜景南さんもそうだけど、特に一世にとって『被告』とは悪いことをした人なんです。『なんで私らが被告なんだって』」

同時に田川が痛感したのは棄て置かれたウトロの現実だった。「住民集会で強制執行が具体的な危機としてあると説明すると、それまで私たちに『ご苦労様です』とか言ってた金君子さんが、『なんでそれを誰も言ってくれへんかった！　なんでもっと早く。ここに日本人が三分の一でもいてたらこうならんかったやろ』って。役所も周辺も市民も避けて来てたんだって。誰も外から『このままではマズイ』と言う人がいなかった、それくらい、孤立してたんだって」

弁論開始

一九八九年三月八日、第一回口頭弁論が開かれ、住民たちは車や電車で京都市中京区の京都地方裁判所に向かった。審理は三人の合議体、用意されたのは大法廷だった。街全体が被告になった規模はもちろん、社会的注目度の表れだった。傍聴する住民や支援者が見つめる柵の向こうで、住民を代表して陳述に立ったのは鄭宏烈、朝鮮学校の教師だった。

「問題の所在の本質を明確に見極めなければならないと強く主張します」。これが肝だった。彼は日産車体の不実を批判、侵略戦争遂行に朝鮮人労働者を使役し、補償すらせずに放り出したことがウトロの起源であり本質であると訴え、こう結んだ。

日本の植民地支配による、いわゆる「戦後処理」が果たされないまま、現在に至っているのが数多くありますが、ここウトロもその一つであります。

本件については日本の為政者も重大な責務があると強く訴える次第であります。

私はウトロ町内会の意思を体して、原告の不当な請求を棄却するように、強く求め、陳述を終えたいと思います。

第二回口頭弁論が開かれた一七日には、「地上げ反対！ ウトロを守る会」が結成される。共同代表は樋口謹一、槌田劭、横川栄次、裏方は竹原八郎だった。京都弁護士会館での発足集会には、住民や支援者ら約二〇〇人が参加した。槌田の発言が残っている。「人権と生活を踏みにじりながら、一国の首相が侵略戦争責任問題を『後世に評価を任せる』と発言するところに日本の現状の恥ずかしさが表れている。宇治の、そして日本の住民の一人として、誰が見ても許せないものは、やはり許せないのだという態度で活動していきたい」。ハスキーで高い声に怒気を込めて話す姿が浮かぶ。「首相」とは竹下登のこと。結成アピールにはこうある。

ウトロの問題は、単に一企業の責任問題にとどまりません。戦前の日本の朝鮮への侵略植民地支配がなければ起きなかった問題です。そして、この侵略と支配の歴史の清算（戦後処理）が、日本政府をはじめ行政諸機関の責任でなされておれば生じなかった問題です。飛行場建設に関わりウトロの歴史に直接関係をもつ日本政府と京都府は今回のウトロの土地問題を傍観することなく、その責任を果たす義務があります。

また、宇治市民である八〇世帯三八〇人ウトロ町民が地上げの恐怖にさらされ、文字どおりその生活が足元から崩されようとしている時、その生活権を守ることは、地方自治体の当然の責任です。宇治市は地上げに反対し、ウトロ町民が要望している「日産車体」と町民との話し合いを実現させ、問題解決へいっそうの努力をすべきであります――。

四月二九日には「地上げ反対！　ウトロの集い」を開催、チマ・チョゴリ姿の女性たちが先頭に立ち、日産車体京都工場周辺を約七〇〇人で行進、同年一一月には神奈川県平塚市の日産車体本社に赴いた。会社は対応を拒否。無機質なビルに向け、二世の洪貞子（ホンジョンジャ）（一九五五年生）がマイクを握った。「小さな子どもを残して、宇治のウトロから来ました。日産のみなさん、心があれば、たとえ五分でも一〇分でも出て来て話し合ってください」（『Message from ウトロ』）。霞が関では総務省に通された。役人は背景を理解していると言いつつ、「非常に難しい問題で一朝一夕にはいかない」と逃げたが、内外でのウトロの認知度は上がっていく。

共通言語は「過去清算」「戦後補償」だった。韓国の民主化などに伴い、一九八〇年代後半以降、日本の侵略、戦争責任を問う声がアジア各地で噴出する。その流れに合致したのだ。

日本の司法制度がウトロを「土地問題」に押し込めていく一方で、住民と支援者は「歴史的責任」を梃に、日産車体の不実を指弾し、自治体に対して支援を求めていく。

その先に掲げた「旗」は「まちづくり」だった。

町内会と土地対策委員会、支援者らは一一月二三日、ウトロ広場を会場に「まちづくりの集い」を開催する。住民や京都朝鮮歌舞団、支援者による「友好のど自慢大会」や、東九条の文化サークルによる「マダン劇」などが披露され、周辺住民や連合町内会長、宇治市議や府議会議員などが出席した。「地域との繋がり」を構築する第一歩だった。

「まちづくり」それ自体が誰のネーミングかは定かではないが、企画の中心を務めた竹原は、「あくまで自分の考え」と前置きした上で、その言葉に込められた思いを語る。

「最初に水道で関わった時から、最後の解決はどうするのか？　というのが私の中にはあった。全部を元通りにすることなんてできない。どうすれば解決とするのか。その時に浮かんだのが『まどえ』という言葉、奈良の言い回しで、『元に戻せ』みたいなニュアンスです。ではどこから？　一九一〇年？　もっと前かという話、たとえ帰っても故郷はもうない。そしたらどうするか。ウトロに住むしかない。今まで住んできたのに住めない状況が来そうだということ、理不尽な話ですけどね、そこでウトロを故郷にするしかない、ウトロのコミュニティーしかないやんかと。私の理屈ではそうなる。それが、『元に戻せ』、そういうのが原状回復、戦後補償運動なんだっていう思いがあった。戦後補償運動がまちづくりでも私の中では矛盾はない。日本社会の中で在日のまちを作る、ウトロの人の主体的な動きを応援することが、日本人に出来る戦後補償運動ではないかと思った。当時は『原状』と『現状』も区別付かんかったけど(笑)」

この時期から運動に参画したのが厳本明夫である。土地対策委員会の広報担当を皮切りに、弁護士とのやり取りでも窓口を担うことになった。彼は一九六〇年代にウトロに移り住んだ後発組、当時少数派だった民団系である。

福岡の炭鉱町で在日一世の父と二世の母との間に生まれ、尼崎の長屋で過ごした。事業をしたい父が、家族と暮らし、かつ事業所を設けられる場所をと方々探して見つけたのがウトロだった。母は商才があり、金貸しや雑貨店、焼き芋売りなどで、時に夫以上の稼ぎを得ていた。二人で溜めた金で土地を買い、ブロックで基礎を作り、工事用の角材を柱にトタン屋根を載せた家を建てた。厳本が小学六年生の時だった。

父が興したのは土建業だった。家の一室は常に五、六人の職人が寝泊まりし、母は自らの子どもに加え、職人の食事や身の周りの世話をした。超多忙な中でも母は二階を改造し、友禅のぼかし染めで稼ぎ、父の会社が作った赤字を補填するなどしていた。

厳本はいわゆる「民族教育」は受けていない。自己規定は「朝鮮系日本人」だ。小学校の卒業式前、「意識の高い」教師に呼ばれて民族名を確認され、リハーサル、本番で「オム・ミョンブ」と呼ばれた時に感じたざらつきは今も残ると言う。

高台の学校では放送委員と野球部、英語クラブと水泳クラブに入った。「卒業アルバムでは四回登場してます。自分で言うのもなんだけど変な奴でした」

源泉は読書だった。図書室で借りた本の数は全校一、二番をキープし、日本の昔話やギリシャ神話、SFから推理小説に傾倒、日本と世界の文学全集を読み漁った。「太宰治や芥川龍之介、それから『罪と罰』に夢中になった。高校進学した後は国語の先生の影響で大江健三郎とかね。三島由紀夫は嫌いやったな」。自分でも書いたかと訊くと、「あれは難しい、相当続けてやらないとダメ」と笑い、こう収めた。「とにかくやりたいこと、なりたい夢がたくさんあった。こんな変な奴が将来どうなるのか自分で楽しみにしていた」

七〇年安保の翌年、伏見工業高校の建築科に進学する。学園紛争の名残で気風は自由、私服通学が伏工の伝統だった。とはいえ全学連は敗北し、「理念」や「理想」を掲げた運動の退潮は止め処なかった。ここでの経験が、住民運動を進める上での指針となった。

「学生運動は大衆を離れた独りよがりだったという認識です。だから私がウトロで大事にしたのは何よりも後ろを確認すること。皆が付いてきているかです」

イデオロギーやスローガンにも嫌悪を隠さない。人道問題、戦後補償、居住福祉と、時々にその「旗」を変えてきたウトロの「融通無碍」を体現する人物だが、その一方で厳本は高校時代、朝鮮文化研究会に縁し、活動に没頭していく。「朝文研だけどイデオロギーじゃなくて歴史とかを学んだ。父親は一世やし、母はそれを支えてる、民族はあったけど、なんで自分は日本にいるのか、なんで日本人でないのかの整理がつかない。自分たちはこの国の『お邪魔虫』じゃないのかと思う強迫観念があった。いずれ何らかの形でダメになる（放逐や弾圧される）とは思わなかったけど、恥ずかしくて隠す。そんな認識が、朝文研の学びで変わっていった。学校でも月一回壁新聞を刷って貼りだした。内容？『在日の今』とか、在日について書かれた本の抜粋とかね。とにかくなんで在日がいるのか、その歴史を皆に知って欲しくてね。土地調査事業とか、東洋拓殖会社とかも一生懸命に説明した」

行動の原動力は韓国民主化運動への憧憬だった。独裁者、朴正熙に対し、当時、韓国では「自由」と「平等」を求める青年たちが命を賭した抵抗を続けていた。「では異郷の自分は何をすればいいのか」、得も言われぬ焦燥が、彼を突き動かしていたのだ。

だが卒業すれば現実が待っていた。親族経営の水道会社に就職し、食べて眠るだけの日々。「思い」は後景に退いた。過労で体を壊して退社、父の会社で働きながら大阪工業大学の夜学を卒業する。二八歳だった。結婚し、仕事も一人前になって来たと思った矢先、土地問題が起きた。

意を決し、先輩たちが詰めていた集会所二階へと通じる階段を上った。

「入って来ていきなり『自分も何かやりたい』って言うから、思わず、『厳本君、どないしたんや？』って訊いたわ」とは、同級生だった清水光男の言である。

「忘れ物を取りに行く」、これが厳本の思いだった。「韓国の民主化運動に参加できなかった鬱屈を抱えながら生活に追われて来た中で、この問題にぶつかった。これを通じて自分も在日に貢献できる、朝鮮民族、韓民族の歴史の中で貢献できる。これが自分の命題だと思った。あと、もう少し後に指紋押捺拒否があったでしょ。地元で言えば崔忠植さんなんかが拒否して頑張ってたけど、私は怖くてできなかった。その復讐もあった」

ほどなく町内会の副会長となり、文字通りの牽引役となる。一方で「運動とは何か」を巡り、先輩との間に認識の溝を感じることも多々あったと言う。

「裁判はそれとして、市民運動をしないといけない。それで『守る会』の提案があって。毎年二回、焼き肉の集いをやって色んな人と交流して支援を広げていくことになったんだけど、先輩からは『裁判で大変な時にお祭りしてる場合ちゃうやろ!』とかよく言われました。五年、一〇年経って支援者が増えたところで、ようやく理解されるわけです。ぼく自身も『これでええのかな』との思いがあったけど、正解だった。それを支えてくれたのは総聯支部の副委員長だった金善則さん。『同胞に朝鮮も韓国もない』と、二階を快く貸してくれた。それからもちろん竹原さん、田川さん、斎藤さんです。全学連世代でしょ、どう進めるかを一から教わりました。竹原さんからは『とにかく焦らず、ゆっくりしいや』と」

その反面、呼びかけには苦労しなかった。「ウトロはそもそも足元に火がついて始まってるでしょ。被告なんだから当事者意識はある。生活を守るための闘争だから。たとえば民族団体や運動体が、ある意味で波風のない状態から何か権益を獲得するために運動を立ち上げるわけじゃない。『敵を作る』じゃないけど、生活を破壊しに来る敵は具体的にいた。町内会費も最高額で月五〇〇〇円くらい集めたよ。主に弁護士費用だった。五〇〇円から始めて、一〇〇〇円と上げていって。三分の二は出してくれた。三分の一は違ったけど(笑)」

弁論はハイペースだった。一九八九年だけで一八回もの期日が入った。その都度、住民たちは京都地裁に出向いた。民事訴訟は書面のやり取りが主、所要時間は五分程度が大半だ。宇治から京都市中心部に通う経済的負担もバカにならないが、住民は集った。ウトロ広場で集合し、誰かの車に乗り合わせていく者もいれば、近鉄伊勢田駅から電車に乗る者もいた。

付き添ったのは「ウトロを守る会」のメンバーで、行政書士の吉田康夫（一九五六年生）である。一九八六年、宇治市議選立候補のため伊勢田に移り住み、ウトロに関わり始め、しなやかに、楽観的に運動を支えてきた。彼のスタンスは「近隣住民」である。「子どもの幼稚園や買い物で顔を合わせることも多いし、ウトロは日常だった。だから関わらざるを得なかった」と言う。

日常の関わりで感じてきたのは住民たちの「強さ」だった。「解体に来た地上げ屋を追い返したでしょ。その後も内容証明送ってきたけど、結局できない。日常を続ける強さです。少なからぬ住民には『これまでも住んできたし、何とかなるわ』という思いがあったと思う。裁判も全員が悲壮ではなかった。大変だけどお出かけ気分なとこもある。学校行ってない人もいるし、『お茶飲んで帰ろう』とか、大阪高裁の時なんかは本当に半分、遠足気分だった」

とはいえ道中では、住民の歴史、在日の実存を垣間見たことも度々だったと言う。「伊勢田駅に集合して裁判所まで一緒に行くんですけど、上本さん（姜景南）は字が読めないから切符が買えない。それを見て、あーっ、オモニの状況ってこういうもんなんだと実感する。日産車体の本社に抗議に行く時もね。バスを借りて行くんだけど、出発するとおっちゃんが皆に『おい！ 今日、外登証持って来たか、何かあった時持ってかれるぞ！』って確認するの。こういうことなんだなって。厳しい中を生きてきたんだなって」

同じく電車で通っていた田川は、別の一世女性と鉢合わせした経験を語る。「なぜか地下鉄で一番遠い国際会館（駅）までの切符を持ってるんですよ。『それ違いますよ』と言ったら理由を説明された。字が読めないからです。数字は分かるからとりあえず一番高いのを買う。降りる場所は車内放送で分かる。一度、お金が足らなくて自動改札が閉まったことがあったそうで、パニックを起こしたと。あの時の恥ずかしさが恐怖になっていて、絶対あんな思いはしたくないというわけです。昔は駅員さんがいたから買えたんですけどね」

彼女が非識字者なのは知っていた。「以前、ある新聞にウトロのことを書いて、そのオモニを中心に書いたんです。ちょっと鼻高々というか自慢したい気持ちがあったんでしょね。新聞をオモニに渡すと、小さい声で、『私、読めないんです……』って。電車で『丸太町駅まではいくらですよ』って言った自分を反省しました。『またやっちゃったって』」

住民たちは裁判所に通い詰めた。自分たちの思い、歴史的正当性を司法に伝えるとの一心で。

「過去清算」という旗

「過去清算」の流れの中、ウトロ問題は海外で報じられ始める。翌九〇年五月には海外メディアとして初めて、韓国の左派紙『ハンギョレ』がウトロ問題を取り上げた。

日本の国政でも動きが出る。一九九〇年一月、当時の翫正敏・社会党参議院議員が党の朝鮮問題特別委員会にウトロ住民の苦境を提起。六月四日、嶋崎譲衆議院議員を代表とする五人の「調査団」がウトロを訪れ、地区内を視察し、一世の話を聴いた。出迎えた六〇人の住民たちを代表し、視察団に思いを語ったのは木村千晶だった。

一九四七年に広島県の呉で生まれ、ウトロの男性と結婚、四人の子どもを授かった。当時、「ダブル」の言葉など知られていなかった。朝鮮人か日本人か、どちらかに割り切るのが「正解」で、所与のアイデンティティで割り切れない存在であることは否定的に捉えられていた時代である。子どもの「揺れ」を懸念し、朝鮮人に「なる」努力を重ねていた彼女だが、土地問題で自分が日本人であること、自らの「国民責任」を自覚せざるを得なくなった。

議員たちとの語らいの元になった原稿がある。朝鮮人集落の温かみの中で暮らしてきた彼女が、それゆえに住民たちに感じた申し訳なさ、子ども達にどう向き合えばとの焦燥、自分の「責任」を巡る葛藤が綴られている。

> 在日朝鮮人の妻となり、ウトロに住み、子どもを育てるうち、民族差別、地域差別というものを肌で感じさせられました。戦争のため、飛行場建設に従事させられた、一世のアボジ、オモニたちは、戦後ゴミのようにこのウトロに置き捨てられ、何の補償も無いまま、想像を絶する程の苦闘の中、子ども、孫を育て、今、ようやく息をつこうとしている時、この土地を追い出されようとしています。

私は子ども達に喧嘩して、相手の心を傷つけたなら謝りなさい。もし相手の目を故意につぶしたなら貴方の目をあげなさい。それが出来ないのなら、決して相手を傷つけたりしないように、と教えています。

しかし、最近、不幸な歴史が表沙汰になり、子どもの声が聞こえます。「お母さんの国の人は、どうしてお父さんの国の人を差別するの？」「お母さんの国はお父さんの国の土地を取り、人を殺し、その責任は取ったの？　土地を取って、土地をあげたの？」

私に何の返答ができましょうか。強制連行者の名簿を調査するとの事ですが、土地を奪われ、言葉も奪われ、騙されて、生きるがため、日本に移住して来た人も沢山います。

死闘の日々、ウトロには無念さと血の涙がしみついています。みんなにとって、不幸な過去ではなく、今なお続く現実なのです。ウトロ住民が住んでいるからこそ、生きた町であり、村なのです。もし、この土地をも奪われるなら、どんな立派な家が立ち並ぼうとも、血の汗と恨みのこもった、ゴーストタウンになりえましょう。差別、偏見の中に、わが身を投じて、自問自答しております。

「日本の国がしなければならない事は、何ですか」反省、謝罪、責任、補償。「私のすべき事は、何ですか」、子ども達に言いましょう。「貴方達の母親であり続けるため、ウトロの人間として、闘い続けるからね」と。これが私に出来る責任の取り方だから……。

付け加えればこの調査団以降、ウトロに日本の国会議員は来なかった。二〇二一年に起きた放火事件で、有田芳生・参議院議員、尾辻かな子・前衆議院議員（共に立憲民主党）が翌二〇二二年一月、現地視察に訪れるまで、国会議員がウトロに来ることはなかった。

さて、この視察を受け、六月二〇日の衆議院法務委員会で、社会党の小沢克介議員が国政では初めてウトロ問題を取り上げた。

同党の朝鮮問題対策委員会に所属する小沢は、ウトロの形成史を在日朝鮮人の歴史の中に位置づけ、過酷な労働実態について政府の認識を問うた。

先ずは企業責任である。かつて浅井が指摘した土地売買の杜撰さを引用し、事態を泥沼化させた日産車体の無責任を批判。西ドイツのベンツ社が、強制労働させたユダヤ人に賠償をしたことを引き合いに、ウトロ問題も日産車体が事態の収拾にあたるべきだと主張した。

続いて国である。小沢は海外紙で報道されたことによるイメージ低下はもちろん、「世界の日産の人権問題として通商摩擦に繋がりかねないなどと指摘した上で、「(原因は国策事業なのだから)一民間企業任せではなく、日本人全体、まずは行政府が問題解決に向けて真摯に取り組むべき」と畳みかけた。この段階における問題の焦点全てを網羅した質問だった。

長谷川信法相は「関係者間においてできる限り円満に解決されるよう願っているところであります」と突き放し、「係争中」を理由に理非善悪の判断から逃げたが、人権、歴史的責任、外交・通商の観点から政府を問い質したインパクトは大きかった。事実この直後七月二日の弁論で裁判長は、「この問題は法律論では割り切れない感じだ。政治問題でもあるのではないか」と発言した。

法律論でウトロという存在を判断することへの躊躇だ。これは後の和解勧告への伏線だった。

だがそれは、判決を書けば住民敗訴以外ないという事実の裏返しでもあった。「負けるなんて思ってなかった。こう来たらこう言うってずっと考えてた。日産と歴史的なやりとりしたら負けるわけない。歴史で勝てると思ってた」。九六年に自らも尋問に立った黄順禮は振り返った。これが少なからぬ住民の当初の認識だったが、裁判はあくまで土地問題だった。

置き去りにされた「歴史」

それでも住民たちは「歴史」を問うた。九一年三月一日、弁護団の尽力で、文光子が「歴史証人」として証言する機会を勝ち取ったのだ。日付は偶然にも独立運動の記念日だった。

筋金入りの左派活動家で、地元総聯支部で働いていた彼女は、実は訴えられなかった数少ない住民の一人でもあった。地域内ではこのことで文光子に対して疑心暗鬼になる者もいたが、当時の朝鮮総聯はまだ、地上げ屋でも訴えるのを躊躇するほど「強面」だったことが背景にある。

証人調べは、嘘偽りを言わないとの宣誓から始まる。「それでは宣誓を読み上げてください」。裁判官が促すと、彼女は言った。「私……読めないんです」。傍聴席にいた田川は言う。「震えてるみたいでね、背中が『消えてしまいたい』と言っているようだった」

裁判官とは、司法試験合格者の成績上位者で、思想や活動歴に「差し障りがない」とされた者たちだ。エリート中のエリートである彼らは、彼女の言葉を理解しえたのだろうか。

法廷は多数者の常識が支配する場だった。それでも彼女は被告側（ウトロ側）弁護士の質問に対し、自らの来歴を滔々と語り、「最後に言いたいこと」を聞かれてこう述べた。

「私が悔しいのは、今までいてから、なぜ、今頃になってからに、ここに住め、いい条件言うてから、住めと言われて、私ら住んでるのに、なぜ、今頃になってから出て行けとか、なぜ、裁判所に呼ばれて。私たちが被告やと言われんならんのか、そういうことが一番くやしいし、そして、日本人が半分でもいたら、こんな仕打ちできないと、私はそのように思います」。罫紙で四六枚の尋問調書のうち、四〇枚半が、「歴史」を巡る語りだった。だが原告側は、ウトロ、そして彼女がここに住んだ歴史の起源をまるで無視した。

原告側弁護士が聞いたのは終戦後に残った世帯数と、地区内での文光子らの居住歴である。「登記簿」という「動かぬ証拠」を基に、居座った者たちが飯場跡を占拠し、建築確認もとらず、すなわち法を無視して住宅を建て、改修していったとの印象づくりだった。連続性を強引に切断するのである。

――飯場に、ずっとあなたの家族は住んでおられて、その状態は何年頃まで続いたんですか。

いまだに続いてます。家は皆建て替えましたよ。

――私が聞いているのは、その飯場で生活しているのは何年頃まで続いたんですかとお尋ねしているんです。

だから。終戦になってからは、もう飯場はなくなったから、なくなったんですよ。人夫さんは。

――飯場の建物のことを聞いてるんですよ。建物はあったわけでしょう。

はい。

――その生活がいつ頃まで続いたんですかという質問なんです。

だから、それは、少しでも、子どもたちが大きくなって、働けるようになったら建て替えて、それも出来ない人は、何せ、そのままの状態ではとても凌げないから、屋根が飛んだり、百姓の田植えやってあげたりして、藁を貰って来て、藁ぶきにしたり、そら、今、悲しくて言えません、それは……

――私が聞いているのは、あなたのほうは、いつ頃まで、そこの飯場の建物に住んでおられたんですかという質問ですが。

法廷で必要とされているのは、不法占有か否か。それだけだった。彼女らが渡日した経緯も、徴用を逃れるために飯場に来た経緯や、そこで重労働に就いて日本の戦争を支え、戦後はボロのように捨てられ、貧困と差別の中を生きてきたことなど埒外だった。

九一年四月には、売買の担当者だった日産車体の松本惇が法廷に立った。

彼は問題発覚後、なぜか五三歳で日産車体を早期退職、当時は日産とは資本関係のない会社で常務取締役を務めていた。

露見したのは歴史的経緯を無視した日産車体のウトロ認識であり、平山だけを窓口にした不透明且つ杜撰な「不良資産」処理だった。松本は一九八二年にウトロ担当になった。敗戦後、空いた飯場に朝鮮人が住みついたとの引き継ぎを口頭で受けたと言う。資料は段ボール箱一箱分、その中には一九六二年に全世帯に送った内容証明など、交渉の跡を示す書類が入っていた。翌八三年、宇治市役所建築部の役人に手引きされ、庁舎内で平山と顔合わせする。その後は再三、平山宅を訪ね、売買の話し合いを持ったと証言した。

平山は「住民で土地管理組合を作って買い取り、そこから個別売買を行う」案を提示するが、反対が強く頓挫、同社は「町内会長」ではない平山「個人」への売却を進めていく。

尋問の肝は、日産車体と平山との間に「第三者転売はしない」という条件があったか否か。あれば住民には優先的に買い取る権利があったし、平山の行為は信義則違反である。

所有権移転が発覚した際、松本は、地元紙『城南新報』と『毎日新聞』の取材に対して、「第三者への転売はしない」旨、平山から確認を得ているとコメントしている。

それを指摘されると松本は、「事実ではない」「言うわけがない」と徹底的に否定した。この件では同年七月、ある地域住民が松本に電話、抗議を録音している。件の条件付けの有無を詰問された松本は、その際も新聞コメントと同趣旨の返事をしているのだが、音声の存在を突き付けられてもなお、松本は否認。売買に条件などつけない。あとは所有者の権利になると強弁した。一方で、同社は平山に対し、売買後の交渉には一切応じないとの条件は付けていた。これは、住民が同社と平山の「合意」を覆し、再び値下げ交渉に乗り込んでくることを警戒したと言うのだ。

これが日本を代表する大企業の対応だった。裁判所は九一年一〇月、和解を勧告する。裁判所は一九億二〇〇〇万円での買い取りを提案した。三億円で叩き売られ、四億四五〇〇万円で転売された土地が一九億円である。住民側が提示したのは七億四〇〇〇万円、これに対して殖産側は三二億円を提示した。最初から和解する気などない。住民の資力を見越しての愚弄だった。

強気の背景には、勝訴の確信があった。それは日産車体から「土地問題の経緯」に関する詳細な情報提供を受けていたことに起因する。

「日産車体は一九六二年に内容証明で全世帯に建物や田畑を撤収し、土地明け渡すよう意思表示している」「弁護士を通じて一九六八年から数年間で二四回の交渉を重ね、売却や賃貸などでいくつかの具体案が出たが住民の多くが反対して決裂した」。西日本殖産側の主張だ。

「決定打」は、日産車体に土地売却を求めた「七〇年要請書」の存在だ。それは日産側から西日本殖産に渡り、証拠提出されていた。日産の企業責任を突き、何らかの対応を求める住民側の運動方針に対する意趣返しだったのかもしれない。町内の数人で作成されたこの署名は、前述のように、住民意思を反映したものとは言えないが、西日本殖産側はこれで、取得時効の主張は退けられるとの確証を得ていた。

住民側弁護士は、証拠提出されるまでその存在を知らなかった。田川は言う。「弁護士さんとしたら『時効所得で勝てると思ってたのに、こんな決定的な証拠をなぜ隠してた』との思いでしょう。それはそうなんですけど、事情を言えば、文字の読み書きができない人が多いウトロで、有力者が『とにかく署名と判子を』で集めたわけで、それが何を意味するか知っている住民なんてほとんどいなかった。ましてや訴訟で決定的な証拠になるなんて。住民にしてもその後の住民集会で、『私は何てことをしてしまったのか』と嘆く人もいました。署名と判子があればもう通らないですからね」。住民たちの思いを鉄柵と警備員で撥ね付けてきた日産車体は、一方の「地上げ屋」には懇切丁寧な「勝ち抜き策」を授けていた。裁判は単なる法律論に落とし込まれていく。

一方で世論喚起と、敗訴後を見据えた動きは加速する。一つのピークが、九〇年八月、城南勤労者福祉会館で開かれた「国際平和フォーラムINウトロ」だった。先んじて西独を訪問、ウトロ問題を訴えてきた田川の仕掛けが実ったのだ。

当時の報道によれば、「日本の戦争責任と戦後補償」をテーマに、市民団体「日独平和ネットワーク」の西独訪日団や、在日朝鮮人被爆者ら約四〇〇人が参加した。

訪日団からはフォルクス・ワーゲン社カッセル工場の労組平和委員長だったレナーテ・ミューラーらが、ベンツやフォルクス・ワーゲンなどがユダヤ人やポーランド人に労働を強いた事実に対する贖いの動きについて報告した。また、在日、在朝被爆者の補償実現に取り組んできた李実根（リシルグン）が、朝鮮人被爆者を放置している日本の欺瞞を指弾、指紋押捺拒否者のロバート・リケットが、朝鮮人対策で構築された日本の外国人政策が、共生社会の芽を摘んでいると訴えた。

会場からフロアに上がった住民たちも奔流のように思いを語った。

「被害の歴史だけを教え、加害の歴史を教えてこなかった日本政府に怒りを感じます。子どもらの笑顔を絶やさないために、一生かかっても土地を守ります」（洪貞子）。「私は昭和二〇年の明けの年にウトロへ嫁に来ました。ウトロへ来てみると、長屋一つに九世帯がいて、壁一つに電気が何個かで生活していました。ウトロに日本人が半分、朝鮮人が半分住んでおったなら、おそらくはこうはならなかったでしょう。私たち朝鮮人だけが住んでいるもんだから、差別したと思います。私は絶対に許すことができません。先祖の足跡を無駄にしたくありません。力のある限り闘います」（金君子）。「おふくろも一世、お祖母ちゃんも一世、故郷の土地を取り上げられ、やむを得ず日本に来た人たちなんです。ウトロという町は一世の人には故郷と同じなんです。母は流木のように翻弄され、ウトロに流れ着いた。せめて、この地で安心して死なせてやりたい」（金成根）。

最後のアピールは、議員視察で日本人としての葛藤を語った木村千晶だった。

「私達の子どもは、このウトロで生まれ、ウトロで育っています、そういう私もウトロで結婚し、子どもを産みました。年老いた父、母にとってウトロは安らぎの地であり、子どもにとってのウトロは生まれ故郷です。ウトロは民族の文化を受け継ぐ在日韓国・朝鮮人のふるさとなのです。ふるさとウトロを守ることは私達の義務であり責任です。

戦後四五年経った今、私達は日産車体に戦後補償を、攻めてウトロで安心して生活していけることを要求します。土地を売却前の状態に原状回復することを要求します。そして誠実な話し合いを求めます。日本政府は今こそ誠実に侵略の歴史を振り返り、日韓・日朝の信頼の回復と友好の発展のため、責任を持って事態の解決をはかるべきです」

闘いから何かを掴み出したのだろう。翌年、朝日新聞社の取材に木村は、子ども四人に、「二つの文化背景をもって幸せだね」と教えていると語っている（『イウサラム』）。

フォーラム閉会後は焼き肉パーティーである。ウトロ広場のアスファルトが青いビニールシートで覆われ、あちこちに置かれた七輪からは、肉が焼ける煙が狼煙のように立ち上る。住民がチャンゴを持ち出す。長短（チャンダン）のリズムが響き、姜景南がわれ先にと立ち上がる。アリランを歌いながら両手を広げ、肩の動きで上下に揺らしてリズムをとると、ゲストたちも見よう見まねで踊り出す。気が付けば深夜零時近くなっていた。そろそろお開きとコールされると、ドイツ人男性が立ち上がった。口を衝いたのは〝We Shall Overcome〟、公民権運動が生み出した歌だ。歌えない者はメロディーをハミングし、一〇〇人を超える大合唱が続いた。

九〇年代、「過去清算」を掲げた運動が最も高みに至ったのがこの時だった。二〇〇〇年代以降のインタビューでも、この時の高揚を語る者は少なくなかった。その一人は三時間以上もチャンゴを叩き続けた韓金鳳である。「戦後補償で一緒に頑張ろう言うて海外から来てくれた人たちでしょ。お別れの時になって一緒に歌おうとなってね、涙があふれて止まらんようになってね。延々と歌ったわ。誰かが言い出して、みんなでアーチ組んで送り出してん。早い時間から皆で焼き肉の準備もしてな。交流会でも夜中までチャンゴ叩いて歌ってたけど全然疲れへんねん。もう一生忘れへんわ」。海外ゲストは地区内の各家庭に分泊した。明け方まで明かりが消えない家が何軒もあったと言う。

女たちのウトロ

裁判闘争は法廷外の市民運動との両輪で動く。後者の中心を担ったのは女性だった。彼女たちの闘いこそが、状況を開いてきたのだ。ウトロ町内会が結成された翌年一九八九年には、ウトロの歴史と土地問題を日本社会に発信することを目的に、婦人会が結成された。

最初の舞台は翌年三月、京都市で開かれた「あなたがつくる女のフェスティバル」への参加だ。国際女性デーにちなんで一九八六年に始まったイベントで、関西で活動する約五〇もの女性団体／グループがシンポジウムやバザーなどの企画を持ち寄って参加、毎年延べ一〇〇〇人以上が集っていた。同フェス実行委からウトロ婦人会に打診があったのは八九年暮だが、消極論も少なくなかった。仲介役になった田川がその場面を述懐する。

「彼女たちの語りがメインの企画でした。住民集会の後に、『オモニたち残って』って言って話したんですけど、戸惑いや躊躇いが多かった。私は『ウトロニュース』（会報）用に座談会をしたことがあって、凄い中身になると確信してたけど、女の人が公式な場で何かすることは今までウトロでなかった。マイク握って過去を話すのがいいことか悪いことかの判断もつかない。『今まで朝鮮人だと名乗って得したことなんて一度もない』から始まって、『日本人の女の集まりに出向いて話しても、本気で取り合ってもらえないんじゃないか』とか。ウトロと言ったらタクシーに乗車拒否されたり、みんな色んな経験あるんですけどね。

その時に若い洪貞子が言ったんです。『偏見があるならあるで、差別があるならあるで、そこに身を晒していかないことには、互いに分かり合えないんじゃない?』って、少しドスの効いた声でね(笑)。それで出る方向になったけど、その時はチマ・チョゴリを着ることも、民族名を名乗って話すことにも揺れてたな。私としてはアピール力を考えても民族衣装なんだけど、洪貞子がね『チョゴリはお祝いの席で着るもんや！』とか大反対して、『それでも』と私が反論するともう怒鳴り合い(笑)。大変だけど嬉しかったな。だって本音だから。最初ウトロに入った時、歓迎されていないと分かったもん。表面的には『お疲れ様』と言ってくれるけど、『何しに来てるんや、こいつら』って。日本人に不信感があって当然ですよね。でもこの頃から本音を、時に喧嘩腰にぶつけあえる関係になっていった」

紆余曲折を経ながらも婦人会は企画の実現にこぎつける。部落解放同盟や日朝友好促進会議の女性組織や、「戦争への道を許さない女たちの集い」連絡委などのサポートだった。会場は京都社会教育総合センター、「戦争責任・戦後補償を問う——なぜウトロが日本人の問題なの?」と銘打ったシンポジウムは、田川の予想を遥かに超えていた。

「マイクを握って人前で話すのも初めての人ばかりなのに、飛行場工事の厳しさや敗戦後の苦しさ、(故郷に)帰られなかった無念とかバラックの惨めさ。差別、読み書きができないことかを話すわけです。『朝鮮戦争でくず鉄を拾って生活したけど、それが朝鮮戦争で使われたかもしれないと後で知った時はやりきれなかった』とかね。黒インクで押した指紋が付いた顔写真付きの外登証を来場者に回して、これをいつも持ってなければ罰を受ける圧迫感をほんの一瞬でも感じてください」という人もいましたね。最初は緊張で震えてた人もいたけど、日本人の参加者たちもオモニの話を聴くのはほとんど初めて。

驚いたのは、自分の連れ合いが話すからとウトロの男性が来ているんですけど、小指の無い人が目を涙でいっぱいにして廊下に飛び出して行ったり、体を震わせてポロポロ泣いてる人もいた。金山さん(金教一)も泣いてた。副委員長(金善則)は最初からすごく泣いてましたね。彼らも自分たちの女房の話を初めて聞いたんだと思う。この時から女性たちの中で本名を使う人も出てきたんです。学校でもPTAの役員になったりで、地域の一員として話していいんだという感覚になったんだと思う」

物心ついた時から生活に追われ、多くは学びからは疎外された女性たち。結婚すれば家事労働を一手に担い、空き時間には内職を詰め込み家計を支えてきた。そんな一人から「『私は一体、何のために生まれてきたんやろ』って思ってきた」と吐露されたこともある。

異郷で形成、維持されてきたコミュニティーゆえの因習深さもある。典型は家父長的発想である。死別や離婚した夫からの暴力について聞くことも多々あった。日本社会での在日朝鮮人、在日朝鮮人社会の中でのウトロ住民、ウトロ住民の中の女性……。二重三重に絡みあう抑圧構造の中で沈黙してきた者たちが、闘いの中で自らを語り始めたのだった。

続く第二回は徹頭徹尾、オモニたちの手によるものだった。

「戦争責任・戦後補償を問う――オモニたちはウトロを生きる」。彼女たちは鮮やかなチマ・チョゴリに身を包み、それぞれの物語を刻んだ手書きの原稿を読み上げた。木村千晶もチマ・チョゴリを着て登壇した。そして第八回（九三年）は「戦争責任・戦後補償を問う――プモニンから受けた愛 子どもたちに伝えたい！」。プモニンとは「両親」の意味だ。黄順禮を司会に、住民や支援者たちが親たちや自らの幼少期の苦労、そして子ども世代に向けた思いなどを語った。

小学校も通えなかった姜景南も登壇した。民族衣装ではないスーツ姿だった。

「私は字も分からず、日本語も下手くそ。朝鮮の言葉も下手です。ここに参加してくれということで出ましたけど、私はどういう無茶苦茶のことを言うかもわかりません。通らへん言葉は見逃してください」

一世だけではない。日本での被差別体験と民族教育の意味を語ったのは二世の南淑子（ナムスッジャ）だ。

「私は小学校を日本の学校で過ごしました。三年生の一年間は、私にとって地獄の日々でした。ある男の子に毎日のように『朝鮮は出て行け』『朝鮮は死ね』と罵られ、それでも足らず、頭を毎日叩かれました。先生にも相談できず、オモニには心配かけたくなかったので、布団の中でよく泣いたものです。中学校に行く時、オモニも私の行きたかった朝鮮の学校に進学させてくれました。入学した時の私の気持ちは、ほっとした安堵感でした。自分の国の言葉や歴史を学ぶうちに、自分が朝鮮人であることに誇りを持ち、高校まで六年間を楽しく過ごせました」

人に言えなかった経験を民族名で語り、それが多数の日本人に知られていく。彼女たちにとって初めての体験だった。ウトロの女性たちは一九九五年のフェスティバル終了まで常連だった。物販でも大人気だった。「みんなでキムチを漬けて、前日に袋分けして販売するわけです。何よりも自分たちの日常的に食べているものが売れて、それを毎年、楽しみにしている人が来ることが嬉しかったんだと思う。あと忘れられないのは、フェスティバルは参加団体で広報とか記録とか分担してたんです。最後の年にはね、ウトロに会計を頼んできたのよ。フェスティバルの実行委には口では言えないくらい世話になったけど、会計って煩雑でしょ。識字の問題もあるし私は面倒臭いなと思って、当時、婦人会長だった黄順禮さんに『すごい手間だから断ろうか』って言ったの。そしたら『嬉しい、やる！』って。『えっ？』って聞き直したら、『フェスティバル全部のお金の流れやろ。ウトロの婦人会を信用してくれるっていうことやんか。ほんまに嬉しいやんか！』って」

「女たちのウトロ」、その極が「ウトロ農楽隊」だった。元々、朝鮮人集落であるウトロでは、結婚式や何かしらの宴会があれば、誰ともなくチャンゴを持ち出し、歌や踊りの伴奏をするのが常だった。集落が一つの朝鮮である。「隔絶」ゆえ、周辺住民の目を気にする必要はなかったし、夜通し叩いても苦情はなかった。「土地問題が起こる前から、京都市から一世の男の人が教えに来てた」（余君子）風土もあった。その伝統が、ウトロの闘いを先頭で牽引する「農楽隊」の結成に至ったのは、土地問題が契機だった。

「三・八国際女性デー第七回」で、中心人物の洪貞子が「農楽隊」結成の経緯を語っている。彼女は一九五五年、京都市東山区に生まれた。中学、高校と朝鮮学校に通ったが、「自分は誰か」の問いは解消されず、卒業した後は通名に戻った。当時としては珍しく同胞との恋愛結婚でウトロに嫁いだが、寄る辺無さと在日社会に根強い家父長制への違和感を抱きながら生きてきたと言う。

そんな最中に土地問題が起きた。「日産車体京都工場に初めての抗議パレードに出発する時、『民族楽器を打ち鳴らそうじゃないか』……そんなムードが自然に沸き起こりました。私はその頃、民族楽器の打ち鳴らし方はあまり詳しく知らなかったのですが、学生時代に、体育祭で踊った農楽の踊りのリズムをぼんやり覚えていたのをたよりに、ぎこちないながら数人の女性で音を合わせて行進しました」

数人の女性とは木村千晶と金順伊だ。洪貞子との「出会い」を金順伊は思い起す。「仕事してる時にね、『(民族芸能の）経験があるって聞いた』と貞子が訪ねて来た」

金順伊は兵庫県西宮市出身。幼い頃に観た朝鮮歌舞団に感動し、民族学校では舞踊部に所属した。その後も続けたが、ウトロに嫁ぐ際、「気持ち的に整理をつけたいと、練習着とシューズを燃やして来ていた」のだった。「当時は娘も一歳で、断った」が、洪貞子は幾度も来て、「自分たちにできることをやりたいねん」と熱を込めて繰り返した。ついに折れた。

一九八九年秋、洪貞子らが呼びかけ、「ウトロの家」二階で「教室」が始まった。最初の練習で彼女が作った教則本がある。金順伊の宝物だ。

A四判で九頁。タイトルは「民族文化を楽しもう！」。大きくて読みやすい字で、漢字にはルビが振ってある。金順伊が文字をさする。「この文字、これ貞子の字なんですよね」

朝鮮音楽の歴史、個別の楽器を解説し、長短（チャンダン＝リズム）から懇切丁寧な記述が続いていく。「でも口で言っても分からない。カレンダーの裏に「ドーン（強く)、タン、ドン、タ、タ、タン」とか、『右手、左手』とかも書いて根気強く、皆ができるまでやっていった」(金順伊)。月数回、休日の昼間や家事が終わった平日の午後七時半から練習した。教える立場の洪貞子と金順伊は、それとは別に時間を設けて二人だけで練習した。

生活の軛を食い破ったのは、何より洪貞子の情熱だったと金順伊は思う。「貞子は『ウトロには文化がない』って言ってました。京都市から嫁いで来て、ウトロは周囲からいいイメージを持たれていないことは分かるから、逆に周囲に『ウトロは良いとこいっぱいある』と言わせたかったと思う。『これがある』というのを作って、子どもに背を見せたいと。当時は子どもの名前（日本の学校での名乗り）で悩んでいたこともあったのかな」

洪貞子は記している。「一回目より二回目、そしてその次は朝鮮民族のリズムを正しく表現してみたい……。闘いが進むにつれてそう思うようになりました」

京都市から教えに来ていた一世に学んだ。「先生……といっても在日一世の年配の方で、少年の頃、故郷、朝鮮で自分の村を大人たちと一緒に打ち鳴らし歩いたことがある……という経験の持ち主で、自然と体で覚えたそうです。その先生が私たちに聞かせて下さったチャンゴの響きは、とても真似のできない……我を忘れるほど魅せられるものが、ありました……うまく言えませんが、ようやく親に巡り合った、小さな子どものようになってしまいました。お恥ずかしいんですが……。先生は、チャンゴがまるで体の一部であるかのように、肩でリズムをとりながら、生き生きと打ち鳴らしておられたのです。実に情熱があり、『ああ、これが理屈なしの民族の姿なのか……』と感動しつつ、やはり真似のできない自分が悔しく、せめて半分でも、この先生の民族性を吸い取って自分のものにしたい。そう思い、ウトロの女性たちで懸命に練習を重ねてきました。また、教えて下さる先生の表情にも、元気なうちに、次の世代へ残したい……そういった熱意が感じられました」

黄順禮、韓金鳳、姜順岳、余君子……。家事の合間を縫って、女性たちが「ウトロの家」に集まり、長短のリズムを叩き出して体を揺らす。決して広いとは言えない二階の和室で、こみ上げてくる笑みを浮かべて、弾むように円を描く。そんな姿は、当時のウトロを記録した幾つものテレビドキュメンタリーやニュース映像に残っている。

冊子や写真集には、余君子がチャンゴを叩く姿も残る。一九九〇年代までウトロを撮り続けた写真家で支援者の小川省平が撮った一枚だ。彼女は言う。

「厳本さんの奥さん（金順伊）と田中（洪）貞子さんは民族学校出てるし舞踊も上手でね。その他の人は日本の学校出てるでしょ。もちろん音は小さい時から聞いてた。親が叩いて遊んでたし、でも自分でやるもんじゃなかった。それが練習してね。あれ、なんでやろね、音聞くとじっとしてられへんねん。体が自然に動くの。あれは聴くんじゃなくやるもんやと。こんなええリズムなんやと思うねん。やっぱり民族楽器はええなあ。できるだけで幸せやと思ったわ。心臓がアカンので叩けんようになって、もうやめたけどね」

ほどなく「ウトロ農楽隊」が立ち上がった。闘いから生まれたふるさととの文化、「差別と闘う文化」である。民族衣装に身を包んだ女性たちは打楽器を手に外に打って出る。

洪貞子がその力を感じたのは一九九一年一一月、東京銀座、日産本社への抗議活動だった。

「民族衣装を纏い、あの賑やかな銀座通りを「農楽隊」として、四つの民族楽器を打ち鳴らし、歩きながら訴えました。この時、しみじみ感じたのですが、韓国から来られ、京都同志社大学で社会福祉を学んでおられる姜恵禎（カンヘジョン）さんや、地元、東京から応援に駆けつけてくれた同胞の女性たち。そして、この楽器のリズムに詳しい日本人の男性がお一人交ってくださり、その方々と一緒に打ち鳴らしてみたら……音が、やっぱり音が合うのです。ちゃんとリズムが合うのです。……

その民族の文化を知る……ということは、いつ、何処で初めて出会っても、一つになれる……。この事を私は知りました。そう思って打ち鳴らすうちに、手に力がこもり、胸が熱くなってきましたが、『はっ』と気づいたのは、『私は今、確かに原点に立っている……』ということでした。この、血が騒ぐような不思議な力が……いつの間にか、ウトロを生きる自分の中の、せいいっぱいの民族性を表現するものになっていったのです。自分でもおどろきでした」

この抗議行動の前、洪貞子は通名で通っていた小学校時代の友人男性に、二十数年ぶりに手紙を書いた。自らの出自を明かし、直面する土地問題について書いた彼女の手紙に対し、友人は署名用紙を取り寄せ、三〇〇人近い支援署名を送ってくれた。そんな「心」に対し、日産は対応どころか署名の受け取りすら拒否した。警察官が待機する傍らで、洪貞子は「己の姿を鏡に写してみなさい！」と絶叫するしかなかったが、一緒に夜行バスに乗り込んだ住民や「守る会」、翌朝着いた住民代表を出迎えた同胞らの熱は次の一歩に彼女を奮い立たせた。

洪貞子は報告をこう結んでいる。「……闘いはじめて……本当に良かった……。『人間の本質を追い求める人との巡り合いには、計り知れない感動がある』……この言葉の意味を、今にして……初めて知りました。これからも私にとって、心の旅路は果てることなく続くであろうと思います。これからも力の続く限り頑張ります。この闘いの輪が、益々大きくなることを願って、これで終わりにしたいと思います」

農楽隊はウトロの代名詞となっていく。金教一が費用を負担し、新緑を思わせる黄緑色の民族衣装を揃えた。ウトロ内外での集会や各種デモはもちろん、宇治市の住民文化振興事業に応募して、「本丸」たる宇治市役所に出向き、庁舎内で演奏した。田川は述懐する。「洪貞子の気迫がすごくてね、一階のロビーで貞子のケンガリが先導して、チャンゴやプクを打ち鳴らす。彼女のケンガリは切れが違うの。それであそこは吹き抜けだから庁舎中に打楽器の音が響き渡ってね、役人たちにもウトロの音が聞こえていたはず。後で聞いたら『だって敵陣に乗り込んでやるんやから』って。あんな緊張感がみなぎった農楽はあれ以外ない」

人権を掲げたイベントへの出演依頼も相次ぎ、部落解放運動との交流も深まった。黄順禮にとってそれは出会い直しだった。金糸工場で部落民の女性たちと出会い、互いの家を行き交う関係になったのは二章で述べたが、結婚後は生活に追われて途絶えていた。

「イベントで京都会館第一ホールに呼んでもらってチャンゴ叩いてな。外でキムチ漬けて売ってな、同和の人らにも新聞紙で包んで渡したら喜んでもらった。それでこっちもお礼に向こうに行くことなってな。うちらキムチ漬けて乗用車四台で行ったんや。『隣保館どこ?』って通行人に聴いても、そんなん知らんとか言われてな。あそこの近所も根性悪いわ。それも差別やと思った」。弥次喜多道中の末に着いた隣保館と周辺地域は、彼女の記憶にある部落とは全然違っていた。同和対策事業の結果、そこは見違える状態になっていた。

「行ってみたら素晴らしい建物でな、家も綺麗やし、茶室とか舞台とか幼稚園まであるねん。立派すぎて部屋に入られへん。こんな立派なとこから来てくれてるんやって、その温もりが嬉しくてな。あの人らこんなえぇとこにいるんかと思ったら涙出てな……。チャングを叩いてアピールしたんやけど、あんなええ暮らし。楽団も劇場もあるねん。私ら恥ずかしいし、キムチあげて喜んでた自分らの自惚れが恥ずかしくて堪らんかった」

自分でも「なんでか分からへん」と繰り返し、黄は溢れる涙をタオルで拭った。幾度も聴き取りをした彼女が、泣きながら語ったのはその時だけである。

農楽隊には地域外の支援者たちも加わった。高校教師の土肥いつき（一九六二年生）も一員だった。きっかけは九二年、外国ルーツの高校生たちの交流合宿を受け入れてもらうため、ウトロを訪問したこと。そこでウトロのチャンゴにハマったのだ。

その魅力は「繊細さ」という。「右手のチェ（バチ）はめいめいが竹で細長いのを作って、宴会になるとチャンゴが出る。左手は手で叩く。上手く出ない時もあるけど、あの音のハリ、私はあれがウトロの音やなあと思うんです」。宴席などで伴奏をする際、リズムを刻む左手はバチを持たない。演奏になるとバチを使うのだが、土肥にとって「ウトロの音」は、住民の喜怒哀楽に寄り添った伴奏の音だ。「ウトロ農楽は生活に近いと思うねん。みんなが自分の生活の中から音を出してる。元々あった音やね。一世から引き継いできた音、ウトロには農楽隊以前からずっと上手い人がいてたから。私が行った時は、金善則さんも叩いてたしね。その音を守るというか、カスタマイズしてきたのがウトロの音とちゃうかな。祈念館がオープンする時には、チャンゴ持って行って叩かんとしゃーないやろね」

建築士のムン青ヒョン（一九七一年生）も「ウトロ農楽隊」のメンバーだ。

私が出会った頃、彼は「青ひょん」と名乗っていた。自らの名をひらがなやカタカナで表記するのは、「シンプルで伝わりやすいと思うから」と言う。

京都市生まれの在日三世。京都工芸繊維大に入学し、在日韓国学生同盟で活動していた九四年、支援者としてウトロに入った。「朝鮮人がたくさんいることが嬉しかった。入口はタテカンが取り巻いてて、水玉姿の『飛び出す君』が角にいてね」

直ぐに農楽隊にのめり込んだ。「すでに何年か経ってて順伊さんが教えてた。順伊さんと貞子さんがパレードやデモの時はすごく気合が入っていたのを覚えてる。とにかく楽しかったんです。僕は『ウトロを守る会』の青ひょん」じゃなくて、『ウトロ農楽隊』の青ひょん」ですって自己紹介してました。なんでか言うと、守る守られる間には壁を感じるんです。そもそも「守る会」という名称がしっくりこなかった。極端に言えばぼくは裁判には関心がなかった。一緒に何かをやる場が欲しかった。それから農楽隊の中心はアジメ（おばさん）、オモニだった。これが大事です。ウトロのアカンとこなんやけど、地区内でも『上』じゃないですよね。何かやる時は肉の処理とかなんとか下働きは男はせずにアジメやオモニがやる。その中でも他所の町から来た日本人妻が一番下みたいなとこがある。その人らもメンバーだったし、普段は気を遣っている人も分け隔てなかったもん。叩いてる時は一番前やん」

そこは土肥にも魅力だった。「やっぱり自分たちの表現、自分自身を表すものを持った自信があったと思う。チャンゴを持った時はウトロを象徴する存在になるねん。そこで運動に貢献できるという思い。何かしたいという思いを充足させるものがあったと思う」

一九九三年には、在日朝鮮人、在日韓国人集住地域である東九条の祭り「東九条マダン」に出演した。京都駅東側にある被差別部落「崇仁地区」の人口増に伴って人が移り住み始めたこのエリアは、京都駅に近接する立地も手伝い労働下宿が並び、底辺労働力の供給地域として、植民地朝鮮から来た労働者やその家族を吸収していった。木造バラックが並ぶかつての風景は、蔑みの対象だった。そんな歴史を持つ地域で自分たちの「故郷」を創造し、「共生の社会像」を発信していく「村祭り」である。この年は満を持しての初回だった。伝統芸能集団で活動している者も多く、月二回の練習もままならない「ウトロ農楽隊」とは差もあった。

ムンは苦笑しつつ語る。「順伊さんが電話してきて『やろか!』ってね。どうかなと思ったけどまあ、いつものようにてんでんばらばらにやってたの(笑)。この日のために練習して来た人たちでしょ、伝統芸能をしっかりやっている人もあの場にはいるから、『物足りないやろな』と思ってたんだけど、そしたら伝統芸能を真剣にやってる人が来てね、『素晴らしかった』って言うねん。『めいめいの速度でめいめいの音を出しているのが素晴らしい。これがすごいこと』ってニコニコしながら。一つの転機でした。これでええんやって」。その後、農楽隊はマダンの常連になる。

一九九四年には京都産業会館ホールでの集会の後、京都市中心部の四条通でパレードをした。ムンらウトロ農楽隊は民族衣装で先頭に立ち、コッカル（花笠）をかぶり、打楽器を打ち鳴らしながら歩いた。農楽隊は常に闘いの先頭、それが当たり前だった。その「様式美」を批判されたこともあると言う。「ぼくの父親は湊川高校（解放教育の震源地的存在だった兵庫県の定時制高校)でハングルを教えてたんやけど、ゴリゴリの人権教育をやってた人なんかが言うねんね。『当事者を先頭に立たせて語らせるのはおかしい』『弾除けにしてる』とかね、そういう物言いをウトロ農楽隊に対してもする人いたけど、『え、私ら嫌だとか、辛そうな顔してる?』って。ぼくらは嫌々じゃなく、私ら農楽隊やから、着飾って誇り持って先頭に立ってる。先頭に立って、『ほんまにええなあ』とみんな思いながらやってるのよね」

韓金鳳はその時も先頭でチャンゴを叩いていた。

「あれなぁ、一生の思い出やね。ほんまに楽しかったんやで。なんか体が弾むねん」。極貧の中、妹の世話や家事で学校に通えず、たまに学校に行けばいじめられぬよう長身を屈めていた。中学卒業後に大阪に出たが結婚で戻り、家族と職人のまかないに忙殺されてきた。そんな彼女が、体を逸らすように胸を張り、ステップを踏み、円を描きながらチャンゴを叩いていた。

「途中で右翼の人が車で乗り付けて来てね、『チョーセン人、チョーセン帰れ!』とかガヤガヤと言ってたけど、私ら全然気にならへんかってん。だって楽しいもんね。気持ちいいもんね。『いや、私ら楽しいねんで』って思いながらチャンゴ叩いたわ」

デモ、パレードはもちろん、民族祭りや文化行事への出演も続いた。後の一九九九年には地元の「伊勢田まつり」にも初出演を果たした。連合町内会長の西川博司の後押しである。「地元でやったことがなかった。ウトロの人達が演奏すると同級生とかが来て、『ええな!』とか」

ムンはその後もデモやパレートに参加、民族衣装に身を包み、コッカルを被って打楽器を打ち鳴らす。「四河(四条河原町)でデモした時は正直、『これってちょっと派手すぎひん?』とか思ったこともあった。でも思い直しましたね。カッコいいって。アジメ、ハンメ(おばあさん)からのバトンやと思ってコッカルは被ってきたし、人にも勧めてきた。『仲パレ』(「仲良くしようぜパレード」、ヘイトデモカウンターが企画した、共生や反差別を訴える大阪での大規模イベント）で、カウンターの人たちがコッカル着けてるの見た時は嬉しかったなあ。やっぱりウトロに農楽隊がないのは寂しいね。何とかもう一回、やりたいねんけどねえ」

メンバーの高齢化で農楽隊は休止した。契機となった土地問題が着地して数年後のことだ。金順伊は言う。「あれはウトロの歴史になる。貞子の熱意やったな。あの頃は二日に一回は会ってたし、家族が寝た後、夜中に電話で打ち合わせしたりもした。とにかく息が合った。宇治市役所でやった時もね、もの凄い緊張の中でも目と目が合えば『音もう少し下げて』『上げて』も分かるし、お互いの考えてることが分かるねん。共通するものが余りにもたくさんあって。嫁に来てそんな出会いってあるんやと。お互いの家の人にナイショでね、大久保とか小倉でよく飲んだなあ。家事に合間ができる時間見計らって電話して来てね。『今、ビール飲んでるねん、来れへん？』って。彼女ビール党なんですよ。クラブでマンボとかダンス踊ったりもしたなあ。もちろん貞子が男役でね(笑)」。洪貞子は二〇一四年、癌で亡くなった。この金順伊への聴き取りは二〇二〇年末に行った。「時間が経って、やっと貞子の名前を語れるようになったから」と、意を決して受けてくれたのだ。

「市営住宅に入ったら二人で行き来してお茶して、色々話そうねって言ってたの。平和祈念館にチャンゴ叩けるスペースあったらまた出来るかなとか。寂しそうな顔して夢に何回も出てくるんでお墓参りに行ったこともある。そしたら安心したみたいでね」

前回、二〇〇九年の聴き取りで、金順伊が、「ウトロには農楽が似合う」と語ったことを思い出し、改めてその意味を聞いた。「土地問題起きたけど、その前からチャンゴの音はウトロで繋がって来てたと思う。一世の代からの流れですね。その先人からのリズムが響いて来たからこそ今があると思うんです。これからもね」

運動と、法廷と

対外活動は続いた。第一回和解交渉の決裂後には、ニューヨークタイムズに意見広告を打った。突飛な「空中戦」だが、ロサンゼルスタイムズも社説で取り上げた。一九九三年四月には韓国MBCが看板番組「PD手帳」で初の特集番組「ウトロ、同胞の受難」を放送した。

「PD手帳」は軍政終焉三年後の一九九〇年に始まった、韓国で最も信頼度の高い調査報道番組だ。制作者の宋日準（ソンイルジュン）（一九五七年生）がウトロを知ったのは一九九三年のこと。テレビ朝日のソウル支局で働く在日に教えてもらった。

「住民をインタビューしたり、井戸や飯場跡を撮ったりね。日産車体にもアポなしで突撃してガードマンに止められました(笑)。裁判は傍聴してませんけど、二週間ほど色々と取材しました。金山教一（金教一）さんの家か厳本明夫さんの家に泊めてもらってました」

感銘を受けたのは実態としての「統一」を生きる集落の強さだった。「反共教育を受けて来た私にとって、総聯も民団もなく、悲しみも喜びも分かち合う姿は驚きでした。ある意味で統一されている。『ここが故郷』と言ってね。『故郷』の言葉に違和感？　違和感全然なかったです。血の流れでは朝鮮、韓国の人だけど、人は生まれて育った所、親しみを持つ場所を故郷と呼ぶのは自然だと思う。三年前に死去した私の父は、日帝強占期に生まれ、皇民化教育を受けました。日本の歌が口を衝くし、懐かしがるけど批判はしません。切なく悲しいけど、過去もまた父なのです。それから日本人市民が支援する姿にも感銘を受けましたね。田川さんとか。見た目もそうですけど、自己主張のはっきりした人で日本人じゃないと思ってた(笑)。歴史を踏まえ、同じ人間として共感し、一緒に闘う気骨のある人でした」

周囲との格差はすぐに見て取れた。「韓国ではもっと厳しい住環境に住んでいる人はいます。でも周囲の地区とウトロとの差に差別を実感しました。あと自衛隊の基地ですね。いわばアジアを侵略した日本の『軍隊』が、すぐそばにある。歴史が清算されず、同胞たちが苦しんでいる。それから看板です。『ここで住みたい』とか『ウトロを守れ』とか当然でまっとうなこと。看板は韓国の退去強制問題でもよく見ますが、やはり周囲との隔絶を象徴している。京都市は世界的にも観光地として有名です。日本の『顔』と言える都市から一時間弱ですよ。先進国なんだから国際問題にならないうちに自ら解決した方がいいのではと思った。同じ集落の人間が転売して売り抜けた点だけなら韓国でも『ある話』です。そこに住み続けたことが問題にされるのに、そこを生み出した責任は問われないのですかと言いたかった。私的でありながらウトロは歴史的に形成されている。民間同士の不動産問題として、法律で処理すれば負けるでしょうが、積極的に関与すべきだと」

彼は自らの責任に頬っ被りし、歴史に恥を刻み続けるこの国の愚を指摘する。「徴用工だって慰安婦だってそうだと思いますよ。法律論に落とし込んで『解決済み』と言っても、その判決は世界から正しいとは評価されない。歴史の批判に耐え得るものではない。日本が朝鮮半島からたくさんの人を引っ張っていって、死なせたりしたことは事実なのに、責任をとったことがない。過ちを犯した人が責任を取っていれば、違う国になっていたし、韓国との関係も違っていたはず。だけど日本は日帝強占下の歴史をいまだに引きずっている。韓国も共通部分がありますが、司法、検察、言論、政府、企業一括りで、昔からの体制・同盟が続いているわけです。一部の既得権益のために国があると言っているようなものだと思う」

一九九七年には三・一節に合わせた二本目のドキュメンタリーを放送した。「訴えたかったのは、ここにはまだ『日帝強占期』があると問うこと。当時、韓国人は在日同胞の生活を知らないし、歴史について深く考える機会もなかったから」

ウトロ特集には視聴者の反響も大きかった。「地上げで転売したのが在日韓国人だと明かしたら、その段階から視聴率が下がりましたけどね」と笑うが、韓国でのウトロ報道史の中で、立ち返る場所となった番組である。「報道人としてやるべきことをやった誇りはあります。『PD』で最初に報道したことは誇りだし、それを『誇り』と言えることそれ自体を誇りに思う」

一方で忸怩たる思いもある。「『PD手帳』の三六年で幾つもの告発番組を作ってきましたが、少なからぬ場合、国が動いて法律や制度ができました。李明博政権時代にやった『BSE問題』もそうです。でもウトロは、視聴者は多かったけれど何も動かなかった」

一本目は民主化から六年目の放送だった。在日への注目が集まっても、韓国内の過去清算に直結するその存在を歴史的に考え、「私の問題」として行動を起こすまでには至らなかったのだろう。

だが、後にウトロ問題を着地させたのは、他でもないその民主化実現に連なり、それをさらに前に進めた者たちの「過去清算」を掲げた闘いだった。

日本国内でも動きがあった。国会で取り上げられた翌九一年には、代表者一〇人がチマ・チョゴリ姿で官邸に入り担当官に要望を伝えた。

地元市会議員として尽力した浅井厚徳は言う。「法的には日産車体の土地とはいえ、それをもって不法占拠とはならない。宿舎として用意された場所であり、進駐軍から体を張って守った場所です。歴史的経緯を考えれば、国が一旦買い上げて国有地にする。その上で住民に再分配するなどの取り組みはあり得たと思う。やはり国が乗り出す問題です」

前述の通り、一九九〇年代は転換点だった。一九七〇年の日立就職差別裁判闘争以降、在日朝鮮人の権利伸長を求める市民運動が高揚し、外国籍の弁護士任用や国籍条項の「緩和」、指紋押捺制度廃止を前進させていく。さらに韓国民主化などに伴い、日本の植民地支配と戦争犯罪に対する贖いを求める声が噴出、河野談話を引き出し、一九九七年、全中学校の歴史教科書に「慰安婦」が記載されるに至る。これら反差別の市民連帯と、戦後補償の動きは、ウトロの運動を支えるものだった。だが、この頃からバックラッシュが始まる。「新しい歴史教科書をつくる会」「日本会議」などが結成され、歴史否認と排外主義が吹き荒れていく。そして左派の迷妄である。

申し入れから三年後、政局絡みで「自民」、「社会」、「さきがけ」による連立、いわゆる「自社さ政権」が誕生する。何かしらの進展が期待されたが、それどころか社会党は安保、自衛隊、植民地支配の位置づけなど、これまでの基本理念を次々に投げ捨て、「女性のためのアジア平和国民基金」という禍根を残した。ウトロに対しては言葉すら発しなかった。バックラッシュとヘイトに向かう時代の中で、ウトロの運動環境も厳しさを増し、出口が見えなくなっていく。

一九九一年に文光子が法廷で証言してから二年半後、被告たちへの尋問が始まる。多くが聞かれたのは、いつを所有の起点にしているか、そして七〇年署名についてだった。

鄭吉郎（チョンギルラン）の尋問はそれを象徴していた。鄭が口にした「所有権」の言葉に裁判長が反応した。

（裁判長）あなたは建物の底地について所有権があると言われるんですか。

（鄭）はい。

（裁判長）根拠は。

（鄭）戦後お祖父さんの代から私どもが維持管理して、子ども時代からの僕の青春の、人生のほとんどであると、今までそういうふうに認識してきましたので、そうだと思います。

（裁判長）どうして、他人のものの上に住んでてね、そういう青春のすべてだから所有権と言うのは。

（鄭）それは僕の朝鮮人としての歴史、父からの軍需工場の飛行場建設の血と汗の結晶であると。そこにバラックで住んで雨露凌いできて今までそこで大きくしてもらって、そういう中で生存権があると僕は思っております。

（裁判長）生存権があるということと、居住できるということと所有権とは違うでしょう。

（鄭）そうかも知れませんが、それならもっと早く所有者がもっと積極的に僕らに話をもってくるなり……〈遮って〉

（裁判長）あなたが所有権と言われるから、住む権利と言われるならまだわかるんですが、所有権と言われるから法的にどういう意味かと。

（鄭）そこらへんはごちゃまぜになりましたが、所有権は誰であれ、僕らには生存権があると。

（裁判長）要するに、居住権があるという趣旨ですね。

（鄭）そうですね。

（裁判長）長年育って来て働いてきたから、住めるようにしてほしいという意味ですね。

（鄭）そうですね。

歴史性も何もない、ただ一般論として法律に落とし込むのだ。

それは滓となって住民たちの心に溜まっていく。同じ年に尋問された姜順岳は無機質な場でのもどかしさを語った。「裁判所に行って、残ってるのは言いたいことが言えなかった悔しさ。あの場では言わしてもらえなかった悔しさやね。裁判なってから、みんなで集まって色々と知恵出し合おうとするんやけど、知恵が出なかった、悔しかった。裁判ってこんな簡単なんかって。もっと重いと思ってたけど、軽く感じた。意見いうのかも最初は分からない。『はい』か『いいえ』でいいからって、何も意見言わなくていいから『はい』か『いいえ』でいいって。終わって、何とも言えない悔しさが残った。（七〇年要請書に夫が）サインしたのを見せられてね、『これでは？』って、そんとき、一言、二言いえたらね。今くらいの知恵があったら、なんでも、もっといろいろ言えたのにって。真ん中に座って言われたことに答えるだけ。今は忘れたけど、最初は緊張したなあ。人と話しても赤くなるし、汗出てね、硬く硬くなって」

金壬生の妻で、日本人の中元幸子（一九三二年生）も足しげく法廷に通った。「裁判はあるたんびに行ったよ。自分のことやから抜けたことはない。一応は団結やしね。負けるとは思ってなかったけど、大阪高裁ではもうアカンと思った。でも闘うていかんとしゃーないし」

尋問には「代打ち」で立った。「主人は年が年だから途中からアカンようになった。朦朧としてたし、裁判にも連れて行けなくなった。法廷に立てなくなって、急遽私に代わってん。弁護士さんがナニしはったら（質問したら）、『答えるだけでいい』と言われたけど、柵の向こう。生きた心地ないもん、もう。時間がすごく長い気がした。足はガタガタや。何にも悪いことしてへんのに、なんでこんなことされんのかと思ったらもう……」

「人間が法律作るんやろ？　法律が人間作るんか？」

個人尋問は一九九三年一〇月から九六年五月まで、足掛け二年半かけて行われた。ほぼ毎回、傍聴席にいた「ウトロを守る会」の斎藤正樹が、この裁判を象徴する場面として語るのは、一九六七年にウトロ入りした崔仲圭の尋問だった。四章で述べた通り、彼は妻子を残したまま強制連行され、飯塚の炭鉱での奴隷労働に耐えかねて脱走。帰国を考えたが、故郷の生活基盤が崩壊していて帰れず、日本各地で働く中で再婚した。働いていた炭鉱の閉山に伴いウトロの友人から家付きの土地を買い、必死で働いて支払ったことなどを訴えたが、相手方代理人の関心は七〇年要請書の署名についてのみ。斎藤の傍聴メモには崔仲圭の言葉が記されている。
「要請と題する文章は見たことありません。署名欄に私の名前がありますが、私が書いたものとは違います。自分の字と比較して、これはだいぶ上手です。私はとてもこんなに上手には書けません。しかし、印鑑は私のものだと思います。どうしてここに押してあるのか全然分かりません。妻に聞いたところ、印鑑は平山の妻が来て貸したかもしれない、けれどもどういう内容で印鑑がいるのか全然聞いていないと言うのです。土地の所有権が日産車体だということは、裁判の直前、水道問題の頃に聞きました。

私らは立ち退かされる場合は、そのお金があって、よそに行って家を建てて住むこともできませんし、現在の家を買えと言われても、買う金がありません。例えば立ち退き料をいくらもらうか分かりませんが、それを貰ってアパートを借りようと思っても、私らの年齢の者にはアパートも貸してくれません。そうすると自分は歳はとっていますが人間に変わりないのに、野宿するか自殺するかしか方法がありません。その点について、裁判長さん、よろしくお願いします」

絞り出すような訴えを「いつもの光景」が上塗りしていった。斎藤は言う。「やはり原告側弁護士は聞きました。『ウトロは飯場ですよね、それなら建物は労働者の所有ではない、施主ものですよね。それならあなたは何時から土地を所有したことになるのか』って。一番感じたのは裁判というシステムへの知識がない。住民としてはまっとうに生きていれば、善意の判決が下るとの期待を持っているわけですけど、歴史性とかは裁判のシステム、問われていることの中では意味をなさない。被告会議とかを開いて皆で知恵を絞り、作戦を練るべきだけど、いわば『いきあたりばったり』です。自分で局面が変えられるみたいに思い描いて出て行くけど、一人ずつ討ち死にしていく感じです。法廷で問い詰められてぐーの根も出なくなって、法廷の中でなく外で大声を出す。『ワシは承知せんからな！』とかね。弁護団の方針は取得時効、これで三分の一でも勝てればそこを拠点に物事をすすめればいいと。そうなると住民との間には距離ができる」

田川の感想も同様だ。「飯場での暮らしに水を向けられると、自分たちがどんな苦労をしてきたかを聞いてもらえると思って一生懸命話すわけですけど、向こうがそこで言う。『そこは飯場であなたの所有物じゃないですよね』って。法廷で次々と木っ端みじんにされていくわけです。それで住民集会をやるけど、夜だからもう一杯ひっかけてくる。男性が強がるんですよね。『強制執行なんかできひん、もしやったらどないなるか分かってるやろうな！』って。ここで言っても詮無いことを言うし、その威勢のよさになびく男性も結構いるわけです。『オモニ、ここに来る前に御飯食べてきたやろ、帰ったら天井見て寝るやろ。それが取り壊されて無くなることなんやで』って言ったら。『なんでそんなこと言うねん！』って涙目になられてね。想像もしたくないことだけど言わざるを得ない。辛かったです」

司法が社会的弱者の側に立たない。この理不尽さを繰り返し述べたのは黄順禮だった。

「裁判も何か言わしてくれるならいいけど、電車賃払うて行っても書類のやりとりばっかりやった。五分とかで終わるねん、なんか言わしていうねん。私も尋問出たけど、なんも言わしてくれへんかった。出て行け言うけど、人間が法律作るんやろ？　法律が人間作るんか？　うちら勝手に来たんちゃうねんから。働かされてここに住め言われてんやから。それを追い出すのが法律なんかって。それに殺したり盗んだりしてたら出て行け言われても仕方ないけど、うちらなんも悪いことしてへん、ましてや殺しても三〇年も経ったら時効やろ。土地はあんらたの土地かもしれへんけど、家担いで出て行けるんかって」

歴史的経緯を鑑みた裁判所は三次にわたって和解を勧告、交渉の席を作ったが、裁判所が最終的に提示した一四億円に対し、住民側が出せる上限は七億四〇〇〇万円、不調に終わった。

一九九八年一月三〇日、大出晃之裁判長は、姜景南ら二世帯三人に対する判決が出た。主文はいずれも家を撤去して土地を「明け渡せ」。大出晃之裁判長は、「一九七〇年の要請書を基に、住民らは「本件土地を所有する意思を持っていなかったことが認められる」として「時効所得したとの主張は理由がなく失当」「原告にしても、平山にしても、日産車体にしても、住民との折り合いをつけてウトロ地区の土地を被告ら住民に売却することを望んでいたことが明らか」として、訴訟は信義則違反にも権利の濫用にも当たらないと判断した。完全敗訴だった。チマ・チョゴリ姿で出廷した姜景南は会見で、「立ち退かせるなら、まず私をひき殺して埋めてくれたらいい。死ぬまでウトロで生きる」と語った。翌三一日付の『京都新聞』には、「何も悪いことしてない」との言葉と共に、記者会見で語る彼女の大きな写真が載っている。町内会は「歴史的経緯から、私たちはウトロに住む権利がある。日本政府の戦後補償のあいまいさを問い続けるためにも、住み続ける」などとする声明を発表した。

その日の夜。金教一宅のガレージで報告集会が開かれた。敗訴判決を食らってやるとの意味を込めて鍋を囲んだ。「残念鍋」である。「闘いはこれから。心を一つにして頑張ろう！」と支援者が語る。姜景南が「みなさんの応援が本当に嬉しかった。まだこれからがある」と報告すると、参加者から「一緒に頑張ろう！」との声援が上がった。そんな時、彼女がぼそりと吉田に言った。「地上げがあってよかったとも思うねん」。反応に困る吉田に対し、彼女はこう続けた。「私は日本人をずっと恨んで生きて来た。でもあんたら頑張ってくれるやろ。もう日本人恨んだまま死なんで住むわ、感謝してる」

残る世帯も条件は同じ、敗訴必定だった。田川と斎藤は弁護団と交渉し、次に向けた「仕掛け」をする。高裁での主張に国際人権規約の「居住の権利」を付け加えたのだ。ウトロが売却された一九八七年は国際居住年で、国際人権の場でそれは一つのトピックだった。入れても判決を覆す可能性は万に一つもない。弁護士は否定的だったが、強硬に主張して盛り込ませた。

一九九八年一二月、大阪高裁でも敗訴、順次上告するが司法救済の道は事実上途絶えた。「ウトロの家」を取り巻く看板は、地区内に増殖していく。電柱や自衛隊基地とウトロを隔てるフェンスにも次々と据え付けられていった。いよいよ打つ手がなくなっていくのである。激しい文言が地区内に増え続けていった。そんな時期、余君子はある集まりでの光景を覚えている。住民の一人が、尖った文言の看板について話題にし、近隣の目があるから外して欲しいと言ったのだ。その住民が話し終わるや否や、婦人会長の黄順禧が語気鋭く言ったという。「はぁ!? 恥かいて死んだ奴おるんかいな！」闘いはここからだった。

第七章
小さな「統一」

2000年代に入り、韓国市民社会でウトロ問題への関心が高まっていく。世論喚起の中心を担ったのは民主化運動世代だ。写真は集会所でNGOの聴き取りを受ける住民たち。故国からの支援に何を思ったのだろうか＝05年2月23日

国連人権委員会特別報告者のドゥドゥ・ディエン（右端）を迎える住民ら＝05年7月5日

集会所で住民から聴き取りをする韓国NGO「KIN」の裵芝遠（奥右）＝05年2月23日

強制執行が迫る中、住民総出での座り込み演習もなされた＝05年9月25日

焼酎の湯割りを手に、ウトロでの半世紀余を語る金君子＝09年1月11日

「光復節」に催された新井英一のチャリティーコンサート。韓国にテレビ中継された＝05年8月15日

「われら、住んでたたかう」

ウトロ地区を巡る立ち退き裁判で、大阪高裁は二〇〇〇年六月までに、被告とされた住民全員の敗訴を順次、言い渡した。住民たちは即座に上告したが、最高裁で取り扱うのは原則として、憲法解釈の問題と判例違反の有無、訴訟手続が適正か否かだけ。門前払いは既定路線だった。「当時は針の筵にいる気持ちでした。確定したらすぐにでも土地所有者が申し立てて強制執行が来るかと思っていたから。その時に打つ手はない」。「ウトロを守る会」の斎藤正樹はこう振り返った。

同会の吉田康夫は言う、「住民には二通りあった。最高裁で負けると強制執行が可能になることをリアルに理解する人、『そんなの無理やろ』『ずっと住んできたんだからあり得へん』と言う人。ぼくは後者がウトロらしいと思った。何があっても日常を積み上げてきた人たちの強み、悪く言えば深く考えないんだけど、『すげぇ』って。一方向に定まらないのもウトロらしいと」

とはいえ住民の認識がどうであったかは、ウトロの人口変動に現れていた。提訴時に約八〇世帯三八〇人を数えた人口は、「守る会」が二〇〇四年に実施した調査で六五世帯約二〇三人にまで減少した。世帯数に比して人が減っているのは、若年世代の地区外流出を物語る。

一人が家督を継いで親と同居し、次男以下は家を出る。これが地区の「常識」だったが、強制執行を警戒して、子ども全員が地区外に出る家庭が増えた。

町内会長だった金教一の長男で、在日三世の金山源一も地区外に暮らす。

生まれはもちろんウトロだ。物心つけば周囲は木造バラック、地区全体が大家族だった。「当時は便所も共同です。夜に外出るのは怖いし足元が悪い。台所でシャーっとやって水流したりしてました。当時の人は道が軒先の延長でね、七輪出して昼間から肉焼いて酒呑んだり。私が遊びに行って帰ってきたら、『おうコラっ、今帰りかいっ！』とか言ってバシッと。なぜか挨拶で頭をシバかれる(笑)。地区外に友達もいたし、ウトロや自分が周囲と違うのは分かってました。食事を呼ばれても韓国料理しか出ないウチとは違う。それに比較すれば貧しかった。習い事はほぼやってないし、玩具を買ってもらったこともない。近所の人の御下がりを貰ってたな。でもウトロや自分を卑下はしてなかった」

地元を否定的に捉える契機は学校だ。「ウトロを『理由』にいじめられる。私の上の世代は『やられたら三倍返し』を実践してきた人ばかりだけど、先輩たちとは世代が違いましたね。特に私は内向的だったし、やられたらメソメソ泣いてました。ある時は傘で目を突かれたこともあった。だから今も実は先端恐怖症なんですよ」

成長につれて地域からの眼差しも痛感する。「異様な集落だと思われていた。『入ったらアカン』、『みんなヤカラ』、『土方とヤクザしかいない』とかね。それで私もヤンチャな住民に嫌悪感を持ってたね。『あの人たちのせいで悪く言われる』みたいな。今では生まれ育ったウトロに愛着があるけど、その頃は嫌で仕方なかった。西宇治中に進む時、『このままではダメ』と一念発起してスポーツも勉強も頑張ってね。バスケットボール部に入って、学校の体育は何でもできた。器械体操も得意でした。リレーでアンカーを走って優勝したり。成績も良かったし、クラス内で発言もするように努めていじめはなくなりました。根には日本の子には負けたくないという思いもあった。『ウトロやからダメ』じゃないと思ったら、地域への嫌悪感もなくなっていった」

父の意向で伏見工業高校に進み、卒業後は東京の専門学校に進学、土木工学を学び、そのまま就職した。だが一九八七年、父の命により二三歳で「帰郷」する。翌年、土地問題が表面化、金教一が思う存分活動するため、金山が家業を任された。

「親父には正直『そこまでやるの』との違和感もありました。ウトロには困った人も少なくないし、私は呆れることも多かったけど、親父は一人ひとりの話をじっくり聞いて、丁寧に対応してました」。父の思いはひしひし感じたが、分かち持てなかったと言う。「ここは住むとこじゃない」と言ってオモニ（韓金鳳）と喧嘩したこともありましたね」

土地問題勃発以降、ウトロに留まるか否かを巡り、親子が言い争ったという話はあちこちで聞いた。争いの根底には、一世やそれに近い年代の二世と、日本で教育を受け、日本の「常識」を内面化した三世以降の「違い」もあったと思う。

金山も住居は地区外に構えていた。二〇〇〇年、ウトロの北西に隣接する場所に、鉄骨三階建ての本社を建てた。バブル景気崩壊後の不況期だ。厳しかったがあえて踏み切った。

「同業者は『無理しとんな』という感じでしたけど、やはり土地問題です。将来的に立退きになった時、親が住めるように、本社の二階を居住スペースにしたんです」

先の「守る会」の調べによれば、二〇〇四年段階でのウトロの生活保護受給率は、宇治市平均の二〇倍にあたる約二〇%に達した。それは八%しかない年金受給率と連動していた。

かつて国民年金法に国籍条項があったことは四章で書いた。その後、インドシナ難民の受け入れ拒否が欧米の批判を浴びたことで、政府は一九八一年、難民条約に加入。翌八二年に国民年金などの国籍条項は撤廃された。だが「本土復帰時」の沖縄人や中国帰国者ら、「日本人」にはとられた追納などの救済措置が在日にはほぼ取られず、一世や高齢の二世、そして「障害者」に大量の無年金者が生まれた。底辺労働者の供給源だったウトロ地区の住民で、厚生年金に加入出来た人は少ない。ましてや役所に勤めて共済年金の対象になるなど夢想の世界だった。住民にとって憲法二五条の「生存権」を支える最後の綱は生活保護だった。しかしこれとて窓口対応での「恩恵」である。申請を却下されても、在日外国人には異議申し立ての権利はない。

「結局ね、外に出て行ける人は出て行った。財力のある人は出て行った。ここ以外に行くところがない人が残ったんです」と金山は言う。

「許さぬ！　不審者の侵入は」「私達の血の涙が見えますか」「京都府、宇治市はウトロの中をまず見てください」……。尖った内容の看板が増えていく。その中には「強制立ち退きは国際人権規約に違反する」と記された一枚があった。斎藤正樹が書いたものだ。

「守る会」は「国際人権」に賭けた。社会権規約（「経済的、社会的及び文化的権利に関する国際規約」、いわゆる「A規約」）の十一条一項にこうある。「この規約の締約国は、自己及びその家族のための相当な食糧、衣類及び住居を内容とする相当な生活水準についての並びに生活条件の不断の改善についてのすべての者の権利を認める。締約国は、この権利の実現を確保するために適当な措置をとり」云々（外務省訳）。一審敗訴が濃厚になった段階で、斎藤と田川明子が見つけた武器がこの「居住権」だった。

「それで勝てるなんて思ってなかったけど、次に繋げる何かを残さないといけない、必死だった」。田川は当時の切迫感を思い起こした。弁護団と掛け合って準備書面に加えたことは前章で述べた。大阪高裁判決では、「同規約は私人間に直接適用される法規範ではない」との一文で退けられたが、それも想定内だ。規約と規約上の権利について判決文に書かせるのが狙いだった。

同時進行で「守る会」はもう一つ「仕掛け」をした。一九九九年、地区内家屋の実態を調査したのである。役所で被差別部落の住環境改善に携わった斎藤のアイデアである。当時の建設省(現・国土交通省)が所管していた「密集住宅市街地整備促進事業」の適用を念頭に、本来、行政として放置できない状態にあるウトロの住環境をデータで明らかにする試みだった。

一つは「接道条件」だ。緊急車両の通行を想定し、家屋は一定幅以上の道路に面していなければいけないという建築基準法上の定めだが、満たす家屋はほとんどなかった。もう一つは老朽化だ。回答した六八％中、築二五年未満はわずか一八％、四八％が二五～四五年未満、それ以上も二％あった。町内会と「守る会」はこれを踏まえてワークショップを開催、住民の意見を聴いた。

「隣近所が助け合う。泥棒が入らない」「老人を大切にしている。近所づきあいがよい」「みんな顔見知り。一人暮らしでもさびしくない」「生まれ育った故郷。住めば都」「共通の歴史、体験がある」「団結心がない。他人任せ。人のふんどしで相撲を取る」「ガラが悪い。言葉づかい、伝統、しきたり、儒教的、嫁にきつい。時間にルーズ」「ウトロは陸の孤島。差別地区と見られている」「ウトロは外から理解されていない」「ウトロ以外に行くところがない。家族でホームレスになる」

「何とかしなければいけないが、その何とかをどうすればいいのか」。本音剥き出しの「ウトロ自評」は、長く集会所の壁に貼り出してあった。

これらを練り上げ、町内会は二〇〇〇年七月、「ウトロまちづくりプラン」を発表する。高裁で全員敗訴した翌月である。最高裁決定との競争だった。テーマは「チャンゴの聞こえる町」。ここで生きるしかない／生きたい層を基準にした。これを踏まえ町内会は京都府、宇治市に以下を要望した。公共事業として、土地を買い取り、不良住宅群を買収・撤去したうえで、一階の共有スペースを設けた公営住宅やコミュニティー・センター、公園、ビオトープなどを整備、希望者には土地を分譲し、出来ない世帯は公営住宅入居を保障する構想だ。

田川の意見が反映された。「いわば人の土地の上に勝手に絵を描いたんですけど、地域の要望を取り込んだ。公営住宅の一階は交流スペースです。公共事業なら売買に税金がかからない。ウトロだけでなく、周辺地域や、悔しいけど『地上げ屋』にも得のあるプランを目指そうと」

この発想は九三年、米国での支援要請ツアーで学んだ。「いわゆる『ロス暴動』の翌年です。黒人とコリアンのコミュニティ間での衝突を防ぐため何が必要かが、本当に真剣に論じられてました。そこで感じたのは公民権運動の経験です。マイノリティの問題を解決するには、当事者間の分断を無くすと同時に、多数者を納得させ、味方にする必要があるということ」

「多数者の理解と納得」は、田川自身も痛感していた。「宇治橋の商店街で働いてた時、私がウトロに関わっていると知ると、『ホンマのとこ、止めときぃな。気の毒やとは思うけど、あれはどないもならんで』と言う人が圧倒的だった。それから宇治駅からタクシーでウトロに行こうとした時だけど、車がなくてね。近くの喫茶店に飛び込んで、顔見知りのママに呼んでもらったの。ママは『ウトロやな』と言って、二つ返事でタクシー呼んでくれたけど、迎えに来たら運転手にこう言うのよ。『ウトロやからな、気ぃつけや』って。

宇治市だって二言目には『市民、府民の理解』と言う。ここを変えなきゃと思った。一九九六年に『新井英一コンサートinウトロ』をやった狙いはそこにもある。韓国からもいっぱい来て次に繋がったけど、あの時は外から凄く人が来た。続ければ理解する人はする。例えば私が以前住んでた地域は日産車体の社員がたくさんいて、娘が学校で級友から『この子のお母さん酷いことしてるねんで！』とか非難されたりもしたんです。でもそのうち、私がドイツに行くと新聞に出たら、ポストに誰かから一万円が入っていたりね(笑)。宇治橋の商店街の人たちも今では『ようやったな！』『ほんま頑張ったな！』とか言ってくれますから」

だが行政は音沙汰無しだった。

斎藤の見立てはシビアだ。「最高裁で司法判断が下されれば、行政として何かしらの手を打つ必要はない。強制執行がなされれば、手を煩わせずに解決できると思ったんでしょう」

一一月一四日、最高裁は被告全員の敗訴を決定、業者は勢い込んで立ち退きを通告してきた。もはや開き直るしかなかった。「その頃、もう亡くなった住民から『田川さん、何でアンタら一銭の得にもならんことできるんや？』て聞かれたことがある。『泥船に乗ったから途中で降りるわけにはいかないでしょ』って言ったんですけど、実際、そんな感じでした」。田川は述懐した。

敗訴確定に先立つ一九九八年には、人の鎖で地区侵入を阻止する「訓練」もした。女性たちが地区玄関でシットインしてから一〇年が経っていた。これらは小さいとはいえメディアで報じられ続けた。その効果だろう、業者も一気に攻めては来なかったが、生殺与奪が彼らの手にあるのは明白だった。最高裁決定直後には「宇治から出て行け！」と記した匿名の差別葉書も届いた。

そんな折、「守る会」の「仕掛け」が活きる時が来た。二〇〇一年八月、ジュネーブの規約人権委員会で日本政府報告書が審査されるのを前に、担当者が予備調査で来日していた。「守る会」の新屋敷健が各地を回る担当者を「追尾」し、ウトロ問題を訴え続けた結果、審査当日のランチタイムに発言時間を得た。通行手形は社会権規約に言及した大阪高裁判決だった。現地で新屋敷は、強制執行があればウトロの高齢者の過半数がホームレスになると強調、翌月に出た委員会の総括所見には、代替措置のない強制執行の可能性に対する委員会の「懸念」が盛り込まれた。

「あれは嬉しかったな。あの頃は三里塚みたいに鉄塔建てるしかないかなとか言っていた。これで勝負ができるかなと。強制執行されるかと思っていた中で、一矢報いるか勝機が掴めてきたと思いましたよ」。無骨で取っ付きにくい斎藤が、珍しく顔をほころばせた。

翌二〇〇二年二月二四日、城南勤労者福祉会館でウトロ団結集会が催された。住民と支援者が意見を出し合い練り上げた宣言文「オモニのうた」が披露された。読み上げたのは洪貞子だった。

いやや！
どんなことがあっても、私はよそには行かないよ

あの世からお迎えがあるまでは
なんでか、わかるかね？
それはね
ここは私の生きてきた「ふるさと」なんだ
みんな、私のこと知ってる
私はひとりぐらし……
この年まで学校には縁がない
具合が悪いときは
近所の人が本当によくしてくれる
食べ物を作ってきてくれたり
薬も、手にとって
こうして飲むんだよと飲ませてくれる
みんなが気づかってくれる
だから、ひとりぼっちじゃない、淋しくない
なんでって？
私は「ウトロのオモニ」だから
みんな「私」だと知っているから
どこかよそでは、こうはいかないよ

このまちを離れたら
私は私でなくなる

言葉の一つひとつに誰かの名と顔が浮かぶ。結びは「われら、住んでたたかう」だった。この宣言は、取り壊しまでウトロの玄関口に建てかけられ、人びとを迎えていた。

「ここに住み続けること。他に場所がない人達のために頑張るということ。ここ以外で住めない人を守る。『まちづくり』という目標を改めて打ち出した場だった」。当時、町内会副会長だった厳本明夫は言う。

あくまでそこに留まり、誰もとりこぼさないコミュニティを実現する。それは「故郷」を作る闘いだ。「まち」とは壁で隔てられた空間の保障に止まらない。相互信頼に根差して運営されてきた在日の共有財産としてのウトロを守り、文化、民族的背景を踏まえた教育や福祉を保障し、地域の歴史や、文化の継承をしていく場の構築を意味していた。

それでも行政は逃げ続ける。二〇〇二年三月の市議会で、強制執行が実行された場合の対応を聞かれた宇治市は、「仮に急な強制執行が行われることがあれば、市民生活を守るという人道的立場から緊急避難的な対応はしなければならない」と明言した。行政にとってウトロの強制執行は、台風や地震と同じだった。町内会の「プラン」に至っては、市独自では対応できず、府と国交省、外務省に検討を要請中と突き放した。

運動が土地問題に傾注していく中で、掲げる旗印は「歴史認識」「戦後補償」「植民地責任」から「居住の権利」へとシフトしていく。歴史など一顧だにされなかった司法での「完敗」を通じ、町内会執行部や支援者は「過去清算」の言葉に限界を感じていた。

日本社会の頽落をも踏まえた「変化」だった。八〇年代後半以降に相次いだ戦後補償裁判の数々は、中国人強制連行をめぐるいくつかの訴訟が「和解」で着地したほかは、軒並み敗訴で終わった。一九七〇年代以降、在日の歴史性を根拠に、地域住民としての権利を求める運動も一定の結果を出したが、その一方で、九〇年代になって歴史否認と排外主義が噴出していた。そして住民と支援者が「企業責任」を問うてきた日産車体の京都工場は、二〇〇一年三月末をもって閉鎖した。ウトロ地区から常に視界に入った「標的」が目の前から無くなったのである。

打つ手のない状況と、社会の右傾化を踏まえた軸足の移行だった。だが、その運動に参画しつつも「譲れぬ一線」にとどまる者たちも現れてきた。

二〇〇三年六月に発足した支援団体「ウトロ問題を広げる会」だ。中心人物二人は戦中世代で、日本共産党系の運動家だった。会長の藤田敏夫は、日本軍兵士として大陸に出征、中国戦線で五年以上を過ごし、侵略戦争加担への罪責の念から平和運動に邁進した。事務局長の水谷劦一も学徒動員の経験を持つ。敗戦後は教員となり大半を養護学校で働きながら、原水協や平和委員会で活動してきた。京都では最も古く、大規模に開催される反戦イベント「平和のための京都の戦争展」(同展実行委主催）の実働を担う一人でもあった。

「この会は、ウトロ集落の形成の歴史と現状を広く人びとに知らせ、いわゆる土地問題が戦後補償として解決され、ウトロ住民がウトロでの生活が続けられるよう世論の形成に努めます」。水谷がまとめた「広げる会」の規約の一文だ。版を重ねた同会作成の冊子のタイトルは「ウトロ――戦争責任を問う」である。

二〇〇八年秋、二人の相次ぐ逝去で活動が止まるまでの五年間で、会報計二〇号を発行、二〇回以上のパネル展を開催、三点の冊子を作製し、一二回もの学習・講演会を開いた。最盛期には七〇〇部のニュースを発行、うち二〇〇部は水谷がバイクで宅配していた。金教一の半生や、住民の聴き取りも記録にして販売、その収益を町内会に寄付したほか、後述する「町づくり」基金にもいち早く参加した。支援運動の変化に柔軟に対応しつつも、「戦後補償」の一線は譲らなかった。

韓国の左派系ネット・メディア『プレシアン』二〇〇七年七月一一日号のインタビュー記事で、水谷は自らの思いを縷々、語っている。記事はインタビュアーによる次の書き出しで始まる。「ウトロでウトロ問題の本質を正確に見抜いている日本人に会うことができた」。韓国の左派系人士が、当時の支援運動に感じていた「もどかしさ」と、その中で水谷に出会えた高揚が伺える。

在日を取り巻く問題に取り組む水谷の原点は戦中、中学時代のことだ。進学差別を受けた朝鮮人の友人に対し、「慰め」すら言えなかったことへの悔恨だったと言う。

「ウトロを広げる」動機を訊かれると、教員生活で実感してきた歴史否認の動きを挙げ、「日本社会は基本的に被害意識を前提にした平和意識を持っているが、植民地支配や侵略戦争など歴史的な加害の事実が忘れ去られた平和意識は完全なものとは言えない」と強調し、「ウトロを知らせることは日本の平和意識を質す活動である」と位置付けた。

責任の所在と「解決」のビジョンも明快だった。それは「日本政府、日産車体、京都府、宇治市、西日本殖産、不動産登記者」にあり、行政が無責任な対応を続けていたからこそ、アウトローが群がって来たと断じた。そして「戦後補償の観点から問題を解決すべきで、日本政府や宇治市などが土地の買い入れに乗り出すべき」と主張した。

当時、流れが出来ていた韓国政府の財政支援には率直な感謝を表明した上で、韓国政府に望むのは、「日本政府にウトロ問題を解決するように圧力を加える」ことも語っている。

柔和そのものの笑顔を思い出す。原理原則と柔軟さを併せ持つ人だった。水谷ら「原理原則の人びと」の存在は、ウトロ支援に飛び込んだ韓国の活動家らの精神的支えにもなっていた。

韓国での訴え

そして二〇〇四年、一大転機が訪れた。同年九月、韓国・春川市の江原大学で開催された「『韓・中・日』居住問題国際会議」（韓国住居環境学会主催）である。テーマは「社会的弱者の居住問題及び住宅政策」で、斎藤が「ウトロ：在日朝鮮人集落の強制立ち退き」の演題で報告をする運びになった。

「『これはチャンスだ！』と思ってね。二世のオモニと私も行くことにした」と田川は語る。メンバーは黄順禮、韓金鳳、姜順岳、そして金良子の四人だった。

団長格は黄順禮である。「不安と緊張でコチコチやった。行きの飛行機は日本人でいっぱい。ペ・

ヨンジュンの追っかけや。ウトロのこと訴えに行くのに、飛行機の中は歴史とか全然関係ないツアーと一緒や。皮肉やね(笑)。でも飛行機から見た並木道はドラマ（『冬のソナタ』のこと）よりも綺麗やったで」

二世の金良子（キムリャジャ）（一九四五年生）は、初めて父母の地に降り立った高揚を後に支援会報『ウトロニュース』の座談会で語っている。「飛行機が仁川の空港に着陸する時。『お父さん、お母さんの国に来ましたで〜』と、大声で叫びたいほどの嬉しさやった。私はウトロが故郷やけど、両親が生まれはったところを自分が訪ねることの感動で胸が爆発しそうやった」（四三号）。感極まって椅子から立てない金良子の姿に姜順岳も涙が込み上げた。「自分の人生と両親の人生を重ね合わせて言葉にならん感動やった。飛行機を降りたら私も地面を叩いて『オンマー』と叫びたいと思った」(同)

斉藤の報告が終わった後の昼休み、「一行」は発言の機会を得た。チマ・チョゴリ姿のオモニ四人と田川が壇上に上がってマイクを握り、ウトロの窮状と支援を訴えた。

そこにも「仕掛け」があった。開催地、江原大学で教鞭をとる文永基（ムンヨンギ）が、主要メディアに取材を依頼していたのである。終了するや女性たちは質問攻めに遭った。

専ら応対したのは黄順禮だった。「日帝によって連れてこられ、雑草畑に作った家からいつ追い出されるかわからない危機に陥っています」(『聯合ニュース』)など、主要紙の見出しの数々は、彼女の言葉を軸にしていた。本文も然りである。「人の背丈よりも高い雑草をかき分け素手で作った私たちの町が、金を稼ぐための手段としてのみに扱われていてすごく残念だ」「この頃、村を行き来する不動産業者を見るたびに、あまりにも不安だ」(『聯合ニュース』)、「この地で続けて生きていけるように助けてほしい」(『東亜日報』)、「強制徴用者にたいして戦後補償をしていない日本政府は、不動産会社に地価を代納して住民たちが生活の基盤から追い出されないようにしなければならない」(『ハンギョレ』)

オモニたちは各々のアピール文を書き上げ、一行は買い物や食事を楽しんだ。父母の地を堪能するタイトなスケジュールの合間を縫って、移動のバスの中でもウトロを訴え続けた。

彼女たちに同行しながら田川が感じたのは、韓国社会の在日に対する眼差しの変化だった。彼女が住民らと訪韓したのはこれが二度目だ。前回は一九九四年一一月、先述したMBCの特集番組「ウトロ、同胞の受難」を契機にした支援要請行動だった。

「一言で言えば冷たかった。在日に対する偏見というか、タクシーに乗っても在日と分かるとボラれるとかね。同行したディレクターが怒ってくれたけど、(植民地時代に)『行った人』に対する反感ですね。それが二〇〇四年は違ってた」

その間の社会情勢の変化があった。民主化から一一年後の九八年、ついに金大中政権が誕生、死刑停止や済州四・三特別法制定など、人権や過去清算に直結する施策がなされていく。同年の金大中、小渕恵三の会談で対日関係に「前向き」な展望が生まれたことに伴い、日本に暮らす同胞への関心が高まった。二〇〇二年には日韓ワールドカップも成功した。

加えて南北首脳会談だ。対北関係改善に伴い朝鮮総聯、朝鮮学校への眼差しも変化していく。二〇〇一年には朝鮮学校生の韓国縦断公演が好評を博した。

政権は二〇〇三年、後継者の盧武鉉が継承し、「進歩政権」は維持される。韓国メディアは同年に始まった「枝川朝鮮学校立ち退き裁判」を積極的に報道、朝鮮学校を訪れる韓国人が相次いだ。これは後の『ウリハッキョ』（金明俊監督、二〇〇六年）の大ヒットにつながっていく。二〇〇四年二月には、法案提出から二年半を経て「日帝強占下強制動員被害真相究明に関する特別法」が成立、翌三月には「日帝強制占領下親日反民族行為真相究明に関する特別法」が可決された。過去清算と人権が韓国社会の基軸となっていく時期にウトロが嵌ったのだ。

「帰国」から一か月後、黄順禮の家を訪ねた。笑みには故国を訪問した充実感が滲んでいた。

「どう言うたら韓国の人に私らのこと伝わるかってずーっと考えてたんや。最初は『自分らは同じ民族。食べるもんは違うけど、祖国忘れてへんし、自分らも頑張ってるし。後押しする人がいないとできひん』って言おうと思ったけど、止めてん。それでなんて言うたかて？　そらもうマイク握って『助けてください！』や。自分の国で話すから心臓着いたわ。意味？　落ち着いたということ。だって私ら少々外れても大目に見てくれるから、心意気あるもん。それでその日のうちにKBSラジオで私らのことニュース流しててな。温かいと思ったわ。そう、私、ここで覚えた韓国語で話したで。日本のウトロで暮らしてるけど、祖国の言葉は忘れてへんって伝わったと思うわ。ほんま山下さんには感謝してる」

二章で書いたが、山下さんとはウトロ民族学校開設の契機となった同胞である。ウトロで学んだ「ウリマル」で、故国の同胞に自らの思いを訴えたのだ。

「とにかくジーンときた。『ウトロはひとりやない』思たし、似たような問題があって支援してる人がおるって分かった。三八度線にも行ったで。そこで洞窟にも入ったんやけど、地面はグジュグジュ。前をゆっくり歩いてるお祖母さんがおってな、『はよ歩いてや！』と思ったんやけど、見たら上下白でな。小さい時オモニに聞いたけど、命日にそれを着るねん。そのお祖母さんの息子の命日やったんや、ここで亡くなってんな。自分の思たことが申し訳なくてな。声には出さんかったけど、『邪魔や思てゴメンな』って、心の中で言うたわ」

黄順禮らの訪韓を契機に、韓国からの来訪者が激増する。中でも黄順禮は「挨拶したい人」の筆頭格だった。講演の機会も増えた。マイクを両手で握りしめ、『助けてください！』と叫ぶのはしばらく彼女の定番だった。「温かみやな。これも『守る会』とか『広げる会』とか日本の人が支援してくれたから。遠い親戚より近くの他人やで。そのおかげで韓国行けて、今はあらゆるとこから支援してくれる。今が幸せの絶頂、人生のど真ん中やと思うわ（笑）」

翌年は光復六〇年、乙巳（ウルサ）条約から一〇〇年、韓日国交樹立からは四〇年の節目、加えて前述の通り在日同胞への関心が高まっていた。

韓国側は迅速だった。〇四年一一月には羅鐘一・駐日大使が京都府の山田啓二知事を表敬訪問、ウトロ地区の強制執行防止と居住権保障に配慮するよう要望し、同じ月には外交通商部（現・外交部）の高官である在外国民領事局長もウトロを視察。大阪総領事もウトロを訪れた後、宇治市長に申し入れした。翌月には日本と韓国のアジア太平洋局長会議の席で、在日韓国人の地方参政権や、在日高齢者、「障害者」の無年金問題などと並んでウトロも取り上げられた。韓国側は「歴史的背景や基本的人権を考慮し、解決策を建てて欲しい」と求め、日本側も、「現在、当該地方自治体で円滑な解決を図るためにいろいろな努力を行っており、今後とも注視していく」などと答えた（『中央日報』一二月一〇日付）。自治体と国が「責任」を押し付け合って時が経つのを待っている構図は変わらないが、注目度は飛躍的に高まった。

KINの来訪

そして翌年、その後を決する動きが生まれた。韓国のNGO「KIN（Korean International Network）メンバーによるウトロの初訪問である。

メンバーの中心は当時三〇代。多くは八〇年代の民主化運動を経験し、一九六〇年代生まれの者たち、いわゆる「三八六世代」だ。ウトロ支援の中心は裵芝遠（ペジウォン）（一九七一年生）だった。韓国外国語大からノースカロライナ州立大を経て、上智大学に留学した経験を持つ。

日本で感じたのはゼノフォビアだ。「意識して日本語を使うようにしたんですけど、周囲の視線が違う。部屋を探すのも大変だったし、友人の家に遊びに行ったら、友人の祖母がいて、『どこから来たの？』と聞くわけです。『韓国からです』と言うと『じゃあ朝鮮人ね』って。認知症だったようで何度も繰り返す。その都度答えてたら、友人が私に申し訳なさそうな顔をして一生懸命止めさせようとしていた。その理由は後で知りました。新井英一さんの歌を聴いて、在日のことを意識した。韓国民の一人として、韓国政府とは、韓国社会とは彼らにとって何なのかと考え、修士論文のテーマを『在日とジャーナリズム』に決めました。日立就職差別裁判の話を聴いたり、川崎の地域運動にも関わりましたね。雑誌に記事を書くアルバイトもして、色々な在日に話を聴いて、韓日、日韓の歴史の問題も含め、歴史と人権問題への関心を強めたんです」

個性の強い者たちの言葉に思い悩むこともあった。

「特に二世のインテリから、韓国政府と市民に対する強い不満を聴いて辛かったこともありましたね。韓日協約（日韓条約）で在日は取り残されたこととか、『今更何しに来たの』とか。『韓国社会は在日を哀れみの対象と思ってるのか？』とか、逆に『在日を豊かな社会で暮らす金持ちと思ってるのか』とか。ストレスで円形脱毛症になったこともありました」

博士号より運動と思い定め修士課程修了後に帰国。〇二年、KINに参加する。「当時、在日の問題をやるNGOはなかった。KINのメンバーにも在日を通常の移住労働者と見做す人もいた。最初は在日を知らせる広報活動です。問題提起として朝鮮籍者の自由往来運動に取り組んだ」

その中で訪れたあるNGOの事務所で、棚にあった『イウサラム』を目にし、ウトロのことを知った。そして〇四年である。「たまたま運転中に点けていたKBSラジオで、春川市・江原大学での住民アピールを伝えるニュースが流れていた」

仲間たちに支援を提起した。泥沼化の経緯を問題視する者はいなかった。

「転売して逃げた人も批判を免れないけど、その人物を通じて『手を使わずに鼻をかむ』ような企業の知略と、それを黙認した自治体などの責任の方が重い。在日間の転売の側面があると認定したとしても、日本政府と企業の責任が弱まるものではないということです」

ハードルの高さを感じたのは、一〇年以上運動がありながら土地問題がまるで進展していない現実だ。何よりも住民の望む「解決像」が見えなかった。とにかく現地に行き、声を聴き、再度検討することにした。決めれば早い。翌年一月一七日には韓国内外六四のNGOによる共同声明「ウトロ在日朝鮮人の権利を取り戻すための国際連帯署名」を公表、「最後に残った徴用朝鮮人村、ウトロ在日朝鮮人の生きる権利を保障しろ！」、「歴史未清算、人権蹂躙を続ける限り韓日関係の未来はない！」との主張を明確にした。

彼彼女らがウトロを語る際の枕詞は「徴用朝鮮人村」「強制動員の村」だった。ウトロに狭義の「徴用」や「強制動員」はない。この用語使用には日本側の支援者たちから異論が出たが、裵芝遠はこう反駁した。「ならば言いたい。彼彼女らの被害に対してどんな修飾語を使うのかは日本人自身が定立すべきなのではと」

運動がなすべきことは、個々人の痛みを「加害者」が設えた「定義」の問題から救い出し、それを表現する「私たちの言葉」を創造することだろう。なのに過去清算を謳う者でさえ、相手の土俵に乗り、加害者の言葉で被害者を切り分けてしまう。彼女の指摘は、今や「強制連行」や「従軍慰安婦」の用語使用にも二の足を踏む日本マス・メディアの体たらくをも串刺しにする。

二〇〇五年二月二一日、裵らはウトロに入った。主目的は、住民への聴き取りだ。

その日の夜に開かれた住民集会で、昼間一通り街を歩いたという裵芝遠は、言葉を詰まらせながら語った。「韓国の新聞やテレビで接したより環境が酷かった。なんでこの文明の時代、経済大国でこんな状況がと、信じられない思いだった」。翌日から調査が始まった。

当時はまだ二〇人ほどの一世がいた。

集まった住民は三つのテーブルに分かれ、メディアのカメラの前で、裵芝遠らＫＩＮのメンバーからの質問を受ける。

「私たちに何をしてほしいですか」。彼女の質問に、当時、最高齢だった李明禮（リミョンレ）（一九二二年生）が言う。

「息子が韓国とはしょっちゅう来たりしてます」

「違うやん、ハンメ、『土地買いたいか』って聞いてんねん」

突っ込みを入れるのは鄭光子だ。

鄭貴連が引き受ける。

「買いたいわな。みんな金あったら買いたいわ」

頷いていた鄭光子が笑いながら続ける。

「日本に金貸してほしい、韓国政府にも二億くらい貸してほしいわ」

「日本政府が動かないのは何故だと」。慨嘆が漏れる。

「突き放してる」「まちが無くなってもいいと思っている」

来歴や夫や子どものことに話が流れると、住民同士の雑談が始まる。鄭貴連の子どもたちの顔が似ていないことを言われると、彼女はこう言って声をあげて笑った。

「全員、種が違うねん」。きわどいジョークに場が和む。

「判決への感想を」、苦笑しつつ裵芝遠が話を引き戻すと鄭貴連が言う。「今まで暮らしてきて、もうあと一〇年がヤマやな」。鄭光子が突っ込む。「まだ一〇年も生きるつもりなん?」。そして裵芝遠に慨嘆する。「しかしアンタ、情けないもんや、この年になってどうなるか分からへんというのは」。皆が頷く。彼女たちは決して笑いを手放さない。事態の深刻さゆえだ。すると傍らで黙り込んでいた李明禮が突然語り始めた。

「しかし今にして思いますけどな、三七歳で職安に行って、七〇歳まで働いて、シルバー人材で七六まで働いた。文化センター、施設の草むしり……」。そして彼女は五人の子ども達の生年や現在の居住地を語り始めた。何かが堰を切ったようだった。

滞在中、KINは支援団体とワークショップも開催し、住民の要望を聞いた。「守る会」や民族団体との意見交換、聴き取り、三泊四日の滞在は瞬く間に過ぎた。この滞在の最終日、四〇人ほどの住民を前に裵芝遠は言った。「過去を思い出すのは辛いと思いますが、協力してくれたことに感謝している。解決するカギは心を一つにすることだと思う。私たちが知っている方法をすべて活用してできることを実践していきたい。韓国に帰れば私達は歴史的観点で問題を捉え、広めていきたい。頭を捻ってあり得る方法を考えていきたい」。住民との約束だった。

これまでも韓国運動圏の面々は来訪していたが、「尻切れトンボ」に終わるのが常だった。最初は住民間にも「また来たんか」との空気があったようだが、滞在期間の最後にはその認識は覆っていった。当時、地元総聯支部の専従だった李武律(リムユル)(一九六九年生)がこう語っていたことを覚えている。「彼らは本気や、本物やで」。そのとおりだった。

裵芝遠は当時の思いについてこう記している。

「伊勢田建設（厳本の会社）の二階を宿にして、五日間、シャワーも浴びずに、何よりも毎日、脳が凍りそうな寒さを生まれて初めて経験しました。その寒さこそが、ウトロ同胞が経験してきた苦痛のように感じた。同胞たちの多くが辛そうに見えましたけど、家屋と家族、生存に対する愛着、在日朝鮮人に対する日本政府と社会の差別に対する怒りを感じることができました。本当に各々多様な人生の話をたくさん聞けた訪問でした。ウトロと自衛隊基地の間の長い土手のような道を、長い銃を肩にかけて巡察する自衛隊員や、早朝に体格のいい自衛隊員が群れをなしてランニングをする姿も見たのですが、ウトロ問題の意味を象徴的に見せてくれる場面でした」

以降、彼女はウトロに通い詰める。「在日との出会いを積み重ねてきたことや、日本語をマスターした結果かもしれない」と前置きしつつ彼女は語った。「私には、私の家族より家族のように感じられる方がいらっしゃいました。今はもうこの世にいらっしゃいませんが」

「買い取り」への転換

ＫＩＮからの報告とオルグを受けた韓国の議員らは、四月に「ウトロ問題を考える国会議員の会」を結成。そしてＫＩＮが事務局を担い「歴史清算！　居住権保障！　ウトロ国際対策会議」が発足する。会議は募金運動を決定、ハンギョレ新聞社が刊行している時事週刊誌『ハンギョレ21』との協働で六月に募金活動をスタートする。毎週土曜日、ソウル・仁寺洞に立ち募金と署名を呼び掛けた。募金文化の韓国ならではだ。「日本政府を批判するならそこに徹するべき」「アジア女性基金と同じではないのか」などの批判もあったが意に介さなかった。的外れな難詰だったからだ。裵芝遠は言う。「当初の狙いは市民基金を通じたウトロの土地購入というよりは、韓国、日本両政府が、ウトロ形成の歴史性を踏まえ、居住権保障のために具体的な動きを進めることだった」

だが強制執行を待ち望むような日本政府と京都府、宇治市の姿勢に、KＩNの戦略は転換を迫られていく。当時のインタビューに裵芝遠はこう語っている。「確かにウトロは戦後責任、歴史認識の問題だけど、今は募金活動を通じて韓国政府を動かしたい。過去と経済援助と引き換えに、韓国は条約を結んだけど、その援助は在日にまったく役に立っていなかった。そのことに無自覚だった社会の一員として、何もしないわけにはいかない。募金は政府がやるべきことを私達民間がやることで、政府に貸しを作ることだと思っている」。条約とは日韓条約のこと、米国の要請を受け、自民党政権と握手することで朴正熙政権は開発資金を得たが、それは在日の棄民を土台にしていた。彼彼女らにとってウトロ問題に取り組むことは、「六五年体制」への否だった。当時、地区に入り浸った者たちは口々に言った──。「これは私たちの過去清算です」。倫理や正義が人と社会を動かす力たり得ない旧宗主国への呼びかけには見切りをつけ、韓国民としての自分たちの責任を社会に呼び掛けていく。これがKＩNのメンバーらの選択だった。

募金活動には、寄付文化普及と社会運動支援を掲げる「美しい財団」が合流、国会議員や弁護士、俳優や映画監督、作家や宗教者ら三三人を代表にした「ウトロ希望募金」を発足させた。協働するハンギョレの紙面応援は勿論、広告活動も大展開され、一時はソウルの地下鉄全ての吊革にウトロ支援の広告が出た。まるで映画かテレビドラマのような展開だ。

一方でウトロには七月五日、国連人権委員会の人種差別に関する特別報告者、ドゥドゥ・ディエンが訪問する。翌年の人権委員会と国連総会に提出するレポートの作成が目的である。「戦争目的の建設に従事し、戦争が終わればまるで道具のように捨て置かれた。まさに差別の足跡だ。開発の進んだ近代的な国でこのような状況、社会から排除された人びとの実態を目にするのはショッキングだった。一方で感じたのはコミュニティ、連帯の強さだった」。フランスの植民地だったセネガル出身のディエンの「母語」はフランス語だが、そんなことはお構いなしにオモニたちは彼に関西弁や朝鮮語で語り掛ける。アフリカの人だから香辛料は好きだろうと、キムチやナムル、チヂミなど朝鮮料理でもてなす。ディエンはよほど嬉しかったのだろう、後にプライベートでウトロを再訪している。

町内会も動く。五月二六日の住民総会で「ウトロの土地を買い取ることが問題解決には最善の道である」と全会一致で決議、七月二六日夜の住民集会では、行政への買い取り要請という従来方針の転換と、チャリティー募金の開始が議題となった。

長机を前に町内会長の金教一と副会長の厳本明夫が座り、四〇人ほどが集会場に座った。モニターでＫＩＮのメンバーらによるソウル・明洞での募金風景の映像を見た後、金教一が口火を切った。「我々も何もしないわけにはいかない」。発言を厳本が引き取る。「今日から今年いっぱいを目途に募金に入りたい。住民自身も街頭で（募金活動を）やらんといけないと思うが、よろしいか」。日に焼けた両腕をさすり、早口で問いかけるが、質問も賛同の拍手も出ない。いつもは脱線を繰り返し、蛇行しながら進む集会だが、この日は違う。口を真一文字に結んで前を見据える人や、うつむく人もいて、妙な緊張が走っていた。

事実としてウトロは、植民地主義と戦争を背景に生まれた町である。その責任を踏まえ運動は、行政に土地を買い取らせる方針を堅持してきたのだが、それをついに転換するのだ。住めと言われて住んだ場所であるのに、それを買い取らねばならない。声高な異論こそ出なかったが釈然としない思いの住民も少なくなかった。

集会の終了後、取り囲むメディア関係者に厳本は言った。「もちろん宇治市や行政に主張、要望してきたことを忘れたわけではない。とはいえ、市議会への請願で決まったはずの住民の実態調査さえ動いていない現実がある。現実に土地所有者が居て、問題が動く可能性もある。何もしない行政に訴えるより、今は本国の勢いと連動したいということ」

請願とは二〇〇五年二月、朝鮮総聯と民団各地元支部が共同で宇治市議会に出したものだ。議会は翌月、請願を全会一致で採択したが、要求項目の一つである実態調査が進んでいなかった。

韓国での動きは勢いを増していく。かつてウトロの特集番組を組んだMBCも、ハンギョレ新聞に続いてキャンペーンに連動する。光復六〇年の記念番組として二〇〇五年八月、ウトロ広場で「戦後六〇年・ウトロ発——新しい未来へ」を開催したのだ。一九九六年以来となる新井英一のコンサートをメインに、ウトロを衛星中継で韓国とつなぎ、更なる支援の波を起こそうと企画されたチャリティーだった。洪貞子が『オモニの歌』を朗読、在日青年たちがそれにメロディーをつけ、ウトロのオモニたちと合唱をリレーする。途中から激しく降り始めた雨の中、五〇〇人以上の来場者を前に、新井は『清河への道』全四八番を熱唱、野太い声で幾度も絶叫した。「ウトロをよろしく！」「ウトロをよろしく！」

金銭の匂いを嗅ぎつけた者たちも動き出す。一人は井上正美なる人物だった。彼は西日本殖産から即決和解で土地を買ったと主張、西日本殖産と裁判になり、一審の大阪地裁は井上の勝訴を言い渡していた。更なる転売と泥沼化を防ぐため、住民側は井上らに買い取りの意向を伝えて水面下での交渉を重ねていたが、彼らは韓国での動きを見越して金額を吊り上げ、測量を要求するなどしてきた。そしてついに、京都地裁に空き家一軒の明け渡しを求めた。

八月三〇日、二〇人ほどの男性たちがウトロに入って来た。スーツ姿の一五人を先頭に、草刈り機やカマなどを持った作業服姿の者たちが続く。京都地裁の係官が、強制執行の公示書を張り付けにきたのである。地区内には西日本殖産が土地を所有した後、同社から立ち退き料を得て退去した者の家が数軒あった。転売して逃げた平山とその親族などの家だ。

対象はその一軒だった。地区内に公権力の担い手たる執行官が入るのは初めて。男性住民の大半は仕事で地区にはいない。女性や高齢者が集まるが、一行は住民の呼びかけには応じず、目的の家に一直線に向かって行く。「一体、どういうことやねん！」。痺れを切らした住民が声を荒げる中、淡々と公示書を張り付ける。メディア記者の問いかけに、執行官はこう言った。「二度とこういう風に来たくない。所有者と穏便に話をつけて欲しい」

時間にして一〇分ほどだった。地域に不似合いな集団が立ち去った後は、住民たちの雑談が始まった。黄順禮が口火を切る。「最初はフィールドワークやと思ったわ。でも知った顔（案内役）が居いひんし、変やと思ってたわ」。河本秀夫は「いずれ来るだろうとは思ってたけど、今の所有者は住民と話し合う裏で、こんな非道なことを平気でやりおる。冗談じゃない」と怒りを露わにした。奇しくもこの日は衆院選の公示日だった。「ウトロの住民は選挙権ないから、別の公示が来たで」。その家の向かいに住んでいた二世、金村武夫（一九三二年生）の一言に笑みが広がる。ウトロならではのジョークだった。

強制執行は西日本殖産の異議申し立てが認められて中止となったが、置かれた状況を知るには十分だった。次に備え、幾度目かの人間の鎖や、進入路への座り込み「訓練」もなされた。韓国の運動は天井知らずに高揚していくが、現場の実態はこれだった。

一方でＫＩＮは、韓国政府への働きかけを強めていく。国会議員、外交通商部……公式な面会や要請だけでも数日の空きもない過密スケジュールだ。住民も訪韓を重ねた。一〇月にはパク・ヨンチョル対策会議常任代表が「日本国内の朝鮮人村であるウトロの生存権保護のための政府の支援に関する請願」を行う。趣旨は「土地購入の不足額を二〇〇六年の在外同胞支援予算で編成し、中長期的には平和祈念館建設を求める」ものだ。外交通商部の第一次官と住民代表との面談が実現し、「住民の十分な自助努力が予算サポートの前提」との言葉を得る。一一月には朝鮮総聯の支部が募金活動を開始した。

キーワードは「歴史」「同胞」

年が明けても韓国におけるウトロ支援の勢いは止まらない。〇六年一月には外交通商部の全職員が、給料の〇・五％を支援金として寄付することを決定した。呼応するようにジュネーブでは、強制執行の危機を日本の行政当局が傍観していることへの懸念と、日本政府に対策を求めるディエンの報告書が発表される。住民と「守る会」は「まちづくりを考える討論会」を幾度も開催。伊丹飛行場（現・大阪国際空港）の拡張工事に伴い形成された朝鮮人集落で、行政の措置で居住問題が解決された兵庫県伊丹市の「中村地区」や、京都市南区東九条の在日朝鮮人集住地域、四〇番地を視察、宇治市への要望書の提出も続けた。政府、社会の関心を切らさないことが大事だった。井上と西日本殖産の裁判は、後者の逆転勝訴で確定し、いよいよ買い取り交渉の相手が定まっていく。

そんな時だった。韓国から「卓袱台返し」の一報が入る。二〇〇七年五月二五日、大阪総領事館の京都担当領事が厳本に、「韓国政府は土地購入を支援しない。すでに四月に決定した」と電話で告げてきた。外交通商部が求めてきた「ウトロまちづくり計画書」を提出した直後だった。

直後六月一一日の国会で、宋旻淳・外交通商部長官は、「民団や社会福祉法人などと支援策を検討中」と答弁した。土地購入はせず、強制退去がなされれば高齢者福祉施設「故郷の家」で五五人まで受け入れるとの内容である。他国にいる自国民や、日本の類似地域との公平性、さらには全員が元労働者やその子孫ではないことを「理由」に路線転換したのだ。裵芝遠はこう指弾した。「他の地域にもサポートしていないので、ウトロだけ支援すると、他のところから不満が出るという意味だったのか？　先例を残すまいという、まさに『放置の公平性』ではないのか」

だが、闘いはここからだった。直後からハンギョレとMBC、プレシアンは、民団や土地所有者、大阪総領事などへの取材を重ね、外交通商部にも質問状を出し、「方針転換」の裏側に迫った。ウリ党なども外交通商部の見解を質し、対策会議などは七月一八日、前長官だった潘基文国連事務総長にも協力要請をする。そして七月二一日にはウトロから金君子や韓金鳳らを招き、二四日までの三日間、「最後の希望巡礼」と銘打ったロビイングを敢行。盧武鉉大統領に請願書を提出し、二九九名の国会議員全員に手紙とカーネーションを届けた。

そして対策会議は八月一日、当時、大統領秘書室長だった文在寅との面談にこぎつける。メンバーたちの熱意に、彼はウトロ問題の担当を青瓦台の外交安保室（現・国家安保室）から市民社会首席室に移管させることを決断。これが打開の決定打となった。

外交安保室、外交通商部、情報機関と検察は「保守派」の牙城だ。進歩政権においては「敵対勢力」に等しい。「卓袱台返し」も盧武鉉政権の終焉が見え、本性を現したに過ぎないとの意見も聞く。最終盤での「裏切り」を覆したのは、対策会議メンバーらの過去清算への思い、民主化を実現した市民社会の力だった。

それにしても残る疑問は、外交通商部「変節」の背景だ。

進退窮まった金教一が七月二三日付で盧武鉉大統領に送った書簡がそれを考える一助になるだろう。彼はウトロの歴史と現下の苦境を綴り、金が欲しくて言っているのではないと断った上で、こう訴える。

「この間、私たちウトロに対して誹謗中傷する、色々な話が出回ったと聞きました。ウトロ住民の間で所有権紛争が絶えないとか、日本内には類似地域があるとか。はなはだしくはウトロは総聯村だから政府が支援してはいけないというような話です」

これらを虚偽と退けた上で、彼は続ける。「日本政府が言ったのならそれでも理解できるのかもしれませんが、もしこのような話が、同じ同胞たちやどこかの組織を通じて出てきたことだとすれば、それより悔しいことはありません」。文章を貫くのは、日本政府ならやりかねない妨害活動を同胞がしていることへの怒りである。彼は血を吐くような手紙をこう結んでいる。

「ウトロには時間があまり残っていません。しかし、もしウトロが消えても絶対に忘れずに、いつか良い時代が来た後には歴史教科書の一頁にウトロの事を書いてください。そしてこれ以上このようなことが起きないように、私達海外同胞たちを祖国が守ってください」

韓国での大きな動きを踏まえて、日本政府も動き始める。町内会と「守る会」の代表が冬柴鐵三国土交通大臣と面談した。冬柴の地盤は兵庫県尼崎市だ。在日の知己も多く、地方参政権問題にも積極的で、伊丹・中村地区の居住権問題を解決している。民団、朝鮮総聯との関係も良く、この面談も地元総聯支部のつてを辿って実現にこぎつけたのだ。

中村地区は空港の騒音被害を考慮する形で「落とし込めた」が、ウトロは違う。自治体が要望を上げてくる形をとれば、国交省に幾つもある「まちづくり制度」を活用できる。それが冬柴の提案だった。別れ際には「土地は国が買います」と明言したと言う。

問題は「スタンス」だった。住み続けたいとの住民の意向に沿い、地元での居住権を保障する点に何ら齟齬はなかったが、住民側からの要望だった「住民、地権者、行政の三者会談の実現に国が音頭を」「日韓両政府の中での解決」に対して彼は、「基本的にスタンスが違う」と釘を刺した。特に後者である。歴史的問題とは認識しているが、前面には出さず現実的に対応すべき。言い換えれば、「住環境問題に限定しなければ政府・与党を押し切れない」ということだ。

韓国市民のウトロ支援運動は広がり、関連記事のアクセスは一日一〇万に達する。八月末、ついに民間基金の総額は五億ウォン（当時のレートで約六三〇〇万円）を超え、青瓦台は「ウトロ問題に積極的に対処中」と表明、外交安保室の方針を撤回する。韓国市民社会の力だった。

キーワードは「歴史」「同胞」だったと裵芝遠は考えている。「ウトロ国際対策会議のスローガンは団体の正式名にも示されているように『過去清算、居住権保障』でした。歴史正義の問題であり、基本的な人権である居住権の問題である二つの視点で、ウトロで問題を見ていました。しかし、韓国市民社会と政府を動かした主な動力は、韓国政府と日本政府の歴史的不幸によって生じたにもかかわらず、長年にわたり両国政府と韓国市民によって放置された、国民または同胞であるという点でした。居住権の問題は、これらの歴史的文脈で理解されている。もし彼らが日本人だったら、そもそもウトロの居住権問題は発生することも、そんな方向に流れてもいないだろうということに、韓国市民たちは共感したようです。それで、一般の居住権問題とは違うので、そのアプローチも違うべきだということを韓国市民は多くの説明をしなくても理解していました。同じ人間として、同じ共同体のメンバーとしての連帯感がすべて発現されたと思います」

西日本殖産との交渉窓口は対策会議が担うことになる。ソウルでの二度目の交渉（九月二九日）で、対策会議と西日本殖産は、東側半分三二〇〇坪（約一万五〇〇〇平方メートル）を五億円（約四〇億ウォン）で中間法人に売却することで合意、町内会と同社との間で合意書が交換された。一〇月一五日、分割支援として韓国国会に一五億ウォン（約一億九〇〇〇万円）の予算案が上程された。「土地全体を買い取れなかったのでその後の不安は残りましたが、一世がウトロを離れずに生き続けられることになり嬉しかった。その心身の労苦に対する慰めになって欲しいとの気持ち。そして祖国、ここでは政府が、ウトロは同胞の問題であり自国の歴史が生んだ問題と認識し、その義務を少しでも果たしたとも思いました」（裵芝遠）

小さな「統一」

裁判から一八年、「土地問題」が解決に向かう決定的な一歩だった。これを受けて一〇月一五日午後七時、ウトロ町内会が集会所で記者会見を開いた。町内会役員や「ウトロを守る会」の面々、報道関係者が詰め掛け、部屋は四〇分前には満員だった。

その二時間ほど前、私は金君子の自宅を訪ねていた。取材が夕方や夜に至れば、彼女と晩酌を共にするのは私のルーティン、何よりもこの日を彼女と喜び合いたかった。

地区西側の路地の奥に彼女の自宅があった。玄関を開け、三和土の左側にあるガラス戸をノックするが、いつもの通り応答はない。地上げ問題が起きた頃、不安で突発性難聴になった影響なのか、彼女は片耳の聴力をほぼ失っていた。

戸を閉め切って、テレビを点け放しているから余計に聞こえない。摺りガラスに映るテレビの色が目まぐるしく動く。何度か叩くと返事が来た。ガラス戸を開けるとこたつ机の向こうの定位置に座り、いつもの涼しい顔で迎えてくれる。「来てたんかいな。まあ入りいな」。そしていつもの一言が口を衝く。「ほなら、イッパイやろか(笑)」

隣の台所に行き焼酎のペットボトルを抱えて戻ってくる。居間に置いておけば良いのだが、「離れた場所に置いとかないと呑み過ぎてしまう」のだと言う。テーブルの上にはメンタイの煮物やシシトウのジャコ炒め、甘辛いスルメ、そしてキムチが並ぶ。

傍らには発泡酒の缶が何本も端座し、封を切られるのを待っている。最初のうちは私も一緒に焼酎の湯割りを飲んでいたのだが、ある時にビール党なのがバレてしまい、以降はこうなった。私のためにグラスに発泡酒を注ぐと、金は自分用のコップに焼酎を入れて、ポットの湯を注ぐ。最初の一口もほどほどに「韓国政府が予算化しましたね」と切り出すと、「もう決まった?」と身を乗り出した。「これでもう大丈夫です」と言うと、金君子は私の顔を覗き込み、万感の思いがこもった声で言った。「やっぱりな、同胞やからやで……」

当時すでに七〇歳を超えていたが、月の半分は高齢者事業組合のパートをしていた。公共施設の草むしりやごみ掃除、灰皿の清掃などで月七万円ほど。介護保険料と健康保険料を引けば可処分所得は五万円ほど。体はキツイが、それでも働かざるを得ないのだ。本章冒頭でも書いたように、国民年金制度が国籍差別をしていた影響で、彼女に年金はない。

ウトロには一九四六年一月に入った。一七歳で見合い結婚した相手がここの住民だった。

かつての聴き取りに金君子は、嫁入り当時と夫への思慕、ウトロでの暮らしぶり、そして遮二無二働いた日々をこう振り返っている。

「会ったこともない人やった。淀に気安い人がおってな、『見合いせえへんか』って。一歳上、で主人が家に来たんやけどもう、うちは緊張して。お茶持って行くねんけど、下向いて顔もよう見いひんねん(笑)。顔も背えも分からへん。そしたら向こうが娘さんくださいって言って来て、もうとんとん拍子(笑)。結婚式は寒い時でな。ドブロク仕込んでな。それからモヤシよう洗うてな、藁敷いて豆おいて水やんねん。そしたら芽が出て簡単や。尻尾は今は誰も食べへんけど、あの頃は尻尾も味付けして手伝いに来てくれる人に出したなあ。昔の頃は女はなんもせんでええねん。私の実家に二晩、主人が泊まって、先に主人が帰るの。私は実家の父が私を連れて、仲人が乗って送り届けて帰るの。そりゃ、タクシー乗るなんて、生まれた初めてや。それで山崎からウトロに来たの。手料理で御馳走こしらえてな、賑やかやったで。主人の名前、うん。南淙祐、賢い人やったで」

トタンで作ったバラックがひしめく村。共同トイレと井戸が一つしかなかった。

「ややこしい家やってんで、小屋同然や。扉にくぎ打って針金掛けて、それがカギ。金もないから鍵いらんねん。風呂なんかないから、週一回、桃山まで風呂に入りに行くねんけど、行って帰ってきたら路地ばっかりや。自分の家が分からんようになったんや。いや、ほんまに」。風が吹き込んで冬場は眠れないくらいに寒い。年末には近所で貰ったコールタールを沸かして塗り付けて、セメント袋を貼り付けて隙間をふさいで新年を迎えた。

「靴下も履かんで朝鮮の船型の木靴を履くやろ、そしたら足が荒れるねん。手も炊事で荒れるやろ、夜になったら尿で洗ったりしてたわ。子どももオムツもなくてな。弘法さん（空海の命日とされる二一日、京都市南区の東寺で毎月開かれている縁日）に行って、浴衣の古モンを買って、外して縫い直してオシメにするねん。布のは水で洗っても臭いから、一週間に一回、湯を沸かして洗ったわ」

息つく間もない日々だったが、それでも空いた時間には、各家庭で作った惣菜と御飯を持ち寄り、みんなで持ち寄って食べたりもした。「何を作ったかやて？　そりゃキャベツ煮たりとかな、あり合わせ、粗末なもんや、白菜こしらえたりしてな。それと御飯や、でも美味っしいねん。昼間は地べたに新聞敷いて輪になって食べたんや。歌ったり、踊ったりしてな」

当時の語りは夫への想いに流れ込むのが常だった。

「主人はほんまに頭の切れる人でな。朝鮮に教えに行ってた日本人と一緒に日本に渡ってな。飯場を回りながら勉強してたらしい。それで伏見の高校卒業した後に私と結婚したんや。字ぃかて、印刷したみたいに綺麗な字書くねん。主人の通知表、『優』とか『秀』ばっかりやったで。水害やなんやかんやでなくなってもうた。男前というより優しい顔の人やったな」。自家用車を購入したのも、テレビを買ったのも、ウトロで一番最初だったと言う。

民族団体の会合で撮った集合写真の何枚かに、夫の在りし日の姿が残っている。坊主頭やオールバックの活動家たちの中で、彼は独りミディアムヘア、細面に丸眼鏡の身なりは文士のようだ。本人の趣味もカメラで、彼が妻子やウトロを撮影した大量の写真は、遺族からウトロ平和祈念館に寄贈された。

「でも残念ながら、命が短かった……」。仕事中の事故だった。病院に行くも医療費の負担を気にして帰宅、手遅れになった。二九歳だった。「ほんまに、ええ人、私には過ぎた人やったで。ほんまなぁ、もう一回会えるなら、最後まで添い遂げたいわ。ほんまにそう思うで」。夫の治療代は全部実費だった。

自分の三人の子どもだけではない。体調を崩していた義父、南相干の早世した姑の残した男児二人（夫の弟）まで食べさせなければいけない。宇治や京都市内の職安に行き、「雑役でもなんでもいいから」と声を張り上げた。

「側溝工事から現場の後片付け、コンクリ練りとか整地とか、ゴルフ場の球拾いも、出来る仕事は何でもやった」。短くしてパーマをかけた頭髪も「お洒落」ではない。現業労働に都合がいいからだ。一メートル五〇センチの小柄な体だが「仕事できんと言われたことはない」と胸を張る。でも一人になると涙がこぼれた。「一年のうち二五〇日くらいは泣いて過ごした」

豚の餌に集めてきた残飯から「人が食べられるもの」をより分けたり、畑の脇に置いてあった大根を持ち帰り、醤油で煮て子どもに食べさせたりもした。「お腹すいてるから何でも『美味しい、美味しい』って食べてくれるけど、それが惨めで辛くてな」

眠れば頻繁に夫の夢を見た。「夢で出てくるの。私は『なんでこの子らをみんな私に預けて、アンタは！』って怒るんやけど、夫は『心配せんとけよ、後ろにはワシがついとるやないか』って」。供えたワンカップと煙草の「後始末」で酒と紫煙を覚えたと言う。「気ぃ抜けた酒でも捨てるのもったいないやろ。おかげですっかり不良になってしもうた(笑)」

自らの半生を語りながら涙することもしばしばだった。「やもめになって、働きづめで今になった。可哀そうな女やで」。こうまとめた後は、決まってこう続けたものだ。「それでもウトロやからやってこれた。優しくて、言葉が通じる」

そして彼女の自慢は、「ウトロで一番最初の家を建てた」ことだった。「スクラップ屋の集金には私が十条まで行ってたんやけど、帰ってくるとそこから五万ずつヘソクリしてな。なんかある時に必要やから主人も黙認しててな。一緒に貯めたみたいなもんや。それで頼母子なんかもしたりして、七五万が手元にあった。使うたらごわさん（ご破算）や。生かそうと思ってん。家建てたら大丈夫やと思ってな。主人が亡くなるまでは今の家の前に場所があって、ここにはスクラップを置いてた。そこを綺麗にして、親の知ってる大工に見積もり入れたら一二〇万から三〇万くらいって。足らんから母親に頼んで五〇万借りてな。『少しずつ働いて返すから』って。それで家建ててん。その間は辛かったで。一銭もないからチェサ（祭祀）もできひんねん。昔は真鍮のごはん入れとおつゆ入れとスプーンを家の中に仕舞うて鍵かけてな、チェサの時に出して磨くねん。それでご馳走用意して位牌出して、そのご馳走みんなで食べるねんけど、何も買われへん。食器出してきて泣きながら洗ってな。あり合わせをちょっとずつ盛って、ワンカップ備えて法事したこともある。子どもがそれ見てんねんもん」

家が完成したのは二九歳の時だ。ウトロに留まり、夫の家族と子どもを養い切るとの決意表明だった。瓦屋根ではないが、六畳五間と台所、長男のために八畳の離れも建てた。家を見つめて彼女はどんな表情をしていたのかと思う。

一方で地区内最初の家は立地条件を考えない「見切り発車」をも意味していた。ウトロ地区内で最も西側にあるスペースに、床面を上げずに建てたのが金君子の家だった。玄関前に土嚢を並べて小さな「堤防」を築いていたが、まとまった雨が降れば水は容赦なく流れ込み、家の中は「沼」になった。気候変動もその頻度に輪をかけた。大雨の度に畳を運び出し、干し、買い替える「いたちごっこ」が続いた。そのうち居間だけ畳を敷き、他の部屋はコンパネに絨毯を載せるようになった。

子どもたちが巣立った後も独居を続けた。彼女にとっては亡くなった夫と一緒に建てた家、夫の形見であり、自分の歴史そのものだった。「この家、これ忘れ言うても忘れられん。法事も出来んで建てた家やろ。だから手放すのは放すに放されへん」

家に対する思いは敗訴でより強まった。

「それまでは出ていけ言われたらどうしよかってオロオロしてた。でも裁判終わってな、自分の心を決めてしもうたんや、もうブルドーザー来るなら来い、そしたら私表出るから。この家はわたしがどんな思いで建てたか。私を潰してからこの家潰せ。私はお前らの前で、お前らの手で殺されるって、もうそれしかないねん」

ウトロの家屋とは、植民地主義という暴力に翻弄された者たちの「確かさ」への希求そのものだった。韓国政府の予算決定は一大転換だが、それは家を失うことを意味していた。「皆で一緒に住むためや、しゃーないわ」「もうウチは心決めたんや」。彼女は自らに言い聞かせていたが、胸中には複雑な思いが渦巻いていたと思う。

予算上程の記者会見まで、あと少しだった。

時折見せる遠い目をして、唐突に訊いてきた。「そうや、あんた『ウリハッキョ』観た？」前述した朝鮮学校のドキュメンタリーのことだ。

彼女は地元で企画された自主上映会で観たのだと言う。映画のハイライトは、修学旅行のシーンだった。旅先はＤＰＲＫである。新潟港から「万景峰」に乗り、在日三、四世代の高校生たちが生まれて初めて「祖国」を訪問する（その後、万景峰号は日本政府から入港を禁止される）。日本の港には右翼たちが押しかけ、万景峰号入港反対の横断幕が掲げられている。罵声の中で日本を出港し、船旅を経て「祖国」に到着した学生たち。

弾かれたようにタラップを降りた生徒たちは、一人ひとり腰をかがめ、「祖国」の土に手のひらを付け、その土を確かめていった。植民地主義によって渡日を余儀なくされ、何世代にもわたって在日し続け、社会の構成員として生きている者たちに対しても、日本社会は同化か排除でしか応じようとしない。そればかりか、何か「北朝鮮」を巡る問題が取り沙汰されれば、何の関係もない生徒たちが、不特定多数からの攻撃対象にすらされるのだ。彼彼女らがその手で確かめたのは、自らを無条件に包んでくれる「祖国」だった。

彼女はあの場面に涙が止まらなかったと言う。当時で立ち退き訴訟の被告にされてから四半世紀余り、敗訴確定からも七年が経っていた。その間、住民たちは、合法的に家屋が破壊され、住み慣れた土地から追い立てられかねない緊張を毎日のように強いられてきた。故郷の政府の動きによって、ようやくその危機から脱する道筋が出来たのだ。彼女もまた、あの学生たちと同じように、祖国の手触りを実感しているようだった。朝高生が「祖国」の土にそうしたように、自宅の畳をさすりながら、彼女は呟いた。「やっぱりなぁ、同胞やで、民族やで」

「日本で差別され、国から見捨てられた」——彼女を含む一世女性がこう吐露するのを私は幾度も聞いた。日本に人生を歪められ、解放後も差別されたことよりも、彼女のわだかまりはむしろ自分たちを助けてくれない「祖国」に向いていた。そして金君子は低い声でぼそりと言った。

「解けたわ」——解けたのだ、恨が。

一方で予算化は、この日本社会が、また「生き直し」の機会を逃したことを示していた。

会見が始まり、金教一が口火を切った。「カムサハムニダ！（感謝申し上げます）」。質疑が始まるが、記者たちの顔も軒並み明るい。問題に着地点が見えた安堵と高揚にあふれていた。

約半月後の一一月五日、来年の支援予算を三〇億ウォン（約三億六〇〇〇万円）に増額、一括支援が決定した。一二月二八日深夜には予算が可決された。盧武鉉政権最後の「仕事」だった。

裵芝遠は決定を報告した時の金教一とのやり取りが忘れられない。

「日本語と韓国語をおりまぜて、一生懸命、『ほんとにありがとう』『お疲れ様でした』」と……教一さんとの会話は基本的に日本語だったけど、知っている韓国語は使う。カムサハムニダ！チョンマルロ　スゴハショッスムニダ！（感謝申し上げます。本当にお疲れ様でした）』と」

「KINのメンバー全員がクレイジーだった」という三年余を裵芝遠は振り返る。「韓国と日本政府がそれぞれ役割を果たしました。韓国政府は歴史的被害者として海外同胞の人間的生活という側面に言及しており、日本政府は町づくりという行政サービスをするのが公式な立場と理解しています。表面上どんな表現をしても韓日市民が立ち上がり、韓国政府も出てきたので日本政府が動かざるを得なかった問題解決の経路は、ウトロの歴史的性格を除いては説明できません。両国政府はそれを知らないはずはないと思います。

だからといって『過去清算』になったかと言うと、それはそうではないと答えなければならないでしょう。ドイツ政府の態度のようなものが過去清算のモデルだとしたら、日韓関係での過去清算はまだされていません。過去の清算の必要性、戦争の無謀さ、外国人の人権問題など、ウトロはすごく多くのメッセージを両国市民に伝えるところになると思います。あきらめずに希望を少しずつ作っていかなければなりません」。運動の評価点について訊くと、彼女は二つ上げた。「日韓歴史問題において、日韓市民の連帯で両国政府を動かした初の運動ではなかったかと思う。それから『ウトロを守る』という一つの目的のために小さな統一が試みられた点です」

二〇〇七年一一月一七日、城南勤労者福祉会館で、「在外同胞NGO会議」が開催された。事実上の勝利集会で、ホストを代表して挨拶に立ったのは金教一だった。祝杯で顔を赤らめた彼は、万感の表情でマイクを握りしめ、声を張り上げた――「私は確信します……人は人を助けるものです」

第八章 今、そしてこれから

韓国の若者に手をとられ、姜景南が嬉しそうに舞う。かつて外部から忌避されて来たウトロは、今や平等や平和を求める者が国内外から集う、「共生」の発信地となった。この変化に彼女はどんな感慨を抱いていたのだろう＝17年9月3日

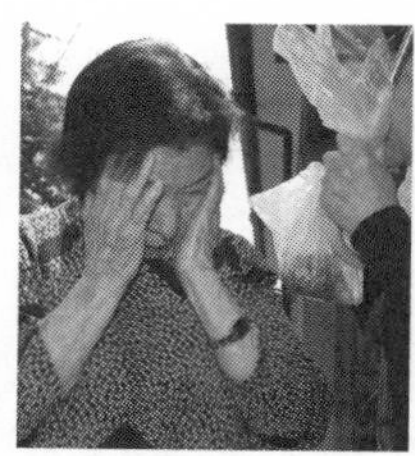

入居条件の問題で、黄順禮はウトロを離れることになった＝16年5月22日

旧宅の解体が公営住宅建設の前提である。最初の対象は姜順岳宅だった＝16年6月27日

強制連行を体験した1世の崔仲圭は土地問題の展望が見えぬまま90歳で他界した＝06年12月20日

「ウトロらしさ」の維持を目的に、支援者が定期開催している住民対象の茶話会「ウトロ喫茶」＝19年11月24日

「土地問題」着地で、立て看板の内容もソフトになった＝08年2月25日

焼け跡前に立つ鄭佑炅。模倣犯は不安だが、だからこそ歴史を伝える「ウトロ平和祈念館」が大切と言い切った＝22年1月6日

変わる「立て看」

二〇〇七年一一月二〇日、山田啓二・京都府知事と宇治市の久保田勇市長が国交省を訪れた。国交大臣だった冬柴鐵三の指示通り、ウトロの住環境改善に関して、地元から国交省に要望する体裁を取ったのだ。

「ウトロ地区については、戦前の国策としての飛行場建設に由来する在日韓国・朝鮮人の集落が形成されたものであり、その後長期に亘り土地を巡る係争が続く中で、地区の住環境整備が遅れ、道路や上下水道の整備が不完全なまま今日に至っています。そうした中で、今般、大韓民国政府は、こうした経緯を踏まえ、宿願課題の解決に向けて、住民からの居住空間確保のための支援の要請に応えるため、ウトロ地区住民の土地買い取りを支援する予算案を同国会に上程されました」。韓国の動きを受け、国が府市を先導して欲しいとのお願いだ。

一二月四日には国土交通省の住環境整備室長が現地視察。「戦後補償ということでなく、住環境整備の観点から取り組みたい」と念押しし、「一日も早い問題解決を図りたい」と語った。翌日、国、府、市は「ウトロ地区住環境整備検討協議会」を発足させる。国主導で、行政としては初めてウトロの居住実態調査を行い、住環境改善、公営住宅建設について協議を進めることになった。あくまで劣悪な住環境を改善するためで、過去清算ではないとの姿勢はその後も一貫していた。

一二月二三日、運動の節目が来た。立て看板の「掛け直し」である。昼前、ラチェットやペンチ、金槌、バールを手にした地域の男性がウトロ広場に集まり、各方面に散った。自衛隊側のフェンスや電柱に設置された看板を次々と外し、重ねた看板を広場に運び込むと、手練れの整備工が車のタイヤを外すように、裏側のつっかえ棒を外し、縁を取り、立て看板の数々を棒と鉄板に分離し、一か所にまとめていく。

かつての「犬（ポリ公）、無断立ち入り禁止」の流れを汲む「不審者の侵入は許さない」「強制執行阻止」「地上げ屋の思い通りにはさせない」はもちろん、万策尽きた二〇〇〇年代を象徴する「ウトロに愛を」の文言もある。宋鎮佑や河本秀夫も解体に参加している。ほぼ全員が解体業や土木建設業で口に糊してきた者たちだ。彼らの手際の良さに見とれながら写真を撮っていると、横で斎藤正樹がボソリと言う。「さすが本職やね」

闘いの中から掴みだされた文言の数々は、地域西側の倉庫に運び込まれて行く。どこか離れた所で保管しないのかと訊くと、斎藤は言った。「すんなりと行くか分からないでしょ。また使う事態が来た時のために近い場所で」。笑みを浮かべていたが目は真剣だった。

翌年以降、看板は周囲との調和や地域との共生を意識したやわらかいイラストや、「まちのイメージ」を近隣に伝える内容に変わっていった。住民と地区外の支援者による協働、そして北も南もない同胞のためという「小さな『統一』」で実現した勝利。ここには闘いを通じて獲得した世界像、信頼感覚が横溢していた。土地所得の受け皿となる二つの一般財団法人、「ウトロ財団」（韓国政府）、「ウトロ民間基金財団」（町内会）も発足した。ウォン安による目減りで購入エリアは狭まったが、地区全体の約三割、南東部の計六五五〇平方メートルを対象に、両財団は土地取得を順次完了させた。その最中には町内会が、「高齢者と障碍者が安心して暮らせる町づくり」「在日朝鮮人の文化と想いを未来につなげるまちづくり」「ウトロだけでなく周辺の人びとも大切にするまちづくり」などの基本構想を発表、その思いは立て看板にも刻み付けられた。

いくつもの障壁

だが斎藤の予見通り、その後も「すんなり」とはいかなかった。

一つはレイシストグループの「標的化」だった。元よりウトロは、ネット上で差別を楽しむ者たちの攻撃対象だった。軍事飛行場建設に狭義の「徴用」はなく、同胞の「裏切り」で土地問題が泥沼化した経緯は、歴史的文脈から切り離せば「自己責任論」での誹謗中傷が可能だ。その上で立ち退きに応じず行政闘争をしてきたウトロの運動は、「在日特権言説」や、同和対策事業に対する『逆差別』批判」に代表される「現代的レイシズム」に落とし込み易い。

公営住宅建設による居住問題「解決」案は、差別排外主義者たちの格好の「ネタ」になった。計画浮上以降、「在日特権を許さない市民の会（在特会）」などが、再三に亘りデモをかけた。二〇〇八年一二月から二〇一五年五月まで、判明しているだけでも、「ウトロ」を攻撃目標にしたヘイトデモは一三回を数える。デモ参加者たちは宇治市役所や大久保駅の周辺、ウトロの周囲でヘイトを撒き散らした。地区内を練り歩いたことも複数回ある。

それでも住民は耐えた。朝鮮総聯南山城支部で現在、委員長を務める金秀煥（一九七六年生）がここに赴任したのは二〇一〇年、ヘイト攻撃相次ぐその只中だった。同支部がウトロ広場を会場に、地区同胞の「花見焼き肉大会」を予定していた二〇一四年四月一三日、ウトロへのヘイト街宣が告知されたこともある。

彼は二〇〇九年から翌年にかけ、在特会のメンバーらが京都朝鮮第一初級学校（当時）に差別街宣をしかけた「京都朝鮮学校襲撃事件」で、排外主義者との闘いの中心となった保護者の一人でもある。「勝手に来る連中のために、こちらが引く必要なんてない」。思いは決行だったが、ウトロ町内会から中止の要請が来た。「町内会には事前に了解を得てましたけど、『やっぱり止めて欲しい』と」。ヘイトと対峙するカウンターの間では対抗行動も呼びかけられていた。「ウトロへの差別を許さないという人たち、京都事件の闘いを一緒にやって来た人たちに『来ては困る』『住民が迷惑する』と言うに等しい。ある種の裏切りみたいで辛かった。住民の不安は攻撃というより、宇治市や京都府の態度でした。『もし警察沙汰になったら事業から手を引く口実にされるのでは』との懸念です。私は今でもそれは杞憂だと思うし、中止には忸怩たるものがあるけど、住民には積み上げられてきた行政への不信感がそれだけあったということです」

ヘイトデモの映像は動画サイトにアップされ、不特定多数のレイシストたちを勢いづかせた。サイバースペースには書込みが溢れる。「ウトロ撲滅」「そもそも不法占拠」「在日特権」「不法占領」など……。ウトロ問題に対する日本政府や企業の歴史的責任や、住民の人権保障の観点から記事を書けば、それがネット上で記者もろとも晒されて誹謗中傷の的にされるのはもちろん、それに呼応した者たちによるメディアへの電話やメールによる抗議も相次いだと言う。

極右言説に萎縮し、かつ引き摺られる形でマス・メディアの軸も右に「ぶれて」いく。ネット右翼の注目を避ける「工夫」だろう、「在日韓国・朝鮮人が多く住む」「在日コリアンが土地所有権のないまま暮らす」（朝日、毎日、京都新聞他）など、一段落目には歴史的経緯に繋がる文言を入れない書き方が「普通」になった。現象を歴史的に問うべきメディアが、ウトロを単なる「土地問題」に切り縮めるのだ。中には「在日韓国・朝鮮人らの不法占拠が問題となった宇治市伊勢田町のウトロ地区」（読売新聞）とした、在特会紛いの内容もあった。

もう一つの問題は、行政当局の姿勢だった。協議会は二〇一一年三月、町内会役員に対して、公営住宅建設の基本方針を提示してきた。ポイントは二つ。「家屋の除却については買い取りや補償はしない」、「財団は行政に、公営住宅の用地を長期無償貸与する」だった。

改良事業の前提は個人の財産に他ならない家屋の解体・撤去で、行政がその「埋め合わせ」をするのは当然だ。被差別部落の住環境改善でも行政は漏れなく家屋／土地の買い取り、移転の補償をしてきた。今回、協議会が採用した国の制度「小規模住宅地区改良事業」でも、対象物件の買収は事業メニューの中に組み込まれている。だが協議会は入口でそれを拒否した。憲法二九条の「財産権」は、ウトロ住民には存在しないと宣言したに等しい。そもそも住民らとの面談で、「土地は国が買います」と言った冬柴鐵三の「約束」はどうなったのか。

同じく公営住宅建設で「不法占拠」状態を解消した東九条四〇番地や、伊丹・中村地区で行政は、「見舞金」の名目や、騒音被害対策の枠組みで補償を実現した。だが協議会にその意志は微塵もなかった。住民への決め台詞は、「地元要望による事業なので協力を」「補償は府民・市民の理解が得られない」だ。『不法占拠』の朝鮮人には一銭も出さない」との本音が滲む。しかし協議会が前述の「方針」を突き付けて来た時点では、すでに住民側の土地取得は完了していた。加えて住民と西日本殖産との間では、整備事業完了までは残りのエリアも強制執行などはせず、現状維持することで合意していた。「不法占拠」状態は事実上、解消されていた。

住民側は激しく反発したが、行政は、「拒めば白紙」との姿勢で応じた。住民の中には役所の「理屈」に理解を示す者も出てきた。彼らは周囲から浴び続けてきた、「不法占拠」「ごね得」「固定資産税も払わずに……」などの誹謗中傷を内面化していたのだ。これもまた、差別の結果である。さらに協議会は、地区内の道路と公園設置について住民側に土地の無償譲渡を要求してきた。まるで戦中の供出だ。これまでインフラ整備をしてこなかった行政は、国内外からウトロに寄せられた支援を「毟り取り」に掛かった。それでも住民は首を縦に振るしかなかった。

圧倒的な非対称関係の中で、立場の弱い者に妥協を迫るのは行政そして自治体の自死だろう。家賃も入居五年後には一般の公営住宅水準になる。住民に次々と非常識な譲歩を迫る一方で、住民の利になることは悉く削ぎ落す。代替居住空間の提供以外を拒絶する行政当局の姿勢は徹底していた。彼らは、「過去清算」の機会を自ら擲ったのである。協議会を構成する国、京都府、宇治市は、韓国政府と民間基金財団の資金で建設した「ウトロ平和祈念館」にも無関係を貫いている。二〇二一年九月の地鎮祭では、宇治市は財団が依頼した祝辞すら寄せなかった。

今回使った国の制度は、小規模の被差別部落を対象にした住環境整備制度「小集落地区改良事業」をモデルにしている。「国民」たる部落民に講じた積極的差別是正措置、「同和対策事業」の経験を他のマイノリティ集団に対して、とりわけ国籍の壁を越えて展開する好機と捉える発想は、協議会にはなかったのか、この事業が内包する歴史的可能性を自覚する者はいなかったのか。

この「着地点」で根こぎを強いられたのが黄順禮だった。同居する息子たちの所得が多く、公営住宅の予定家賃があまりに高額になったのだ。そもそも家族全員で暮らすには、公営住宅は狭い。とはいえ加齢から来る衰えで独居はままならない。彼女は苦渋の決断をせざるを得なかった。「『自分らの代で下手打ったから、自分たちの世代でケリつける』って、運動には息子さんとかじゃなく常に自分が出て、先頭に立った。ある意味で一番頑張った人だったのに、ウトロを離れざるを得なくなった。世帯分離の可能性も模索したけどダメだった」と田川は忸怩たる思いを口にした。解体開始直前の二〇一六年五月二二日、黄順禮は引っ越した。住民たちと一緒に田川も彼女を見送った。「背中に手を伸ばして、『ゴメンね』と言うしかなかった。『なんもなんも、気にすることあらへん』と仰ってましたけど、『離れたくない』との強い思いは分かっていたから、辛かったですね」。黄順禮はその五年後、病院で死去した。

解体

翌六月、解体が始まった。一軒目は第一期棟建設予定地に近い姜順岳宅だった。家に向かうと、隣の河本秀夫が玄関先にパイプ椅子を出して座り、数日後には無くなる彼女の家を見つめている。目が合うと問わず語りに言った。

「よりによって、一番立派な家から潰すんやから……」

家の前には姜順岳が、妹の姜道子らと立っていた。

会釈すると姜順岳が言った。「子ども六人育てた家やからね……。残念やけど、でもみんなで新しい家に移れるもんな……」

十数年前、この家で彼女に幾度か聴き取りをしたのを思い出した。

居室のように広い玄関に、木目が美しい廊下や壁。柱は切り出した木の風合いが生きていて、鴨居には彫刻が施してある。民家というより家族経営の小さな旅館である。訊けば「宮大工に頼んで建てた」とほほ笑んだ。彼女が五歳でウトロに来た時、あてがわれた住居は皆と同じ飯場である。家族で働きバラックを家に替え、三軒目に建てた家がこれだった。

「ここを建てて三年目で死んだ主人は、『風呂とトイレだけは家の中にないといかん』と言ってね。必死で働きました。だから、この家は絶対に離したくないんです」。夫が死去した後は、息子と産廃処理業で遮二無二働きローンを返済した。得意先の一つは任天堂だった。トラックで京都市内の本社に赴き、商品にならないトランプや花札、玩具類を二〇キロ袋に仕分けして荷台に積み込む。重労働は腰を蝕み、当時から杖は手放せなかった。

解体が始まる。重機のエンジンが回転音を上げ、アーム先端の巨大な鋏が開く。二階部分に爪が食い込むと顔をしかめ、見る間に涙があふれ出す。作業が昼休みに入ると、彼女は台風後のバラックのようになった剥き出しの家屋跡に入り、家の中を愛おしそうに見回した。「壊すとなったら速いな……」。作業が再開した。エンジンの唸りとシリンダーの軋み、木々が裂ける音が響く中で、彼女は家に何かを語り掛けた。聴き取れなかったが、幾度目かの唇の動きは「ありがとう」と言っていた。

相次ぐ逝去

二〇一七年一二月には第一期棟が完成、年明けには姜順岳や彼女の息子、妹の姜道子ら四〇世帯六三人が入居した。二三年には第二期棟が完成し、移転希望者は全て移り住む。「土地問題」の着地である。

最高裁決定から二〇年近くが経っていた。この間、一世たちが相次いで鬼籍に入った。

崔仲圭は〇六年一二月、韓国政府の予算化を知ることなく逝った。

ウトロでは珍しい狭義の強制連行、強制労働の体験者として、日本、そして韓国のマスコミや市民団体のメンバーに自らの来歴を語り続けた人物だった。

「もの凄く時間が経ちすぎたので全部、忘れちゃった」。こちらの感度を探るかのごとく笑うと、「苦労はしたけど、生きてるからね……」と、先立った同胞の顔を思い出すように、遠くを見つめた。翻弄され続けた人生が醸し出すのか、どこか諦念とユーモアを漂わせていた。韓国の「日帝強占下強制動員被害真相糾明委員会」によるヒアリングも受けたが、結局、被害申請はしなかった。聞いてもその理由は言わなかった。

彼は牛馬以下の扱いを生き延びた「恥」を抱え込んでいるようにも見えた。タコ部屋の便槽の中に隠れて夜を待ち、糞尿塗れで逃げ出した惨めな経験を淡々と語る姿を思い出す。患っていた癌が悪化して入院、そのまま死去した。病床で一瞬、意識が戻った時、妻に告げた最期の言葉は、「これから国に帰るから、斎藤さんや田川さんにお礼を言っておいてくれ」だったと言う。

告別式は東端の斜面に建っていた「自宅」で執り行われた。玄関から外に通じる道だけを確保し、それを挟むように次々と小屋を建てていたため、中庭は狭隘だった。建て増し部分からは柱や鉄骨が張り出し、泥濘の斜面にはトタンや板切れが散乱していた。出棺には、棺の運び手が転んで手を滑らしたり、張り出した鉄骨に棺を当てないよう細心の注意が必要だった。傾けても切り返しても上手くいかぬ出棺は、幾度もの根こぎを強いられた彼が、「もう私を家から離さないでくれ」と訴えているようにも思えた。

文光子は、韓国国会での予算成立を見届けるように二〇〇八年一月に亡くなった。朝鮮総聯の活動家で、「筋の人」だった彼女に、韓国政府の動きで事態が打開できたことについて、胸中を訊いてみたかった。鄭貴連も二〇一〇年一一月、死去した。

そして金君子である。

予算成立以降も、地区に行けば家に上がって盃を傾けた。相変わらずパンチャン（おかず）を並べて湯割りを啜る。心なし気持ちが軽くなったような表情が印象的だったが、ふとした拍子にこう呟き、遠くを見つめるようになった。「生きてる間に公営住宅やってくれたらええけど、間に合えへんやろな。もう早う主人と再会したいわ」

やがて独居が困難となり、伊勢田駅東側にある高齢者施設に入所した。見舞いに行くといつもの涼しい笑みで歓待してくれたが、「家にはもう戻られへんやろな」と繰り返した。

小柄な体はさらに小さくなっていた。記憶の引き出しがうまく開けられない。時おり見当識が無くなるのも歯痒いようだった。一瞬、苛ついた表情をした後、私の手を握りしめ、「アホになってしもうたわ」と泣きながら笑ったのが最後、二〇一四年四月に死去した。

二世の鄭準禧は二〇一一年四月、金教一は二〇一六年一二月に逝去した。宋鎮佑も二〇一七年七月に、そして一世の辛点順は二〇一八年一月、逝った。第一期棟に入居した中元幸子もその翌月、鬼籍に入った。

遺った最後の一世が姜景南だった。二〇一五年九月に放送された韓国MBCの人気バラエティー番組『無限挑戦』の在外同胞特集に登場して以降、彼女目当てにウトロを訪問する韓国人旅行者が殺到した。南山城同胞生活相談センターが一七年以降、訪問者統計をとり始めたのはこのブームが契機だった。同年で年間約一〇〇〇人のうち半数が韓国から。多くは景南ファンだった。

金秀煥は言う。「組合や研究者や運動家が来ることはあったけど、あれで『普通の人』が訪れるようになった。家族で『挨拶したい』と来る人もいた。誰か来れば絶対に断らない。『ありがたいやないか、嬉しいやないか』って、ガラリと変わった人生を楽しんでいた。一度、ハンメが寝てたんで、来訪者に帰ってもらったことがあるんですけど、後で激怒されましたね。『なんちゅうことを！　せっかく来てくれたんやないか！』って。忙しい時に来てぼくが素っ気ないと怒ってね、『もう来うへんわ！』って帰るけど、次の日には必ず来る（笑）」

集会所はもちろん、広場のコンテナにまで彼女と若者の交流写真やコラージュ、似顔絵がお目見えした。来訪者が作り、出会いの証に残して行ったものだ。中には、朴槿恵政権崩壊のきっかけとなった「セウォル号沈没事件」の生存学生の作品もあった。彼彼女らは二〇一八年、トラウマ治療の一貫でウトロに三日間滞在し、住民たちと交流したのである。

乳母車を押して地区内を散策する姜景南の姿は風景の一部だった。事故を心配する家族が止めるまで一日数回の散歩は続けた。「歩くリズムがチャンダン（長短。伝統打楽器のリズム）なんです。喋りと歩くリズムも一緒だった。朝鮮民謡もよく歌ってました。『ウトロで習ったんや』と言ってましたけど、それがどう伝わったのが興味深かった」と、金秀煥は振り返る。

苦楽を共にした同胞は次々といなくなっていく。センターの事務所に来ると、煙草を燻らして金秀煥に呟いた。「道歩いて誰もおらへんわ。会っても知らん人や。話しかけてもくれへん」

彼女は第一期棟に居宅を得ていた。一時は息子の金成根（一九四九年生）とともに入居したが、いつの間にか元の家に戻った。息子には「ここは違う」と呟いていたと言う。おそらくは先立った者と再会した際の話のネタに、「闘いの実り」を一口齧ってみたのだろう。二〇二〇年一一月の朝、家の一階で亡くなっているのが見つかった。

一時代の終焉を告げる出来事に、在日同胞や民族団体、日本人支援者はもちろん、韓国の市民運動や要人からも献花が寄せられた。文在寅大統領の名もあった。盧武鉉政権の秘書室長として、青瓦台で土地問題解決の決定打を打った人物である。思わぬ献花は弔問者の人気の被写体になった。盛り上がる弔問客を見ながら、姜景南はきっと、例の泉州弁でこう言っていたと思う。「大統領？　会うたことないから分からへんっちゅうねん！」

それぞれの思い

自宅の部屋を移動するように互いの家を行き来し、路上で七輪を囲んで肉を焼き、酒を飲む。

行き交う人も加わり、興が乗れば歌や踊りが始まる……。

このような街の風景は一変した。水害と退去強制から完全に解放された一方で、「行き来」は減る。ウトロの良さを維持していくことが今後の課題である。

周辺の公営住宅などへの一時分住が始まって以降、「守る会」は「ウトロ喫茶」を開催してきた。立体住宅化と高齢化が相乗してのコミュニティー希薄化に抗う試みだ。

二〇二一年一二月五日は五一回目の喫茶だった。午後、集会所に住民たちが三々五々、集まってくる。支援者が茶やコーヒー、お茶請けを用意しての談話会だが、そこは「ウトロ」である。各人がチヂミやチャプチェ、ナムルなど、ここぞとばかりに一品を持ち寄ってくる。

手料理が長机に並ぶと場の空気が一瞬変わる。短距離走の号砲前や、相撲の立ち合い前のような「緊張」である。女性たちの視線が自らの「作品」と来訪者の箸の動きとの間を忙しく行き来する。「人気度」を気にしているのだ。かつて地区の軒先で、自慢の唐辛子の辛さを巡って口角泡飛ばしていたオモニたちの姿そのままだった。

蒸し鶏を差し入れたのは韓金鳳である。ムネ肉だがしっとりしていて、出汁の効いた味にビールが欲しくなる。箸をつけるとこちらを凝視する彼女と目があう。

トッポギとセリのナムルを持参したのは料理好きの姜道子だ。絶妙の辛みの秘訣を訊くとエンジンがかかる。イナゴ、タニシ、ザリガニ……。多くの二世が幼少だった頃、遊びと実益を兼ねて捕まえた定番オヤツの食べ方に話は流れていく。

「一度、息子が水路でザリガニいっぱいとって来たことがあった。バケツにいっぱいやったからタライに入れて、醤油で煮てな。そしたら息子が『ぼくの取って来たザリガニ何処？』って。鍋空けて見せたら泣いて大声出してな。『息子が飼おうと思ってたザリガニを煮て食う母親がどこにおんねん！』って。言うても私には食べるもんやからしゃーない。『そんなん言わんと食べ、海老みたいで美味しいで』って言うたら余計に怒りまくってな(笑)。泥臭くないかって？　あれはな、タライに水入れて放り込んどいたら勝手に泥吐くねん。美味しいねんで」

数時間の語らいが終わり、全員で片づけをする。地区外から来た支援者が、余った料理をタッパーに詰めて「お土産」に分配し、喫茶は終了だ。

「今」への思いを聞こうと家を訪ねた。姜道子は、水害と強制立ち退きを免れたことは最大限評価しつつ、立体住宅の不便を言った。「まあ普通の団地やね。苦労してきたけど子どもも育って借金も返したし、死に土産でマンションにも入って何不自由なく暮らしてる。心の持ちようやね。それにしても皆余所余所しくなったね。戸を閉めると一人の世界やしね。会って話ししよ言うても無理には言えないし、みんな仕事もあるしね。もっと集まってウトロの良さを理解するようにせんとね。今は外の人の方がウトロの良さを分かってる。みんなで座り込んで守ったし、右翼が通っても無視した。心は一つやから」

玄関には世話が行き届いた観葉植物が並ぶ。ベランダも緑で彩られていて、部屋の水槽ではメダカがたゆたう。色鮮やかな熱帯魚ではない。小さい時から親しんできた魚である。「それにしてもマンションは嫌やな。一軒屋やと解放的で、誰でも焼き肉出来るやろ。こないだベランダでカンテキ（七輪）焚いたら（役所の担当者から）苦情言われてな。ベランダで花育てるのもアカンねんて。防水加工のグレード下げたから水やると下に漏るらしい」

姉の姜順岳はその上階に暮らす。「辛いけど皆で住めたのはよかった。みんなで団結してやって来てんもんね。福祉（生活保護）の時も皆で団結して役所の廊下とかで座り込みしたわ(笑)。その役所が住宅建ててくれたのは面白いね。でも人の行き来がなくなったね。昔はウトロ全体が大きな家で、持ちつ持たれつやった。住んでる人同士が迷惑かけることもあるけど『まあお互い様』で引き摺らない。平山さんは程度が違ったけどね(笑)。せやから小さい揉め事はあるけどいじめはなかった。もう水（害）も大丈夫やろ。でも私の家を壊すことはなかった。あの場所全然邪魔と違うもん。あれ見てから私、物忘れが酷なってね。だいぶん治ったけど、前、一時期はほんまに、今やったことも憶えられへんかったから」

二期棟に入居予定の韓金鳳は、今も金教一と建てた家で暮らしている。重厚という他ない造りの壁や漆塗りの柱を目で舐めながら言った。「この家ももうすぐなくなるね。悲しいけどみんなのおかげでこうなった。みんな頑張ったし、悲しいことと嬉しいことが一緒やね。それで良いて思うようになったわ。お父さんも行き場のない人を路頭に迷わせたらアカンと言って頑張ってたから、でも悲しいね。ここはお父さんの思いが詰まってるから」

鄭佑炅も二期棟完成まで旧宅に暮らす。「着地点は六〇点くらいかな。色々と思いはあるけど、半分は諦めやね。このままではどうすることも出来ないと思う。よかったのはすぐ住めるようになった、ここに住めることになった。あとは不満は家賃の件やね。五年間経ったら普通の金額になる。日本社会がどんどんおかしくなってるわけやけど、それにしても歴史を考えて、法律も厳しくばっかりせんとやってほしいね」

町内会の役員も様変わりした。金教一の死去後に会長を継いだ厳本は二〇一八年、「レールは敷いた。あとは次の世代に」と自ら退任、二〇二一年には民間基金財団の理事長も退いた。

着地点への評価を訊いた。「全て住民の土地になって、無償提供できるのがベストだけどこういう形で軟着陸した。でも行き場のない人が住めるようにはなった。世帯の半分は生活保護ですよ。一〇〇%満足しているわけじゃないけど、五、六〇点くらいかな。冬柴さんがいて、KIN、芝遠ちゃんがいて、韓国は進歩政権だった。あと〇五年やったかな、西日本（殖産）の社長が大畑康一さんになったのも大きかった。あの人は無理やりお年寄りを追い出すような真似をしたら子孫に障るという考え方を持っていた。それらが相まって『住むこと』という最大目的を達成できた。水害対策も出来て伊勢田地域にも貢献できた。個人的には、韓国の民主化運動や指紋押捺拒否に参加できなかったことへの復讐も果たせたしね」

金山源一は財団理事の一人だ。祈念館の建設を請け負っており、二期棟の電気工事も受注している。「本来は親父（金教一）とお袋（韓金鳳）が住む場所だった。親父が（この仕事を）取らせてくれたと思う。私は現在の着地は評価している。住民だけの力ではとてもここまでこれなかった。尽力してくれた外部の人たちのおかげと思う。住民だけではどうやっても住めなかった」

現在、町内会長を務める田中秀夫（徐光洙、一九四八年生）は、祈念館に今後の思いを込める。「裁判負けて、あのまま続いてどうするの？　もう勝てる見込みはないねんから、みんなで合意した。家が解体されるのはあるけど、こうして納得してもらってそれでええと思う。和気あいあいと住んでる今の状況で、喜びの方が大きいんとちゃいますか。今後はね、やっぱり歴史を伝えたい。ウトロ、朝鮮、韓国の歴史を伝えたい」

「喫茶」を運営する中心は、裁判終結以降の支援者たちだ。「守る会」も代替わりしつつある。吉田は二〇一六年、郷里の熊本市で念願のジャズクラブを開業した。「今の日本の状況を考えたら着地は満点だった。『一世が間に合わなかった』と言う人がいるけど、ぼくは間に合ったと思ってる。水害とか色んな問題はあったけど、一世たちはウトロのあの住宅の中で亡くなったのは良かったと思う。それにしてもまあ、崩れなかったよね。それは一緒に苦労してきた日々の積み重ね。成功した人もしてない人も同じよ。だから『ふるさと』なんやろね。やっぱりウトロの強みは『理より利』だったこと。利を口にするとダメみたいな空気があるけど、ウトロの人たちは貫いた。貶してないよ。各人が『こうしたい』という思いを貫いた。最大公約数が『ここで住みたい』だったし、運動の中で誰もそれを妨害しなかった。今後は祈念館やね。どうするかは二世、三世のやることで、ぼくらの出る幕じゃない」

田川の思いは喜びと痛恨の間を往還する。「結果的に政府同士が話し合ってはいないけど、それぞれの市民が連帯、連携して頑張った。浮ついた言葉に聞こえるかもしれないけど、『ウトロは実際に状況を変えたし、ウトロを守れた。素晴らしいと思いません？』って言える。やっぱりウトロの人たちが頑張って花が咲いた。支える人たちもね、私ね、ウトロって幸せな運動だと思う。あちこちの人たちがそれぞれの立場で考えて、やってくださったことが結果として生きた。でも私の中では六〇点。ホームレスは出なかったけど、行政の条件を呑んだでしょ。あと周囲からの目線をどれだけ変えられたかなって。私、一世の葬式に数多く出てきたけど、その人たちのことを思うと申し訳ないと思う。だから一〇〇点はない」

斎藤の評価は冷静かつ明快だ。「まずは勝てた。強制執行をさせずにそこに住み続けることができた。『ウトロを守る』という住民との約束は最低限果たせたかなとは思う。負けなかった理由？住み続けたこと、ウトロが勝てたのはそれに尽きる」

その上で彼は言う。「私たちは国際人権の国内実施という観点で提起して、勧告を実現させる意味で運動してきた。だけど結局、日本は国内法でしか考えない。除却の補償をしなかったのは典型です。多数派の合意を得られないと言って、少数者を切り捨てていく。これは社会権規約違反です。私たちは住環境だけではなく医療福祉や周辺と共に生きていく上での環境整備などを主張してきたけど、住民の専有部分への居住権保障でしかない。六〇点くらいでしょうか。あと一〇、二〇点、それ以上の上乗せは祈念館や二棟完成時にかかっていると思う」

地区住民とそれを支える民族団体、地区外の在日同胞、日本の市民たち、そして韓国の民主活動家と、「過去清算」を求める市民の連帯によって、最高裁決定を事実上覆し、強制執行を阻止した。ウトロの闘いはそれ自体が展望だ。一方で、根本的責任をネグレクトした日本政府、社会の問題は残る。この社会はまたも、植民地支配と侵略戦争遂行の責任を総括せず、反差別の規範確立を拒み、「過去の奴隷」たることを選んだのである。

ヘイト・クライム

それは具体的な形で噴出する。二〇二一年八月三〇日、ウトロを狙った放火事件である。地区西側、銀座の北向いに面した家で暮らす鄭佑炅はそのとき、自宅でテレビを見ていた。「四時過ぎかな、『バン、バン』って音がして、襖を明けたら黒煙がすごかった」

火は五時間近く燃え、立て看板などを収めた倉庫や空き家など計七棟が全半焼した。警察発表の影響だろう。火元は西側の空き家とされ、倉庫への延焼など物的被害が強調されたが、東側の二軒には二世帯五人が暮らしていた。死傷者が出ていても不思議はなかった。当初、「放火の疑い」は浮上しておらず、展示予定品が焼けた「不幸」として終息しそうな気配だった。

だが事態は動く。名古屋の民団と関連施設に放火した容疑で逮捕された奈良県の日本人男性（当時二二歳）が、犯行を自供したのである。刑事が証拠を基に問い詰めたのではなく、聞いてもいない案件を自分から語ったのだ。実は宇治の警察／消防は当初から火事を漏電による「失火」と決めつけ、本来の火元だった倉庫の西側にある空き屋を重点的に検証していた。そこの住民だった一世、金順愛（キムスネ）（一九二〇年生）は既に死去しており、電気も止められていた。その上で彼女の家を「火元」とする見立ては、出入りする者（≒その親族か地域住民）の「盗電」を疑っていたというしかない。ウトロへの偏見、朝鮮人への差別・偏見を根底にした、ある種の「人種プロファイリング」（人種に基づく捜査対象の選別）があったのではないか。

被告は地元奈良県の民団施設に放火した疑いもある。本稿執筆段階で裁判はまだ始まっておらず、公式な供述内容は不明だが、メディア記者との面会では、彼は朝鮮人への差別感情や、公営住宅建設への不満などを口にしていると言う。ヘイト・クライムと見て間違いないだろう。

住民が撮影した火事の動画には、家のホースで水を掛ける鄭佑炅に対し、延焼物件の住民が「オヤッさん危ない！　もう逃げてくれ！」と絶叫する様子が記録されている。数メートルもの火柱に家庭用ホースで対峙する鄭佑炅の姿は、レイシズムが制御不能に燃え盛るこの社会の象徴のようだった。

焼損した立て看板は三六枚。最高裁判決後、「土地問題」に光が見えて以降に作成されたものが大半だった。セウォル号の生存学生による詩とイラストなどもあった。

当時、倉庫の入口には、姜景南や五〇年代の風景を写した写真パネルの他、「ウトロは在日のふるさと」「ウトロを無くすことは在日の歴史を無くすこと」「ウトロを無くすことは日本の戦後を無くすこと」「ウトロを無くすことは日本人の良心を無くすこと」と書かれた看板が立て掛けられていた。彼はおそらくこれを読んだ後、ライター用オイルの入った缶に差し込んだキッチンペーパーに火を点けて、倉庫に燃え移らせた。人が生きるに値する社会、誰も取り残さない社会への「展望」に火を放った、被告の――そして、この社会の――荒廃を思う。

事件後、金秀煥は、何人もの住民からこう聞かれた。「放火なん？」。歴史的に培われた住民の直観だ。「でも認めたくなかった」と金は言う。犯人逮捕の報が届いた時、金が見たのは「やっぱりな」と慨嘆する住民たちの姿だった。二〇〇〇年以降、住民たちは、地区外の同胞、日本人、そして韓国市民との連帯で最高裁決定を事実上覆してきた。その中で培ってきた、この社会への信頼感覚、「今より良くなる」との展望が揺るがされたのだ。

鄭佑昊は言う。「あれ以降、何か音したら窓開けてみんと気がすまんようになった。それにしてもこの段階でヘイト・クライムの最前線になるとはね、祈念館をやるのは正直、不安もある。どう出てくるかわからへんから心配や」。展示物の焼損ではない。この社会のマジョリティーが、植民地主義と侵略戦争の歴史を刻んだ展示館を認めるのかとの懸念である。ヘイト暴力は被害者に沈黙を迫るのだ。その上で彼は言い切った。「それでも歴史は大事やから。祈念館は大事やね、ウトロに住んでいる朝鮮人だけでなく、朝鮮人、韓国人、みんな苦労している。歴史を学んでもらうことが大事。展示内容を信用して観てもらいたいね」。同じ揺れる思いは、何人からも聞いた。

一二月二六日、容疑者（当時）の勾留期限が迫る中、京都市上京区の同志社大学で、「京都府・京都市に有効なヘイトスピーチ対策を求める市民の会」などが主催しての市民集会が開かれた。年の瀬とコロナ禍の中、会場、オンラインで計四五〇人が参加した。

ヘイト・クライムに対するメディアの無関心と、差別的動機を追及せずに外形的な「非現住建造物放火」に落とし込んで「一丁上がり」としかねない検察、人種差別認定を避ける刑事司法への危機感があった。ウトロ出身で、京都朝鮮第一初級学校の卒業生。そして母校への襲撃事件の弁護団員でもあった在日三世の具良鈺は、韓国からオンラインで参加。京都事件の闘争と勝利が歯止めとならず、ヘイト暴力が過激化の一途をたどる現実への怒り、彼らを包囲できない市民社会の沈黙への焦燥を露わに、元地域住民、そして在日朝鮮人としての思いを訴えた。

お願いがあります。放火をするヘイト犯がいると同時に、いやそれ以上に、卑劣な行為に反対する強いパワーがあるのだと、ウトロの住民に、在日コリアンに知らせてください。こうした集会もそう。これまで発せられた数々の声明もその一つです。裁判という公の場所で、見向きもされなかったヘイト被害の実態が語られ、差別に抗った人びとがいたことが公的な文書記録として残ることも、裁判結果が望まざるものだったとしても意義のあることだと思っています。一番怖いのは社会の無反応です。皆さんがそれぞれの場所でこの問題に関心を持ち、広がりを持つ形で「ヘイトは許さない」という強いメッセージを当事者に届けることができればと思います。

今、そしてこれから

当初の現場検証が終わった九月中旬、金秀煥の呼びかけで焼け跡から看板が回収された。炭化した柱の礫が散らばり、錆び、焼け焦げた鉄板やトタンが散乱する瓦礫の中に、ウトロを支援する青年たちが入って看板を掴み出す。変形した鉄板の上で、時間が経った血のような赤と黒、灰色、雀色や黄土色が混じり合いながらうねるさまは、火勢のすさまじさを伺わせた。

「絶対強制執行させない」「私たちは屈しない　ウトロを守ります」、「私たちはウトロに生きてウトロに死ぬ」、「ウトロに愛を」、オモニの歌。セウォル号生存学生が書いた詩と蝶のイラスト。解放から五〇年代までの写真を下敷きにした「ウトロの原風景」。民族や障害の有無、世代を超えた人びとが笑顔で肩寄せ合うイラストの下に、「これからは笑顔と喜びだけ　残りますようにこれからも絆　広がりますように」との詩が添えられたもの――。

焼け焦げて一部しか判別できないが、これらはいずれも闘いと協働の記録であり、「勝者」が押し付けてくる現実への「否」、今は違うけれども、この先にあり得る「共生」への思いを刻み付けた表現である。焼け落ちた文字や絵の数々それ自体が、踏み躙られた「私たちの社会像」を再び、この頽落した社会に立ち上げることを、私たち遺された者に課しているように思えた。

容疑者は一二月二七日、非現住建造物放火の罪で起訴された。検察と裁判体は動機とその形成過程を明らかにし、差別的動機があればそれとして指弾すべきだ。被告人席に座るのは彼であると同時に、人種／民族差別への「否」を発信してこなかったこの国の刑事司法でもある。

金秀煥は言う。「一世のハンメがご健在なら、被告に言ったと思います。『アンタなあ、なんでアホなことして人生棒に振るような真似するんや！　もう許したるからな、歴史学んで一からやり直しや』」

すでに逝った何人かのハンメの顔と声、仕草が思い浮かんだ。その通りだと思う。そして彼女たちは、返す刀で私たちにこう言ったはずだ。

「アンタらもな、もう落ち込まんと顔上げて前向いて歩きや。生きとったらなんとかなるねん。ウチらずーっとそうしてきたんや。これからやで、そうちゃうか？」

あとがき

出自を隠す親族の中で育ったダブルルーツの三世として、ウトロの記憶を掘り起こすことは、胸中のパズルにピースを嵌め込むことでもあった。土建屋の家で育ち、日雇い労働で食べていた私にとって、彼彼女らの語りは身体に馴染んだし、語られない部分も想像できた。

ウトロ民間基金財団から本書執筆の話を受けたのは二〇一八年頃だったと思う。当時、ウトロについて書いた原稿は雑誌、機関紙／誌、新聞を合わせて、四〇〇字詰め原稿用紙で四〇〇枚を軽く超えていた。まとめる機会を模索していた私は「渡りに船」とばかりに依頼を受諾。二〇二〇年末、姜景南の死去を契機に作業に取り掛かったが、実は途方に暮れていた。

一つは「削ぐ」ことへの葛藤である。当時で飛行場建設から八〇年、ウトロ飯場開設からでも七七年に達していた歴史の厚み。既に行った聴き取りの内容も単行本一冊分を遥かに超えていたし、加えて本書を書き上げるには新しい聴き取りも必須で、削除部分は更に増える。ウトロで出会った顔と語りの数々は、省くには余りに「豊穰」だった。

加えて住民たちの体験を時系列に位置づけることの難しさだ。日常、しかもそこに住む者にとっては「普通」である日々の営みを後々のため記録する者など滅多にいない。ましてや極貧の集落である。識字率の低さもあり、ウトロに「郷土史家」はいなかった。

ただ、記録がないことを「ウトロの固有性」や、そこに暮らす者たちの「本質」に還元するのは違うと思う。「記録者の不在」だけでなく、土地問題が泥沼化した原因にしてもそうだが、それらをウトロや住民の特殊性に帰する言説は少なくない。だが、そこには非難者の詭弁にも通じる「因果の混同」がある。問題にすべき原因は、歴史的経緯と、敗戦後も振るわれ続けた構造的暴力の量と質だろう。本質主義的な「特殊論」はレイシズムと表裏だ。

さて、その上で一つひとつの体験が何時なのかが曖昧なのは大きな課題だった。だからこそウトロ平和祈念館の展示物選考、作成過程との同時進行は僥倖だった。住民からの「お宝写真」など、歴史資料の数々があってこそ、時系列での証言整理が可能になった。

ただそれは、資料／史料を物差しに証言を選別したことを意味しない。あくまで主人公は証言である。住民同士でも住民の中でもその内容の食い違いは生じてくるし、どちらが事実かは確定不可能だ。戦時中のB29墜落に関する逸話や、米兵との関わりについての文光子の語りの変遷はその典型だが、違った意見を配置したり、地の文で補足するなどミスリードを防ぐ工夫をした上で、語りは削らずにそのまま載せた。「勘違い」や「思い込み」で済ますのではなく、なぜ食い違いが生じたのか、なぜ証言が変遷したのかに想像を巡らす営為が、時代に翻弄された彼彼女らにとっての真実に近づく道を開くのではと考えたからだ。

遺された者が歴史と向き合う上で大事なのは、客観的事実以上に、彼彼女らにとっての真実だと思う。誤解を恐れずに言えば、語られたことが事実である必要はない。「調書的な正確さには拘らない」ということに拘ったのは、思い出したくない記憶を紐解いての証言者の語りを「真実」への道標にするのでなく、そこにまるで警察や検察の取り調べのように質問を投げかけ、語り手や証言から「揺るがぬ事実」以外を省いていくマス・メディア的在り様――一章での文光子の苛立ちの原因はここにあった――に対する私の「異議申し立て」でもある。

官から民まで、「あったこと」を「なかったこと」する者たちの跋扈は止めどない。歴史を知るとは、過去と対話し、他者と共に生きる明日を目指す営為に他ならないが、彼ら歴史改竄主義者にとって「歴史」とは、気に食わぬ者を蔑み、黙らせ、他者なき世界で自己陶酔に浸る道具に過ぎない。全体像から出来事を切り離し、証言の細部に疑義を挟んで虚言の侵入口を広げ、やがて根本の出来事それ自体を否定する。ウトロを「宇土口」と呼んでその歴史を否定する者たちの「論法」はその典型だ。彼らの常套手段に抗し、他者と繋がるための言葉を如何に紡ぐのか。本著の執筆過程でより強まった問いであり、先人たちから与えられた課題である。

なお本文中では言及していないが、直接、間接に言葉を頂いた次の方々も既に鬼籍に入っている。金壬生、金知亨、田丁年、太田孝、卞三燮、文東起、金忠坤、鄭宏烈、河炳旭、鄭大秀、石玉先、金良子、鄭光子、李明禮、金村武夫。各人の名前を記してご冥福をお祈りしたい。

本書を書き終え、「人は言葉で、とりわけ先立った者たちから頂いた言葉で出来ている」と改めて思う。それを形にすることは彼彼女らと私との関係の一つの区切りを意味する。その寂しさも執筆遅延の原因だったのだが、今は文字にした言葉が一人でも多くに届くことを願う。そして私自身、遺された者として、言葉のその先を紡いでいきたいと思う。

聴き取りに応じて下さったすべての住民、関係者の皆様、全面的に後援してくださった韓国在外同胞財団、ウトロ民間基金財団に感謝申し上げます。とりわけ金秀煥さん、彼の尽力なくして本著はあり得なかった。二〇年間、折に触れてご教示頂いた田川明子さん、斎藤正樹さん、吉田康夫さん。八〇年代支援運動の空白を埋められたのは、竹原八郎さんの存在あってこそ。全ウンフィさんの丁寧な研究成果にも多くを学んだ。松下佳弘さん、水野直樹さん、文京洙さんの専門的知見には今回も助けられた。鄭美英さん、郭辰雄さん、黄英治さん、谷川雅彦さん、遠原輝さんにもお世話になった。いつも数多くの写真を提供してくれたのは中山和弘さん。気長に付き合ってくださった三一書房の高秀美さん、小番伊佐夫さん。「小さな統一」と「共生」を実現し、最高裁決定を打ち破ったすべての人、とりわけ「もう一つの世界」への途上で旅立った先人たちに、本著を捧げます。

二〇二二年三月一日

中村一成

参考文献（主要文献のみ）

【書籍】
●朝日新聞社編著『イウサラム隣人――ウトロ聞き書き』、議会ジャーナル、一九九二年
●地上げ反対！ウトロを守る会『ウトロ　置き去りにされた街』、かもがわ出版、一九九七年
●鵜飼正樹、高石浩一、西川祐子『京都フィールドワークのススメ　あるく　みる　きく　よむ』、昭和堂、二〇〇三年
●久御山町史編さん委員会編『久御山町史２』、久御山町、一九八九年
●林屋辰三郎、藤岡謙二郎編『宇治市史４』、島田正夫、一九七八年
●日産車体株式会社社史編纂委員会『日産車体三十年史』、日産車体、一九八二年
●――『日産車体五十年史』、日産車体、一九九九年
●朴張植編『京都韓国民団史』、在日本大韓民国民団京都府地方本部、一九九九年
●松下佳弘『朝鮮人学校の子どもたち　戦後在日朝鮮人教育行政の展開』、六花出版、二〇二〇年
●呉圭祥『ドキュメント在日本朝鮮人連盟』、岩波書店、二〇〇九年
●――『ドキュメント在日朝鮮統一民主戦線１９０５－１９５５』、ハンマウム出版、二〇二一年
●水野直樹、文京洙『在日朝鮮人　歴史と現在』、岩波書店、二〇一五年
●文京洙『新・韓国現代史』、岩波書店、二〇一五年
●小熊英二、姜尚中編『在日一世の記憶』、集英社、二〇〇八年
●姜徳相聞き書き刊行委員会『時務の研究者　姜徳相』、三一書房、二〇二一年
●田中宏『「共生」を求めて』、解放出版社、二〇一九年

【論文】
●千本秀樹「京都府協和会と宇治の在日朝鮮人」、『歴史人類』第16号、一九八八年、一七三－二二五頁
●金基淑「チャングの響く街ウトロ―地域社会との共生をめぐる在日韓国・朝鮮人の模索」、『人間学研究２』、京都文教大学人間学研究所、二〇〇一年、一－一五頁
●斎藤正樹「ウトロ――強制立退きから新しいまちづくりへ」、『コリアン・コミュニティ研究』No.1、二〇一〇年、三七－四四頁
●全ウンフィ「京都府宇治市の地域新聞『洛南タイムス』における在日及び圏内在日集住地区・ウトロに関する記事一覧（一九四六～二〇一〇年）」、『空間・社会・地理思想』一八号、二〇一五年、五九－九〇頁
●――「戦後宇治市の地域新聞にみる在日像の変遷過程―不法占拠地区への空間的黙認はいかに続いたか」、『コリアン・スタディーズ』６、二六－四一頁
●――「「朝鮮」はいかにして「私たちの問題」となったか――一九七〇年代後半以後の宇治市における日本人支援者の形成」、

『都市文化研究』Vol.20、二〇一八年、五四－六七頁

●―――「宇治市A地区にみる高度成長期以降の「不法占拠」の存続要因」、『都市文化研究』二三号、二〇二一年、三－一四頁

●地上げ反対！ウトロを守る会『チャンゴの聞こえる町　ウトロ、この土地に生きる』（未刊行。内容の多くは前掲『ウトロ　置き去りにされた街』に収録）

【冊子、ニューズレター、その他】

●龍谷大学同和問題研究委員会『高瀬川を歩くⅣ――ウトロと日本の戦後処理』、龍谷大学、二〇〇六年

●戦争遺跡に平和を学ぶ京都の会『一九四五年「墜落Ｂ－29搭乗員虐殺　大阪事件」ＧＨＱ法務局調査部報告.№３４０．文書（第一次翻訳）』、ＮＤ

●松下佳弘「宇治市ウトロ地区における朝鮮人教育施設の経過（１９４５年～55年）」、（「世人権研究第三部会ＦＷ」の資料）、二〇一七年一〇月

●学習集会実行委員会事務局『オンドル』一号～二号、一九七九年

●山城朝鮮問題を考える会『オンドル』、同会、四号～一〇号、一二号～一四号、一九七九年～一九八五年

●―――『ウトロの歴史』、一九八五年

●―――『ウトロの水道問題とは』、一九八六年

●地上げ反対！ウトロを守る会『ウトロニュース』一号～三九号、一九八九年～二〇〇一年一一月

●―――『写真集　この地に生きる　ウトロ１９８８年秋－１９８９年夏（撮影・小川省平）』、ＮＤ

●ウトロ町内会、地上げ反対！ウトロを守る会『MESSAGE from ウトロ』、一九九〇年八月

●ウトロを守る会『ウトロニュース』四一号～四六号、二〇〇四年三月～二〇〇八年一月ウトロ町づくり協議会『在日コリアン・コミュニティの持続型居住を実現する住環境整備計画策定活動　活動報告書』、二〇一〇年

●―――『ウトロ地区のこれまでの歩みとこれからのまちづくり　国土交通省　平成21年度　住まい・まちづくり担い手支援事業「在日コリアン・コミュニティの持続型居住を実現する住環境整備計画策定活動」活動報告集』、二〇一〇年

●洛南タイムス社（現・洛タイ新報社）『洛南タイムス』（現『洛タイ新報』。『宇治新報』『新宇治』を含む）

●城南新報社（現・洛タイ新報社）『城南新報』（現『洛タイ新報』）

●京都新聞社『京都新聞』

●朝日新聞社『朝日新聞』

●毎日新聞社『毎日新聞』

●（ＫＩＮ）지구촌동포연대「제5차〈ＫＩＮ 네트워크 포럼〉'역사청산! 거주권보장! 우토로 국제대책회의' 활동이야기～ＫＩＮ의 우토로 살리기 운동 중간 정리 보고서」、二〇一四年

●ＰＯＷ研究会　http://www.powresearch.jp/jp/index.html

プロフィール

中村 一成（なかむら・いるそん）

ジャーナリスト。1969年生まれ。毎日新聞記者を経て2011年からフリー。

在日朝鮮人や移住者、難民を取り巻く問題や、死刑が主なテーマ。映画評の執筆も続けている。

著書に『声を刻む　在日無年金訴訟をめぐる人々』（インパクト出版会、2005年）、『ルポ　京都朝鮮学校襲撃事件――〈ヘイトクライム〉に抗して』（岩波書店、2014年）、『ルポ　思想としての朝鮮籍』（岩波書店、2017年）、『映画でみる移民／難民／レイシズム』（影書房、2019年）、『「共生」を求めて　在日とともに歩んだ半世紀』（編著、田中宏著、解放出版社、2019年）など。

ウトロ　ここで生き、ここで死ぬ

2022年4月27日　第1版第1刷発行

著　者　中村 一成（なかむら・いるそん）
発行者　小番 伊佐夫
発行所　株式会社 三一書房
〒101-0051 東京都千代田区神田神保町3-1-6
電話：03-6268-9714
FAX：03-6268-9754
メール：info@31shobo.com
ホームページ：https://31shobo.com/
ＤＴＰ　市川 九丸
装　丁　Salt Peanuts
印刷製本　中央精版印刷

ISBN978-4-380-22003-6 C0036
Printed in Japan
定価はカバーに表示しています。
乱丁・落丁本はお取替えいたします。